숨 쉬는 냄새도 맛있다

전신마비에서 월드 챔피언까지
조광희 선수의 인생 스토리

숨 쉬는 냄새도 맛있다

초판 1쇄 **인쇄** 2021년 8월 25일
초판 1쇄 **발행** 2021년 8월 31일

지은이 조광희
펴낸이 이재욱
펴낸곳 ㈜새로운사람들
총괄진행 나승흠
표지디자인 Linda Hsieh, 오신환
디자인 오신환
마케팅 관리 김종림

ⓒ조광희, 2021

등록일 1994년 10월 27일
등록번호 제2-1825호
주소 서울특별시 도봉구 덕릉로 54가길 25(창동 557-85, 우 01473)
전화 02-2237-3301
팩스 02-2237-3389
이메일 ssbooks@chol.com

ISBN 978-89-8120-627-7(03810)

*책값은 뒤표지에 씌어 있습니다.

전신마비에서 월드 챔피언까지 조광희 선수의 인생 스토리

숨 쉬는 냄새도 맛있다

조 광 희 지음

새로운사람들

머리말
내가 나를 이기는 그날까지

인생의 의미가 무엇일까?
 사람으로 이 세상에 태어나서 어떤 목표를 세우고 열심히 살아가는 까닭은 결국 행복을 찾기 위해서일 것이다. 누구나 어떤 식으로든 행복을 추구하는 것은 당연지사라고 하겠다. 그런데 어느 날 갑자기 이런 소박한 바람을 가로막는 일이 일어난다면 어떻게 받아들여야 할까?
 군에서 제대하고 청운의 꿈에 부풀어 피 끓는 젊음을 구가하던 나에게 이런 절망적인 일이 닥칠 줄이야 상상이나 할 수 있었겠는가. 왜 하필이면 나에게 불과 사흘 만에 희귀질병이라는 전신마비가 닥쳐와 꼼짝달싹도 할 수 없는 지경으로 몰아넣었을까? 하늘이 내린 운명이라고 받아들이기엔 너무나 가혹한 일이었다.
 나는 전혀 알 수 없었다. 의학계에서조차 정확하게 병명을 파악할 수도 없는 희귀질병을 하필이면 내가 짊어져야 하는 까닭을 어떻게 알 수 있었겠는가? 부유한 가정도 아니고 평범한 가정에서 태어나 국방의 의무를 마치고 막 사회생활을 시작할 무렵에 수렁으로 빠져들어 천신만고 끝에 재활을 하고 다시 세상에 나왔을 때는 어느덧 아저씨가 되어 있었다.
 그리고 지금도 여전히 온몸에 마비 증세가 완전히 가시지 않은 채로 세상살이를 한다. 결코 기적은 없었다. 내 몸은 아직도 건강하게 준비되지 못한 상태이며, 내 인생을 마감하는 날까지라도 극복할 수 있을지, 깨끗하게 극복하고 웃는 그런 날이 올지 지금으로선 알 수가 없다.
 나는 날마다 평범했던 내 정신과 육체가 되돌아오기를 기도했다. 하지만 그런 기도마저 지치고 시들해져 나를 포기하고 싶었을 때가 한두 번이 아니었다. 왜 내가 살아야 하는지, 왜 내가 나를 버릴 수 없는지, 누구를 위해 살아야 하는지 스스로 무수한 질문을 던지곤 했다.

전신마비의 질곡에서 살아남아야 하는 이유를 나 자신도 알 수가 없었다. 육체의 고통 때문에 정신까지 놓는 일도 한두 번이 아니었다. 육체가 나의 정신까지 흔들어 놓는 경우가 한두 번이 아니었지만, 그나마 육체가 정신력을 지배할 수는 없다고 생각했다.

인생은 두 번 태어날 수가 없다. 한 번 태어난 인생, 좋은 기억 속에서 살고 싶은 것은 인지상정이다. 하고 싶었던 일들과 해보지 못한 일들을 보고 듣고 느끼고 경험하면서 내가 세운 목표에 도전하면서 나를 찾고 세상을 누리겠다는 바람이 잘못은 아닐 터이다.

지금 나의 삶은 나를 다시 찾는 과정이다. 전신마비 이전에는 결코 상정해보지 않았던 목표지만, 이제는 보란 듯이 도전을 꿈꾼다. 두 번째 태어난 것은 아니지만, 두 번째로 살아가는 인생인 이상 도전의 목표도 얼마든지 달라질 수 있을 것이다. 미련이 남는 일이라면 다시 돌아가서 원래의 목표대로 되돌리고도 싶었다.

엉킨 실타래처럼 얽히고설킨 지난 시간들이 머릿속에서 맴돈다. 잃어버린 내 청춘의 시간과 육체를 어떻게 보상받을 수가 있을까? 미로에서나마 끝없이 나의 정체성을 찾아서 나의 의지를 무기로 싸움을 시작한다. 어떻게 나의 정체성을 찾고 주저앉는 나를 이겨낼 것인지 지금도 나는 혼자서 전쟁을 치르고 있다.

이제는 조금씩 나와의 전쟁을 즐기고 있기도 하다. 전신마비에서 월드 챔피언이 되기까지 끝없이 도전해 왔던 것처럼 내가 나를 이기는 그날까지 나는 멈출 수가 없다. 나의 의지와 정신이 배반하는 육체를 지배하는 그날까지.

차례

머리말
내가 나를 이기는 그날까지　　|4

첫째마당 이제 시작이다 | 23

월드 챔피언이 되다 | 24
다트 경기 출전 위해 혼자 네덜란드로 | 24
혼자 네덜란드로 | 25
한국 사람이 네덜란드 기차에서 마주보고 앉을 확률 | 26
손짓, 발짓으로 호텔을 찾아가다 | 28
네덜란드 방문 첫날, 호텔에서 방콕 | 30
택시 타고 달려간 경기장에서 점심 식사 빼앗기다 | 32
네덜란드 다트 칼럼니스트 메럴의 브리핑과 첫 경기 | 33
결승에 진출한 최초의 동양인 | 37
한국의 조광희, 챔피언의 이름으로 | 40
더치(네덜란드) 오픈 대회에도 참가하다 | 44
숨 쉬는 냄새도 맛있다 | 52
무임승차로 네덜란드를 떠나며 | 55

목표에 도전하며 무조건 전진 | 61
2025년 서울 다트 월드컵 | 62
새로운 이정표를 세우며 | 65

둘째마당 대한민국 보통 남자 | 71

1979년생 양띠로 태어나다 | 72
    엄마 젖을 빨다 뺨 맞은 아이 | 72
    아버지가 무서워 순한 양처럼 지냈던 초등학교 시절 | 74
    미술이 재미있었던 중학교 시절 | 76
    상고에 진학하여 수능 준비반에서 공부 | 77

졸지에 아버지를 여의다 | 79

처음부터 꼬였던 군대생활 | 83
    지긋지긋한 졸병 막내 생활 9개월 | 85
    GOP 부대에서 전역을 하다 | 87

셋째마당 날벼락 같은 전신마비 증세 | 91

주방 일과 내 청춘의 스낵카 | 92
갑작스러운 이상증세, 나에게 어찌 이런 일이? | 95
희귀질병이라니요? | 99
중환자실로 옮기다 | 102

준비하지도 못한 상태에서 다가오는 죽음 | 108
중환자실에서 어떻게 목욕을? | 110
여자 친구가 면회를 오다 | 111
기관절개로 목에 구멍을 뚫다 | 116
죽음에 대한 한 체험 | 118

의료사고, 움직일 수 없는 나 | 124

되돌아온 목숨, 살고 싶은 내 마음 | 127
숨 쉬는 냄새도 맛있다 | 127
욕부터… 말문이 터지다 | 130
박수 받으며 콧줄 빼고 휠체어 타다 | 132
산 넘어 산이지만 희망이 보이다 | 134
병원 대신 집으로 | 136
할머니를 다시 만나다 | 139
다른 병원에 가보면 어떨까? | 140

넷째마당 재활의 길, 세상의 길 | 145

집에서 머물다 다시 재활병원으로 | 146

천사 같은 수간호사님 | 150

유레카! 극복의 청신호 | 152

또 하나의 목표, 엄마에게 웃음을 드리자 | 157

내가 나를 버리지만 말자 | 160

넌 누구냐? 뭐가 문제냐? | 167

엄마가 나를 올려다보셨다 | 172

헬스장 다니려고 누나네로 | 174

마침내, 이제는 나갈 준비 | 178

호기심, 다시 세상 속으로 | 182

소울펍(Soul Pub)을 열다 | 183

건물 3층에 정화조를 설치하다 | 187

심심풀이로 다트 연습하다 드디어 첫 손님 | 189

소문과 손님, 꼬리에 꼬리를 물다 | 191

나도 운전할 수 있다 | 194

"혹시 그때 그 오빠가 오빠였어요?" | 198

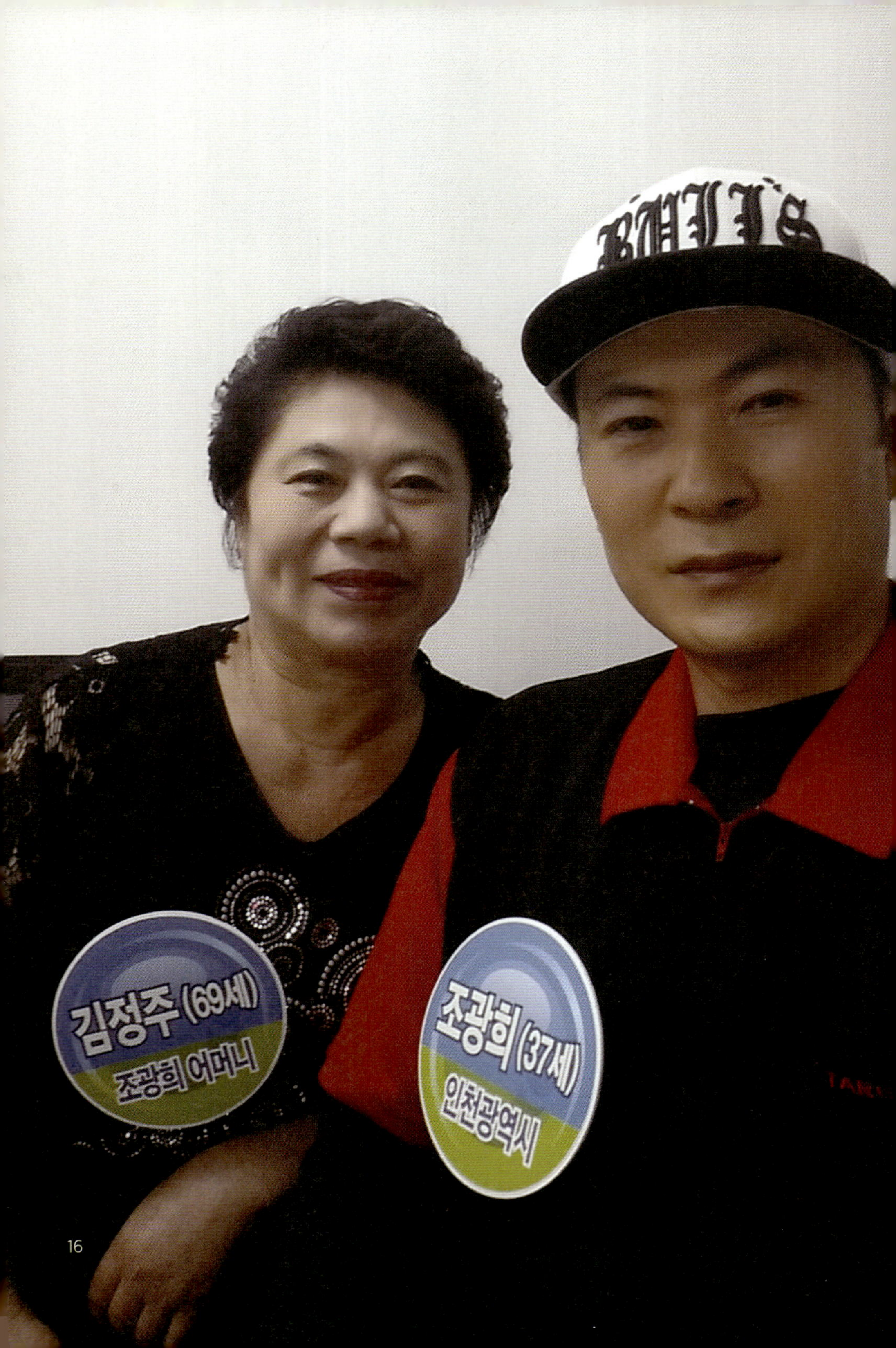
김정주 (69세)
조광희 어머니
조광희 (37세)
인천광역시

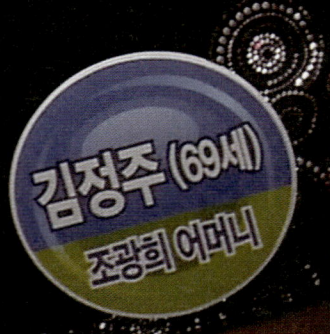

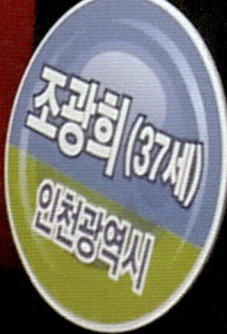

다섯째마당 양궁과 다트로 세상과 소통하기 | 207

불편해도 도전할 수 있다 | 208
  - 하우스 토너먼트에서 우승하다 | 210
  - 지현우 선생님과 만나 다트 교육 약속하다 | 213
  - 다트 동호회에 가입하다 | 219

전국체전 이후 양궁은 접고 다트에만 도전 | 221
  - 이제 선수해도 되겠다 | 224
  - 개인전 1위를 차지하다 | 233
  - 나의 롤 모델은 맥그리거 | 236
  - 단체생활 속의 다른 생각 | 237

방송의 위력, <세상에 이런 일이?> | 239
  - 나의 예언과 약속, 그리고 방송 출연 | 239
  - TARGET 선수로 선발되다 | 241
  - 금상첨화, 방송 미션도 기분 좋게 | 243
  - 프로페셔널 다트 코리아와 TARGET 선수 계약 | 246
  - 생방송 <아침마당>에도 나와 주세요 | 250
  - 방송 보고 사방에서 문의전화 | 256

어머니는 너무 강하면서도 한없이 약했다 | 259
  - "폐암이라면…수술은 가능해요?" | 259
  - "엄마, 힘내고 한 입만 더 먹어." | 264

여섯째마당 해외와 해외, 말레이시아와 제주도 | 267

방송의 힘과 해외 진출 | 268
- 페낭 섬의 '묻지 마!' 이벤트 | 269
- 말레이시아 올스타 8대 1의 다중 시합 | 275
- 페낭까지 나를 데리러 온 말레이시아 친구 | 280

조광희와 조광희가 맞붙는 결승전? | 283
- 당구 선수의 동업 제의 | 287

랭킹 1위를 꺾고 제주도로 | 289
- 제주도에서 만난 정도와의 인연 | 291
- 새로운 둥지 새로운 만남 | 293
- 옛 가게 '소울펍'을 찾아가보니 | 294

일곱째마당 월드 챔피언의 다트 드림 ┃297

선수가 선수를 키우는 스폰서 ┃298
    제자들 ┃302
    팝 다트와의 인연 ┃304

준성 형님과 운용 형님 ┃307
    새롭게 구상할 수 있는 기회 ┃312
    지현우 선생님과의 약속을 지키다 ┃313
    아버지께 약속한 대로 ┃315
    이런 나라도 여전히 할 수 있는 일이 있다 ┃319

첫째마당 **이제 시작이다**

월드 챔피언이 되다

다트 경기 출전 위해 혼자 네덜란드로

　새로운 길을 개척하기란 힘들다. 목표를 향해 싸워나가려면 앞으로 더 많은 전쟁이 남아 있을 터이다. 나는 졸병의 마인드가 아니라 장군 그 이상의 마인드다. 나는 육체로 싸우는 것이 아니라, 장군 그 이상의 마인드로 육체를 컨트롤하며 싸운다. 싸움의 시간이 다가온다. 네덜란드 대회가 코앞에 닥친 것이다.

　세계 장애인다트연맹 월드챔피언십 2020(WDDA Winmau World Championship)과 세계다트연맹 네덜란드 오픈 장애인부 2020(WDF Dutch Open paradarts). 내가 참가할 대회다. 나는 두 대회에 참가하기 위해 2020년 1월 30일 출국할 예정이었다.

　출국 준비를 위해 마트에서 먹거리를 비롯한 일상용품을 샀다. 자금 형편이 워낙 좋지 않아 짜파게티 등 5개들이 라면 두어 봉지와 과자 몇 개만 샀다. 환전할 돈도 아슬아슬하게 준비했다. 호텔과 비행기는 나승흠 대표가 예약을 잡아주었다. 나 대표는 이번에 같이 가려고 했는데, 바빠서 동행하지는 못한다. 그나마 호텔에서 제공하는 조식이 있어서 다행이었다. 닷새 동안 호텔 조식을 제외한 나머지 식사는 라면과 짜파게티로 때워야만 한다. 경기를 하려면 잘 먹어야 하는데 조식을 든든하게 챙겨먹고 버티기로 했다.

혼자 네덜란드로

지구 반대편에 있는 네덜란드로 나 혼자 간다. 그래서 살짝 떨리기도 한다. 가본 적이 없는 새로운 나라 네덜란드, 그리고 다트의 본고장 유럽! 그곳에 첫발을 내디딘다. 한국인인 내가 다트로는 가장 먼저 '월드 챔피언십'에 도전한다. 하나 더 2020 세계다트연맹 더치 오픈까지 두 개의 대회에 이틀 동안 참가하기 위해 엔트리를 접수했다.

나승흠 대표가 나의 사정을 알고 항공권과 참가비를 지원해 주었다. 어려운 형편임에도 내가 세계무대를 밟아 보도록, 더 넓은 세계로 진출하도록 물심양면으로 도움을 주고 지원해주는 것이다. 정말 감사했다.

여권과 대회 설명서를 챙겨놓고, 나 대표를 만나 이런저런 브리핑을 들었다. 네덜란드는 내가 처음 가는 곳이라 걱정이 되었나 보다. 많은 설명과 함께 지도까지 복사해주었다.

나 대표와 함께 PDK에서 일하는 지녕이도 미리 추가 브리핑 자료를 준비해 놓았다. 호텔과 경기장의 지도를 놓고 두 곳을 이동하는 방법에 대해 설명하고, 내가 현지에서 물어볼 질문을 영어로 적어주기도 했다.

그래도 걱정이 되는지 중간 중간 이동할 때마다 연락을 해달라고 거듭 당부했다. 규칙사항까지 다 듣고, 쇼핑이나 거리 구경은 하지 않기로 약속했다. 그냥 숙소에만 있을 거라고 했다.

다음날 비행기를 타기 위해 인천공항으로 출발했다. 인천공항까지 후배 원교가 운전을 해주었다. 차안에서 내가 원교에게 물어봤다.
"어떤 결과가 나올까?"
"잘하실 거예요."
"네덜란드는 다트의 본고장인데, 도착하면 나도 절어 버릴 것 같은데? 형이 지구 반대편까지 가서 떡 실신을 당할지도 몰라."
"정반대일 걸요?"
공항에 도착하여 수속을 하고 비행기 탑승 대기를 했다. 네덜란드까지 몇 시간이나 걸릴까? 이만저만 걱정이 아니었다. 도착은커녕 출발도 하지 않았는데 걱정부터 앞섰다.
하긴 공항에 도착하면 바로 기차를 타고 이동해야 했다. 공항에서 호텔까지의 기차 탑승시간과 걷는 시간을 포함할 때 총 17시간 예상이었다. 실제로도 인천공항 출발하여 호텔에 도착하기까지 꼬박 17시간 걸렸다.
12시간 이상 비행기를 타다보니 하체가 팅팅 부었다. 그 몸으로 기차를 타고 또 걸었다. 몸이 말이 아니었다.
나는 기차가 도착하는 대로 바로 올라탔다. 그러면서도 계속 내가 잘 타고 가는 걸까 하는 의구심으로 고민을 했다.

한국 사람이 네덜란드 기차에서 마주보고 앉을 확률

지푸라기라도 잡고 싶은 심정으로 기차 안을 둘러보니 동양인이 한 명 있어서 바로 앞자리에 마주보고 앉아 버렸다. 여자 분인데 함부로 말은 걸 수도 없었다. 그분도 혼자 탔는데 핸드폰을 들여다보고 있었다. 어느 나라 사람인지 궁금하여 말소리라도 듣고 싶었다.

"Excuse me."

자꾸 시간만 흘러 참다 참다 영어로 말을 던졌더니 바로 영어로 대답한다.

"Yes."

큰일이다. 그 다음은 생각이 안 난다.

'뭐라고 하지?'

영어책이 얇아서 뭐라고 말을 이을 수도 없었다.

'아 맞다. 번역기 어플을 써야지.'

핸드폰의 번역기 어플에 한국말을 쳤더니 그 여자 분이 반가운 소리를 했다.

"저 한국 유학생이에요."

나는 속으로 '휴, 살았다!' 하고 안도하며 말을 붙였다.

"영어 때문에 힘든 순간이었는데, 감사합니다. 한국 사람이 네덜란드 기차 안에서 단둘이 마주보고 앉을 확률이 몇 퍼센트나 될까요?"

그러면서 나는 지도를 꺼내 내 도착지를 설명했다. 새삼 도착지를 설명했던 까닭은 네덜란드 말로 안내방송이 나오더라도 알아듣지 못하고 지나칠까 봐 걱정이 태산이었기 때문이다. 고맙게도 한국 유학생이 도와줄 것 같아서 조금은 안심이 되었다.

"무슨 일로 가세요?"

"한국 대표로 다트 대회에 참가합니다."

"정말 대단하시네요. 근데 혼자 오셨어요?"

"그렇게 됐습니다."

"실은 나도 이곳에 혼자 공부하러 왔거든요."

나는 갑자기 쓰러져 전신 마비로 중환자실에 입원했던 이야기부터 다트 국가대표로 네덜란드에 오기까지의 내 인생 스토리를 들려주었다.

"정말 대단한 도전정신이네요. 파이팅입니다. 한국 대표로 왔으니 꼭 우승해주기 바랍니다."

유학생은 진심으로 응원을 해주었다. 이런저런 얘기를 나누는 사이에 내가 먼저 하차할 역에 도착하게 되었다.

"너무 감사합니다. 꼭 트로피를 따도록 하겠습니다. 외국에 혼자 나왔으니 밥 잘 먹고 많이 배우기 바랍니다."

마지막 인사를 나누고 헤어졌다.

손짓, 발짓으로 호텔을 찾아가다

역에서 내려 지도를 보며 현지인들에게 호텔의 방향부터 묻고 또 물었다. 웬만큼 확신이 서자 덜덜덜 트렁크의 바퀴 구르는 소리와 함께 예약한 호텔 방향으로 냅다 걸었다.

나는 약속대로 역에서 내려 이동하기 전에 먼저 나승흠 대표에게 메시지를 보냈다. 당연히 '이제 호텔을 눈앞에 두었으니까 안심해도 좋다.'는 이야기를 덧붙였다.

하지만 여기서 또 문제가 생겼다. 유럽은 간판이 화려하지 않은 데다 클래식한 전통을 고수하는 바람에 간판을 보고 길을 찾기가 몹시 어려웠다. 죄다 비슷비슷하게 보였다.

'저 건물인가, 이 건물인가? 미치겠네.'

이렇게 중얼거리며 같은 곳을 세 바퀴씩이나 돌기도 했다. 재빨리 핸드폰을 꺼내 구글 지도를 열었다. 호텔 이름을 치고 지도를 검색해 들어가는데 또 문제가 생겼다. 역시 우리나라가 인터넷 속도는 전 세계에서 짱이라는 사실을 비로소 실감했다.

지도 위치가 1분도 더 느리게 움직여 목표지점을 제대로 찾지 못하고,

똑같은 곳을 두 바퀴나 더 돌아 다섯 바퀴째 돌고 있었다. 인터넷이 느리게 반응해서 호텔 위치를 자꾸만 지나치고, 오락가락 다섯 번씩이나 반복하다 보니 심신이 지쳐 버렸다.

한숨을 푹 쉬고 지나가는 네덜란드 사람을 붙들고 물어보고서야 간신히 방향을 찾을 수 있었다. 무려 네 사람에게 손짓, 발짓으로 묻고 또 물어서 여러 사람의 손가락 방향만 믿고 아날로그 방식으로 방향을 찾아낼 수 있었다. 간신히 찾아내고 보니 때로는 만국공통어의 아날로그 방식이 좋기도 하구나 싶었다.

'기계를 믿지 못하면 바로 이런 상황에서는 손맛이지~!'

30분쯤 걸어서 호텔에 도착하고서야 마음이 놓였다.

비로소 네덜란드의 공기를 깊이 들이마시며 한껏 느껴본다. 공기가 정말 좋았다. 눈도 시원했다. 초록색의 잔디와 나무가 많고, 벽돌이 흔하게 보였다. 아스팔트 대신 적색의 벽돌을 바닥에 깔아 놓은 도시의 마을인데, 높은 빌딩은 눈에 띄지 않았다. 호텔에 도착하니 이런 것들이 조금씩 눈에 들어오기 시작했다.

네덜란드 방문 첫날, 호텔에서 방콕

호텔 직원에게 체크인 시간이 언제냐고 물어보았다. 오후 3시란다. 문법이 맞는지 말이 되는지는 몰라도 영어로 의사소통은 된 셈이었다.
'그럼 난 뭐냐, 도대체?'
아침 9시 반쯤 호텔에 도착했기 때문에 서둘러 방으로 들어가 편안하게 눕고 싶었다. 그런데 체크인이 오후 3시면 몇 시간이나 기다려야 한단 말인가. 그래서 비상금을 꺼내 돈을 더 주고 체크인을 앞당겨 조금 빨리 입실하여 간단하게 샤워를 한 다음 짐을 풀고 누웠다. 그제야 호텔 방이 어떻게 생겼는지도 눈에 들어오기 시작한다.

짐을 풀고 누우니 배가 고파서 봉지라면을 하나 꺼냈다. 호텔에서는 공짜 물을 제공하지도 않았다. 돈이 빠듯해서 물을 살 형편도 아니었기 때문에 화장실 물을 받아서 끓인 다음 라면 봉지를 열고 조심스럽게 부었다. 라면을 10분쯤 불린 다음 먹을 작정이었다. 야전에서 군인들이 하듯이 라면 봉지 입구를 고무줄로 막고 불렸다.
지금이라면 컵라면을 먹거나 끓여서 먹겠지만, 그때 나는 너무 배가 고파서 한 번에 봉지라면과 짜파게티 두 개를 먹었다. 반찬은 없었다. 미친 듯이 입안으로 쑤셔 넣다시피 했다.
경기가 열리는 4박 5일 동안 경비 20만 원대로 모든 것을 해결해야 했기 때문에 어쩔 수 없었다. 한국에서 봉지라면을 준비해 온 것도 그 때문이었다. 자존심이 있어서 돈을 빌릴 수가 없었다. 아침은 호텔 조식으로 해결하고, 나머지 두 끼는 점심도 뽀글이, 저녁도 뽀글이로 닷새를 버텨야 했다.
식량에 대해 불평할 것은 없었다. 내가 선택을 했고, 돈이 없는 것도 내 탓이니까. 내가 예선전을 통해 뽑혔고, 참가한다고 했으니 당연히 받아들여야지 핑계는 소용이 없다.

내가 묵은 호텔에도 이번 대회에 참가하는 선수들이 많이 보였다. 동양인은 나 혼자였지만, 내일 치러지는 대회의 참가 선수가 무려 5천 명 이라고 했다. 혼자 호텔에 머물면서 별생각을 다 했다.

도착하던 날, 연습하러 경기장에 가야 하나, 잠을 더 자야 하나 망설였다. 갈까 말까 하다가 차라리 잠을 더 자는 쪽으로 선택했다. 몸이 부어 있었기 때문에 휴식을 택했고, 저녁에 샤워를 한 번 더 했다. 하체가 퉁퉁 부었는데, 발이 가장 많이 붓고 아팠다. 빨리 씻고 무언가로 배를 채우고 싶었지만, 간식도 아껴 먹어야 했다.

호텔 카운터 직원에게 내일 아침 9시 30분까지 택시를 오게 해달라고 미리 얘기해 놓은 다음, 나는 연습이고 뭐고 포기한 채 휴식만 취했다. 책을 들고 왔기 때문에 오히려 책을 읽는 게 위안이 되었다.

호텔 방에 처박혀 있기가 답답해서 중간 중간 창문을 열고 환기를 시키기도 했다. 1월 말이라서 네덜란드도 겨울이었다. 비가 부슬부슬 내렸고 찬바람이 불었다. 내일 경기가 걱정 되면, 다시 책을 읽었다. 그러다 텔레비전을 켜고 시청하기도 했다.

텔레비전은 12시가 지나자 성매매 광고가 나왔다. 할머니까지 나와서 너무 황당했다. 충격에 빠져 단톡방에 이런 말을 올렸더니, 이미 유럽을 다녀온 카사카 형은 알고 있었고, 나와 진환이와 상훈이는 모르던 일이었다. 황당할 수밖에 없었고, 나도 깜짝 놀랐다. 어쨌거나 네덜란드는 모든 게 개방적이었다.

단톡 채팅방에 이런 수다, 저런 수다 늘어놓다가 '내일 유럽 원정 첫 경기, 멋지게 한 번 잘해 보겠다.'는 인사를 남기고, 나는 네덜란드 방문 첫날 무사히 잠자리에 들었다. 사실 긴장감은 별로 느껴지지 않았다.

택시 타고 달려간 경기장에서 점심 식사 빼앗기다

드디어 아침이 밝았다.

새벽에 두 번 정도 깨긴 했지만, 충분히 잠을 자서 그런지 개운했다. 호텔에서 제공하는 아침 식사는 꼭 챙겨 먹고 점심과 저녁은 굶는다는 생각과 더불어 오늘 첫 경기에 신경을 좀 써야 했다. 오늘도 배고플 틈새는 없는 셈이었다. 집중해야 할 테니 배고플 새가 어디 있으랴.

서둘러 아침 식사를 한 다음, 택시가 온다고 해서 후딱 유니폼을 갈아입고 2층에서 1층으로 내려가 택시 탈 준비를 했다. 택시는 시간 맞춰서 도착했는데, 지붕 위에는 택시 로고가 없었다. 개인 자영업으로 택시 영업을 하는 모양이었다.

가방에는 나 대표가 출력해주면서 꼼꼼하게 설명해준 네덜란드 지도와 경기장 지도를 챙기고, 입장권과 간식도 챙겼다.

경기장까지는 호텔에서 택시 타고 8분 거리였다. 도착하여 경기장 쪽으로 걸어갔다. 경기장 입구는 보안 경호들이 지키고 있었다. 입장할 때 가방 검사를 했는데, 챙겨간 간식을 모두 뺏겼다. 내 식량이 쓰레기통으로 버려져서 조금 아쉬웠는데, 점심 식사가 모조리 하늘로 날아가 버린 셈이었다. 뒤에 있던 사람들이 '워~!'라고 소리를 냈는데, 아쉽게도 내 식량이 버려지니 사람들이 슬퍼하는 소리를 내는가 싶었다.

경기 출발부터 좀 불안한 느낌이었다.

날씨도 조금은 낯설었다. 어제부터 비가 온 데다 구름도 끼어 있고 뭔가 쐐~한 느낌이었다. 경기장은 엄청나게 컸고, 사람들도 진짜 듣던 대로 5천 명은 온 것 같았다. 사람들이 나를 흘깃흘깃 쳐다보면서 지나갔다.

나는 재빨리 안내 지도를 보고 내가 경기를 치를 장소를 찾는다. 한참을 돌다가 안내직원에게 지도를 보여주고 물어봐서 내가 던져야 할 스틸 다트

코너로 찾아갔다. 그리고 엔트리를 접수하면서 내 이름을 확인한다.

네덜란드 다트 칼럼니스트 메럴의 브리핑과 첫 경기

분위기가 몹시 어색했다. 유럽 여러 나라의 선수들과 각국 대표들이 왔기 때문에 주로 노랑머리들만 있어서 더 어색하기만 했다. 한국에 있을 때부터 다트 기사를 쓰는 네덜란드 여자 칼럼니스트를 알았다. 그녀의 이름은 메럴(Merel van Selm)

메럴은 메시지로 계속 내 안부를 묻곤 했는데, 덕분에 네덜란드의 언론에는 진작 내가 한국의 다트 챔피언으로 소개되기도 했다. 그런 인연으로 나에게 관심을 가지고 신경을 써주는 메럴에게 대회 참가를 위해 네덜란드에 간다고 이야기했더니 '네덜란드에 오면 안내 잘해 주겠다.'며, '경기장에 도착하면 얼굴을 보자.'고 약속하게 되었다.

안내받은 경기장으로 가보니 메럴, 그녀가 있었다. 사진기를 들고 열심히 경기장을 찍고 있었는데, 내가 다가가 인사를 건네면서 손을 내밀어 악수를 청하였다. 반갑게 악수를 한 다음 간단한 영어로 인사를 나눴다. 메럴은 리스트를 살피며 나의 엔트리를 확인하더니 경기 규칙을 브리핑해 주면서 말했다.

"궁금한 것 있으면 나에게 질문해 줘."

나는 바로 스틸다트 보드에 다트 연습을 했다. 첫 경기가 제일 걱정이 되었지만 애써 무덤덤하게 받아들였.

예선은 토너먼트 진행 방식이었다. 501경기 5레그에서 3승을 먼저 해야 다음 단계로 올라갈 수 있다. 다트 501 경기는 다트를 던져 획득한 점수를 501점에서부터 차감하여 0점으로 만들어야 하는 경기다. 마지막 다트로 0점을 만들 때는 다트 보드의 외곽에 있는 더블 라인으로 마무리를 해야 한다.

정신을 모으고 분위기에 얽매이지 않으면서 나를 쳐다보는 기분이 들어도 무시하고 다트 연습에 집중하였다. 나는 한쪽 구석에서 연습했는데, 온 세계가 코로나바이러스 때문에 상당히 위축되어 있을 때라, 동양인을 안 좋게 보거나 차가운 눈으로 볼까 봐 살짝 걱정되었다. 계속 연습을 하다 보니 시간은 흘러 첫 경기 시간이 다가왔다. 나의 라인 쪽으로 가서 번호를 확인하고 경기 시작 전 워밍업과 경기 준비를 했다.

첫 경기가 시작되었다.

경기는 시작과 동시에 탄력을 받았고 집중력이 좋아 바로 3대 0으로 끝냈다. 그리고 다음 경기를 위해 계속 몸을 풀었다. 어제 도착해서 한 번도 연습은 하지 않았기 때문에 쉬는 시간에도 더 많이 던져 보았다.

다음 경기도 이겼다. 출발이 너무 좋았다. 나는 계속해서 올라갔다. 주변 사람들이 귓속말로 수군거린다. 못 알아듣지만 '잘한다는 소리겠지.' 하고 내 멋대로 짐작했다. 알 수가 없었다. 신경 쓰지 않고 계속 전진했다.

한참 올라가다가 처음으로 강적을 만났다. 포스가 느껴졌다. 먼저 다섯 판 중 두 판을 졌다. 스코어 0대 2로 지고 있어서 정신을 바짝 차렸다. 주변에 사람들이 모여 우리 경기를 지켜보고 있었다. 사람들 눈에는 내가 질 것처럼 보였으리라.

나는 포기하지 않고 마지막까지 집중하려고 눈을 크게 떴다. 그때 상황은 16강에서 8강으로 올라가기 위한 경기였다. 사실 지고 있어도 흔들리지는 않았다.

어쨌든 상대방이 너무 잘 던진다. 나이가 좀 있었고 경력도 많아 보였다. 다트 강국 네덜란드에서 내가 한 번 비벼보기 위해 한국에서 왔는데 여기서 떨어질 수는 없었다. 집중! 집중! 집중! 나는 정신을 가다듬고 던졌다.

 떨어지고 나서 호텔로 돌아가 화장실 물을 끓여 봉지라면 뽀그리로 처량하게 저녁을 때운다는 생각은 도저히 할 수가 없었다. 우승으로 배를 불리고 싶었다.
 '2대 0으로 지고 있어도 좋다. 나는 아직 버틸 수 있다.'
 정신을 집중한 후 나는 '들이대' 정신으로 돌격했다. 5레그 5판은 공격 순서가 선-후-선-후, 연장전은 한 발씩 던져 중앙에 제일 가까운 사람이 선공을 잡는다.
 나는 2대 0으로 지고 있어도 모든 걸 무시하고 약점도 생각하지 않고 들이대는 방식으로 경기를 했다. 드디어 한 게임 잡아서 2대 1이 되었다. 다행이었다. 한 번 더 집중하여 마음을 다잡고 경기에 임했다. 또 이겼다. 그래서 2대 2! 위기 상태에서 벗어나 동률이 되어 기뻤지만, 경기가 끝난 것은 아니다. 마지막 한 경기가 남아 있었다.
 조금은 긴장이 되었다. 재미가 있다고 생각했는지 사람들이 더 많이 몰

월드 챔피언이 되다 35

리기 시작한다. 나는 더욱 집중하여 연장전 경기를 시작하였다. 정중앙에 한 발을 던져 내가 선을 잡았다.

초(超)집중! 그리고 네덜란드까지 와서 떨어질 수 없는 상황! 불도저로 밀어붙이듯 경기를 했는데, 기가 막히게 압도적으로 원하는 숫자에 다트가 들어가기 시작한다. 8강에 진출했다.

나는 501점수를 0으로 만들고 압도적 차이로 상대를 이겨 다음 4강전에도 무난히 진출한다. 잠시 휴식을 취하면서 나는 다음 경기 상대자의 연습을 지켜보았다. 무척 잘 던진다. 역시 유럽이다. 나도 한국에서 '쫌' 한다고 생각하지만, 여기서는 그렇지도 않았다.

메릴도 뒤에서 지켜보며 응원을 해주었다. 나에게 위기가 찾아왔을 때는 숨을 깊이 들이쉬는 것도 보았다. 내가 이기면 기쁜 얼굴로 좋아라고 했다. 고마웠다. 처음 보는 네덜란드 사람인데 나를 도와주고 응원해주니 감사할 뿐이다. 이것도 K팝 덕분인가 하는 생각이 들었다.

'그렇다면 당연히 K팝에 감사드려야지.'

혼자 이렇게 생각했다. 여기 사람들은 나를 28세로 보고 있었다. 젊게 봐주는 것이다. 4강전에서 나는 또 한 명의 강자를 힘겹게 이기고 마침내 결승에 진출한다. 아침 9시에 입장하여 저녁 8시 30분이니 거의 12시간이나 경기에 매달려 있었다.

그리고 VIP 대기실에서 2시간을 대기한다. 생방송으로 송출하기 때문에 대기를 시키면서 스틸 다트 연습을 하라고 한다. 호출하면 안내직원과 카메라가 있는 경기장으로 이동하여 결승 경기를 치르게 된다.

메릴도 대기실로 따라와서 나에게 브리핑을 해주고 나와 함께 대기했다. 경기장 들어올 때 간식을 뺏겼기 때문에 점심과 저녁은 먹지 못했다. 어쩔 수가 없었다. 돈이라곤 택시비만 겨우 주머니에 남아 있었다.

배가 고프다고 말할 수도 없다. 우승만 한다면 배부르게 먹을 수 있다고 생각했다. 봉지라면과 짜파게티를 뜨거운 물로 불려서 먹을 생각만 했다. 두 시간도 참 길다는 생각이 들었다. 긴장도 긴장이겠지만 그냥 대기시간이 마냥 길게만 느껴졌다.

결승전의 상대방은 영국인이었다. 영국은 다트 종주국에다, 다트 역사가 길고 긴 신사의 나라가 아닌가. 긴장감이 갑자기 몰려온다. 시간이 다가온다는 의미다. 스탠바이 10분 전으로 시간이 흘렀고, 복장 확인하고 나의 다트를 정리하고 다시 세팅하고 카사카·리벤지2 나의 다트를 들고 무대 뒤쪽에 대기한다. 아직 이동은 하지 않으면서 안내직원이 올 때만 기다렸다.

메럴이 묻는다. 벌써 여러 번째다.

"배고파?"

"괜찮아."

대답은 그렇게 했지만, 배고프다. 속이 쓰릴 정도다.

10분 후 안내원이 찾아와 결승 진출자인 나와 영국 선수를 인솔해주어 경기장 안으로 들어갔다. 기분이 좋았다. 유럽에서의 결승, 역시 대우가 달랐다. 연예인이 무대 뒤에서 무대를 향해 걸어가듯 통로를 따라 안으로 제법 걸어가야 했다. 경호 요원까지 문을 지키고 있어서, 뭔가 권위가 느껴졌다.

결승에 진출한 최초의 동양인

한참 걸어가니 무대 안쪽이 보이고 관중석도 보였다. 동양인이 최초로 월드 챔피언십 결승에 올라온 데 대해 네덜란드 관중들은 물론 참가한 선수들까지 놀라는 것 같았다. 여기저기서 웅성거리는 소리가 들렸다. 나는 이런 모든 분위기를 무시한 채 내 목표에만 집중하기로 마음먹고 마인드 컨트롤을 했다.

사회자가 선수 소개를 했고, 내 이름을 불렀다. 나는 단상으로 저벅저벅 걸어 올라갔다. 경기 규칙을 설명하는 듯했지만 제대로 알아듣기는 어려웠다. 세계적으로 유명한 심판이 스틸 보드 옆에 대기하고 있었다.

그의 이름은 마르코(Marco Meijer)로 2018년 대한다트연맹이 서울에서 개최한 세계다트연맹 아시아 퍼시픽 컵(WDF ASIA PACIFIC CUP)에서 안토니(Antony Dundas)와 함께 심판을 봤던 사람이다.

워밍업으로 각각 6발씩 던진 후 결승 경기를 준비했다.

상대방이 선공이었다. 내 차례가 와서 첫발을 던지는데 왜 그렇게 떨리던지 아찔한 기분이었다.

귀에는 관중들의 작은 소리까지 들리게 마련인데, 나는 귀를 닫고 눈도 닫고, 아예 뒤를 돌아보지 않았다. 한 발 한 발 스틸 보드에 다트를 던질 때, 극도로 집중력을 발휘했다. 생각한 대로 높은 점수가 잘 나왔다. 평소보다 양호했다. 내가 먼저 1레그 첫 게임을 땄다.

그리고 2레그는 내가 선공을 하며, 한 발 한 발 신중하게 앞의 판처럼 똑같이 경기했다. 그래서 내가 두 번째 경기인 2레그도 따냈다. 신기했다. 마음속으로 '내가? 내가?' 하는 생각이 들었다. '내가 여기서?'라는 말을 속으로 되새기고 계속 집중을 했다.

3번째 레그는 501 점수에서 일부러 170점을 남겼다.

낮에 창원의 의사이자 다트 선수인 명우와 카톡으로 내기를 했기 때문이다. 170점을 60점, 60점, 50점으로 멋지게 끝내면 소원을 들어주기로 한 내기였다.

20트리플(60점)을 한 발 던졌는데, 기가 막히게 들어갔다. 두 번째 발을 옆으로 이동해서 던졌다. 이번에도 기가 막히게 첫발의 바로 옆에 또 들어가 버렸다. 60점과 60점을 던졌고, 스틸 보드 한가운데는 두 개의 원이 있는데 안쪽은 빨강, 바깥쪽은 초록이다. 안쪽은 50점, 바깥쪽은 25점이었다. 나는 정중앙을 향하여 마지막 한 발을 던지려고 한다.

그런데 그 순간, 불쑥 옛날 생각이 떠오른다.

전신마비로 입원했다가 집으로 돌아와 재활운동을 할 당시에 몸을 굴려 방바닥과 문지방을 건너 다녔던 기억이 머리를 스쳤다. 잠시 옛 추억이 떠올랐던 것이다. 문지방 중간 중간에는 무수한 구멍의 흔적이 있었다. 작은 상처처럼 흔적으로 남은 구멍들은 내가 어렸을 때 다트를 만들어 던졌던 곳이었다.

어릴 때 혼자 다트 놀이를 했던 기억들이 스쳤다. 그런 기억을 떠올리며 샷을 날리고 바로 눈으로 확인했지만, 아쉽게도 정중앙 빨강 옆의 초록 원을 맞췄다. 양궁으로 치면 10점 옆의 9점을 맞춘 것으로 보면 된다.

조금 아쉬웠고 관중들도 '와우~!' 하고 안타까워했다. 놀랐다고 해야 할까. 사실 170점 마무리는 무척 던지기 힘든데, 내가 트라이, 도전을 했다고 놀라면서 안타까워하는 것이다. 성공할 뻔했는데 실패하여 25점을 남겼다. 던진 결과는 145점이었다.

상대방은 132점의 점수를 남겼는데, 경기 결과 마무리는 상대방이 먼저 0점을 만들었기 때문에 내가 스코어 1점을 내주었다. 그래서 2대 1이 되었다.

아직은 할 만하다. 여유가 있다. 나는 갑자기 에너지가 넘쳤다. 3승을 먼저 한 선수가 승리를 차지한다. 나는 앞질러 달리고 있어도 긴장을 풀지 않았다. 유럽까지 힘들게 왔다는 사실을 다시금 떠올리며 정신 바짝 차리고 4번째 게임을 시작했다.

이번엔 내가 압도적인 점수로 달리고 있었고 상대방이 버거워했다. 나는 더욱 탄력을 받아서 미친 듯이 던졌고, 높은 점수로 501점을 깎아내리기 시작했다. 나는 40점을 남기고 상대방은 많은 점수를 남겼다. 나는 한 번 더 어린 시절 문지방을 과녁으로 삼아 무수한 상처 구멍을 내며 다트를 던지던 일을 생각하며 마지막 한 발이라 여기고 샷을 날린다.

나의 샷은 하늘로 날아올라 12시 방향 상단 위쪽 20더블(40점) 라인을 맞춤으로써 피니시로 정확히 0점을 만들고 마무리 한다. 그리고 내가 승리를 한다. 스코어 3대 1,

나는 마침내 우승을 차지했다.

한국의 조광희, 챔피언의 이름으로

메럴이 가장 가까이에서 응원해주고 축하해주었다. 감사했다. 처음 만나는 나에게 브리핑을 해주면서 기다려주고 알려주는 매너가 너무나 마음에 들었다. 머리카락이 붉은 메럴과의 지난 몇 시간이 빠르게 머리를 스쳤다.

관객들이 박수를 보내며 환호하는 가운데 사회자가 3위부터 이름을 불렀다. 2위를 거쳐 대망의 1위, 한국의 조광희를 챔피언의 이름으로 불러주었다.

힘들었던 지난날을 회상하면서 트로피와 꽃다발을 받았다. 짧은 순간에 과거의 영상들이 주마등처럼 지나가는데 속으로 찡하면서 울먹울먹할 정도였다. 실제로 속으로는 울었지만, 겉으로 울 수는 없었.

플래시가 터진다. 그 밝은 불빛에 숱한 영상들이 계속 스쳐 지나간다. 전신마비로 중환자실에 누웠던 기억도 여전히 생생하다. 기저귀를 차고 3년을 누워 있었다. 그리고 문지방을 넘나들며 기어 다녔던 거리가 지구의 몇 바퀴쯤일까?

그랬던 놈이 지구 반대편인 네덜란드에서 월드 챔피언십 트로피를 들고서 있다. 트로피에는 역대 월드 챔피언십 우승자의 이름이 순서대로 각인되어 있다. 그 맨 아래 내 이름 조광희도 추가되어 있었다. 그 이름들과 불빛은 내 마음을 뭉클하게 만들었고, 속으로 울음을 삼키게 만들었다.

심오하다. 카메라의 불빛이 계속 터지면서 다음 영상도 보여주었다. 내

가 괴로워하던 장면과 포기하며 목숨을 끊고 싶었던 순간순간도 보여주었다. 당연한 이야기겠지만, 월드 마스터즈 챔피언십은 그동안 국내 챔피언을 차지했던 순간보다 훨씬 더 값지고 소중하게 느껴졌다.

다트 종목으로 봐서는 빙상의 김연아 선수나 골프의 박인비 선수처럼 세계적인 명성을 얻었다고 평가할 수도 있는, 정말 대단한 사건이었다.

한국에서 숱하게 우승했을 때와는 달리 한국 다트의 위상에 대해서도 생각하게 되었다. 처음 출전해서 월드 챔피언십의 우승을 차지한 것도 너무나 소중하고 값어치가 컸지만, 남자 다트에서 동양인 최초의 우승 기록이라는 사실이 새삼 자랑스러웠다.

"조광희 선수, 다트 역사를 새로 썼어요."

네덜란드 기자들도 이런 이야기를 해주었다. '100년 이상 걸릴 수도 있는데, 조광희 네가 기록을 깼다.'는 의미였다. 기쁨은 말로 표현할 수가 없었다. 그렇다. 단순하게 계산해 봐도 정말 힘든 기록이다. 1년에 한 번 대회가 열리니까 100번 도전하면 100년이 걸린다. 누군가가 도전하더라도 우승을 차지할지 어떨지는 더욱 알 수 없는 일이 아닌가. 네덜란드, 영국을 비롯한 유럽 여러 나라의 벽은 너무나 높기 때문에 동양의 한국에서 출전한 선수가 우승한다는 것은 그야말로 다트의 새 역사가 아니고 무엇이랴.

첫 도전에서 우승을 차지한 나로서는 이게 꿈인가 생시인가, 정말인가 거짓말인가 싶어 헷갈리기만 했다. 내가 정말 '미친 짓을 한 것인가?' 싶었다.

네덜란드 관계자가 나에게 관심을 가지고 물었다.

"내일 미팅할 수 있겠습니까?"

그날이 금요일이었고, 다음날인 토요일도 경기가 있었다. 그래서 일요일에 이야기하자고 약속했다. 이때쯤 봉준호 감독도 <기생충>으로 상을 받았다. 어쩌면 내가 우승한 사실도 스포츠뉴스의 토픽 감으로 나갈 수 있는 뉴스거리였는데, <기생충>한테 눌렸다고 생각했다.

더구나 한국에서는 코로나 바이러스의 확산 때문에 월드 챔피언십이 뒷전으로 묻혀버려 아쉽기 짝이 없다. 아무리 그렇더라도 '다트의 조광희' 역시 세계무대에서 한국을 빛낸 스포츠인들 가운데 한 사람이라는 사실만은 달라지지 않을 터이다.

앞서 이야기했듯이 국내에서 죽어라고 해봐야 우물 안 개구리일 수밖에 없고, 다트 종주국 영국과 네덜란드 등 유럽의 다트 강국에서 인정을 받아야 한다. 어쨌든 나는 그것을 해냈다. 이것이 이번 월드 마스터즈 챔피언십 우승의 진정한 의미일 성싶다.

누가 지구 반대편의 동쪽나라에서 온 나 같은 선수에게 신경이나 썼을까? 그런데 우승을 하고 나니 갑자기 나에게 포커스가 맞추어진다. 네덜란드 기자들이 웹에 올린 기사가 바로바로 뜬다. 기사내용은 대개 조광희가 3대 1로 압도적인 승리를 거두었다는 사실과 170점 마무리도 멋지게 끝내려고 시도했다는 내용까지 담았다.

시상이 끝나고 트로피와 짐을 챙겨 나는 메럴과 함께 경기장 밖으로 나왔다. 메럴이 나를 숙소인 호텔까지 데려다 주었다. 고마웠다. 특별히 줄 게 없어서 호텔의 룸으로 재빨리 올라가서 가져온 비상 간식을 메럴에게 건네주었다.

"줄 게 이것밖에 없네요."

"괜찮아요. 내일 봐요."

호텔 앞에서 메럴과 헤어진 다음, 화장실의 물을 커피포트에 끓여 봉지 라면과 짜파게티 뽀그리를 먹으려고 준비했다. 나는 물을 끓이는 동안 계속 트로피를 쳐다보았다. 엄청 배가 고팠는데, 막상 호텔에 도착하니 긴장이 풀려서 그런지 배가 고픈 줄도 모를 정도였다.

한국 시간은 새벽 4시. 카톡으로 엄청나게 많은 응원의 메시지가 왔다. 우승 축하 메시지도 왔고, 올림픽처럼 새벽까지 기다렸다가 경기를 응원했다는 메시지도 있었다.

창원의 명우에게서도 연락이 왔다.

"170점 끝내려고 했던 미션이 무섭더라고요. 소원 들어주게 생겼다고 마음 졸였지요."

"사실 나도 그때 그런 미션이 생각나서 준비를 했지."

"그러니까 형보고 무서운 사람이라고 하는 겁니다."

"나도 내가 무섭다는 생각이 들더라고…"

서로 웃으면서 통화를 했고, 명우는 나에게 "우승을 해서 정말 자랑스러워요." 하고 한 번 더 응원을 해주었다. 다트 세척하라고 초음파 세척기를 택배로 붙여준 사람이 명우였다. 초음파 세척기가 크게 도움이 되기도 했다. 찌든 때를 벗겨내 주기 때문에 깔끔하고 부드럽게 던질 수 있는 분위기를 제공해주는 셈이었다.

새벽에 호텔 숙소에서 길게 통화를 하면서 한국 다트를 유럽에 알렸다는 메시지에 기분이 날아갈 듯했다. 나는 트로피를 침대에 길게 눕혀 놓고 그 옆에 같이 누웠다.

이 기분 누가 알까? 아마도 직접 경험해보지 않고는 이해하기가 쉽지는 않으리라. 내일 경기를 위해 잠을 자둬야 하는데도 나는 계속 잠을 이루지 못한다. 설핏 잠이 들었다가 잠시 깨면 '이게 진짜야?' 하는 기분이 들어 다시 말똥말똥하게 정신이 들곤 했다.

이렇게 자다 깨다 반복하면서 2시간 반쯤 잤을까? 요란하게 울어대는 기상 알람소리에 잠에서 깼다. 눈을 뜨고 옆을 보니 월드 챔피언십 트로피가 눈앞에 있었다. 꿈이 아니었던 것이다. 2시간 30분밖에 자지 못했는데도 전혀 피곤하지도 않았다.

더치(네덜란드) 오픈 대회에도 참가하다

행복한 기분으로 벌떡 일어나서 간단하게 샤워를 하고 아침식사를 위하여 방을 나섰다. 점심 끼니의 몫까지 배부르게 먹고 마셨다. 간식은 들고 들어갈 수 없으니까 포기하고 그냥 다트만 챙겨 호텔 밖으로 나섰다. 호텔 카운터에서 택시를 불러달라고 했더니 '저쪽까지 걸어 나가서 택시를 타라.'고 한다.

바깥을 내다보니 우리나라의 5일장 같은 장날이었다. 과일과 야채를 파는 분들이 판매대를 준비하고, 승합차에서 물건을 꺼내 줄을 맞추어 세팅을 하고 있었다.

나는 호텔 밖으로 멀찍이 걸어 나가서 택시를 기다렸다가 네덜란드인과 합승하여 택시에 끼어 탔다. 어제와 똑같이 경기장에 도착했고, 이제는 길을 알고 있어서 바로 경기하는 장소로 찾아갔다. 입구의 보안직원도 내 가방을 살펴보고는 바로 통과시켜 주었다. 간식을 가지고 오지 않았으니 검사할 필요도 없었다.

바로 엔트리 확인하고 연습을 시작했다. 잠을 덜 잤기 때문에 피곤할 수도 있었지만, 지구 반대편까지 날아온 전신마비 다트 선수 조광희가 다시 한 번 사고를 치고 싶었다.

이틀 연속으로 사고를 칠 수도 있겠다는 생각에 오늘 더치(네덜란드) 오픈 대회에서도 눈을 뒤집고 던질 각오를 했다. 스스로 다짐을 하며 연습하고 있는 사이에 시간이 되어 메릴도 경기장에 도착했다.

"조광희 선수, 오늘 컨디션 어떠세요?"

"괜찮아요."

나는 기분 좋게 인사를 하고는 계속 집중하는 연습을 했다. 첫 상대자도 나와 함께 경기 준비를 하고 있었다. 어제와 똑같은 토너먼트 방식이라 한 번 떨어지면 기회가 없다.

첫 경기는 가장 빨리 3대 0으로 깔끔하게 끝냈고, 바로 두 번째 경기를 준비했다. 상대방들이 나를 알고 주눅이 든다는 느낌을 받기 시작했다. 어제의 우승 효과인 것 같았다. 어제 준우승했던 선수는 예선에서 떨어졌다. 스틸 다트가 그만큼 힘들다는 것이다.

다음 경기의 상대는 상당한 강자였다. 어제도 힘든 경기였지만, 오늘도 힘든 경기가 예상되었다. 예상했던 대로 역시나 엄청나게 다트를 잘했다. 연장전까지 가서야 내가 승리를 거둘 수 있었다. 내가 좀 더 집중을 했고, 원하는 숫자에 다트를 더 정확하게 꽂아 넣어서 이겼다. 어제는 0대 2로 지고 있다가 간신히 역전하여 2대 3으로 이겼는데 오늘도 역시 만만히 보면 큰일 날 상대였다. 결국 오늘도 내가 승기를 잡았다.

나는 계속 위로 치고 올라갔다. 8강전에는 또 다른 강자가 기다리고 있었다. 이번 경기는 서로 경쟁하듯 실수를 해대기 시작했다. 자꾸만 리듬이

깨지는 것이 느껴졌다. 나도 이유는 모르겠다. 내가 원하는 숫자 라인에 다트가 들어가지 못한다. 생대방도 똑같은 현상으로 비슷한 일이 벌어지고 있었다. 두 사람 모두 뜻대로 안 들어가니 서로 안타까워하는 모습을 보이며 서로의 한숨 소리를 들어야 했다. 나는 여기서 다시 한 번 마음을 정리하고 스틸다트의 보드를 바라보면서 생각에 잠겼다.

'내가 여기 네덜란드까지 왜 왔지?'

다시 한 번 이런 생각을 했고 엄마 얼굴도 떠올렸다.

'오늘 이렇게 지친 몸이지만, 마지막까지 힘을 낼 수밖에 없다. 어제의 피로 따위는 잊어버려야 한다. 나는 아직 멈출 수가 없다. 네덜란드까지 온 김에 하나 더 가져가야 한다.'

8강전 경기를 2대 2로 연장전까지 끌고 갔다. 마지막 경기의 마지막 판에 전력 집중함으로써 상대를 꺾었다. 주위에서도 우리의 경기를 보고 부쩍 마음을 졸이는 듯했다.

어렵사리 4강전에 올라간다. 3등은 확보한 셈이었다.

명우에게 '발바닥이 갈라져서 피가 나네. 찢어진 것 같아.'라고 카톡을 보냈는데 이 동생이 센스 있게 네덜란드 현지 닥터에게 '조광희 선수 발바닥 확인 요청 바란다.'는 메시지까지 보내주어서 나는 깜짝 놀랐다.

'고마워서 더! 더! 더! 힘을 내겠다.'

　명우에게 '진심으로 고맙다.'는 인사를 카톡으로 전하며 다음 경기를 준비했다. 이틀 연속 입상에 도전하는데, 3등을 원하지 않았던 나는 이번에도 우승을 향하여 한 걸음 더 전진한다. 나는 계속 전진하기를 원했고 멈출 생각이 없었다.
　4강전 경기는 오히려 쉽게 끝내고 결승전에 올랐다.

　대망의 결승전, 다시 엔돌핀이 상승하는 느낌이었다.
　'초능력은 아무 때나 나오는 것이 아니라 이럴 때 나오는 거지.'
　나는 이렇게 생각하며 혼자 웃었다. 결승 진출이 확정되자 사람들이 수군거리기 시작했다. 어제 우승했던 사람이 또 결승에 올라갔다고 이야기하는 것 같았다.
　어제와 똑같이 VIP실로 이동하여 두 시간을 대기했다.
　어제도 와 봤으니 제법 익숙한 느낌이 들었다. 그래서 잠시나마 여유를 가지고 연습을 했다. 두 시간 후 이름 부르는 소리를 듣고 안내원을 따라 무대로 올라갔다. 내가 소개되고 경기가 시작된다. 이번 결승전 상대는 개최국 네덜란드 선수다. 이들은 내가 새롭겠지만, 나는 나의 존재를 강하게 인식시키고 싶었다.
　'한국에서 온 조광희, 이처럼 강하게 컸다. 죽음에서 돌아온 나는 스스

로를 강한 놈으로 만들었고, 높은 벽을 넘었으며, 더 높은 벽을 넘어갈 것이다. 이제는 두렵지도 않고, 어려움 따위도 모른다.'

이런 생각이 짧은 순간 머릿속에서 레코드판 돌듯이, 영상이 흐르듯이 주마등처럼 쫙~ 지나갔다. 또 한 번 초능력이 나올 때가 되었다.

나는 스페인의 투우가 경기장 문을 열자마자 돌진하듯이 쏘아붙이기 시작했다. 총 7레그의 경기에서 4승을 먼저 해야 우승한다. 나는 그런 경기 규정과 상관없이 돌격했다. 신중하게 임했고 정확성도 좋았다. 상대방 선수가 조금 당황하는 것 같았다. 나는 몇 경기 남았는지도 헤아리지 않고, 투우처럼 내달렸다. 다른 사람이 내 몸 안에 들어와 다트를 던지는 것 같았다. 나보다 훨씬 잘 던지는 사람이 던져주는 느낌이었다. 잠시나마 이런 착각이 들 정도였다.

피로한 줄도 모르는 채, 점수가 얼마나 남았는지 기억도 나지 않는 상태로 원하는 숫자를 향해 던지기만 했다. 미친 듯이 계속, 계속 던지기만 했다. 심판의 말소리를 듣고서야 경기가 끝난 줄 알았다. 경기 스코어는 4대

O! 내가 압도적으로 이겼고, 우승했다.

우승, 우승 조광희!

내가 오늘도 우승을 했다. 이틀 연속 우승, 이게 현실인가, 꿈인가? 얼떨떨하고 멍했다. 표정은 웃고 있지만 제 정신이 아니었다.

'꿈이 아니지? 맞지? 나 여기 네덜란드 경기장 맞지?'

혼자 속으로 중얼거렸다. 심판이 우승자인 내 이름을 불러주었다.

시상식을 하는데 카메라들이 다가왔다. 우승 트로피와 꽃다발, 또 한 번의 우승이라는 믿을 수 없는 일이 벌어졌다. 한국 다트의 역사를 내가 네덜란드에서 처음 도전한 월드 챔피언십과 세계다트연맹 더치 오픈 대회에서 새로 썼다.

나는 새로운 도전에서 꿈을 이루어냈다.

이런 성과를 이루어내니 감회가 새롭다. 한국에서 우승하는 것과는 비교할 수 없을 정도로 벅차다. 다트의 본고장인 유럽에서 한국 선수가 거둔 우승이니 한국도 이젠 다트의 변방이라고 할 수만은 없게 된 셈이다. 다트의 본고장에서 내가 역사에 남을 대형 사고를 쳤다.

한국 친구들은 물론 동남아시아에서도 많은 축하 메시지를 보내주었다. 동남아시아 친구들도 나의 스토리를 알고 있기 때문에 나의 우승에 감동의 박수를 보내주고, 아시아 선수가 다트의 본고장에서 우승을 일궈낸 사실에 공감하는 것이다.

오로지 다트라는 인연일 뿐인데, 나를 기억해주고 응원해주는 친구들이 고마웠다. 이들에게도 나의 우승은 좋은 소식이 될 것이다. 다트계의 파이팅과 희망을 위한 좋은 메시지가 분명할 테니까. 나로서는 우승 소식으로 안부를 전할 수 있어서 더할 나위 없는 즐거움이었다.

우승은 그동안의 내 노력이 잘 표현된 작품인 셈이다. 이 기쁨을 어떤

말로 표현할 수 있을까? 천 마디의 말이 부족하다는 뜻을 알 수 있을 듯했다. 다트로 100년 동안 100번을 도전했다고 하더라도 이런 성과가 쉬운 일은 아닐 성싶었다.

나의 도전이 수많은 시련과 노력 끝에 빛을 보았고, 다트의 본고장인 유럽에서 열린 대회에 도전하여 거듭 우승을 거둠으로써 세계무대 진출의 교두보를 마련한 셈이라고 생각한다.

어쨌건 세계로 진출하여 대한민국이라는 나라도 알리고, 다트 강국의 면모도 자랑할 수 있게 되었으며, 나뿐만 아니라 우리나라 다트계의 인재들이 더욱 활발하게 세계로 진출할 수 있는 계기도 마련했을 터이다.

숨 쉬는 냄새도 맛있다

우승 상패와 용품들을 챙겨 메럴과 함께 밥을 먹으러 호텔 쪽으로 향했다. 메럴의 자동차 뒷좌석에는 이틀째 경기인 네덜란드 오픈 대회의 트로피가 실려 있었다. 메럴은 운전하고 가는 동안 계속 잘 알아듣기 어려운 영어로 쉴 새 없이 이야기를 했다. 입에 침이 마르도록 나를 칭찬하는 듯했다.

"고마워요. 정말 배가 고파 미치겠는데, 빨리 밥 먹으러 갑시다."

얼렁뚱땅 영어로 전달하며 핸드폰을 열고 기분 좋은 한국 댄스곡을 틀었다. 메럴도 듣자마자 좋아라고 어깨를 들썩들썩했다. 두 곡 정도 들었을 때쯤 호텔 근처의 음식점에 도착했고, 메럴에게 주문을 부탁했다.
"내가 우승했으니 좋아하는 음식 먹어도 돼요."
어쨌든 음식 값으로 나의 마지막 비상금을 써야 했다. 음식점 입구 잘 보이는 곳에 메뉴판이 전시되어 있었고, 문 앞에서부터 고소하고 맛있는 냄새가 진동했다. 현지 음식점에서 풍기는 냄새는 우리나라의 레스토랑에서 풍기는 냄새와 오묘하게 비슷했다. 음식이 나오면 무작정 입속에 넣고 싶었다.
숨 쉬는 냄새도 맛있다는 생각이 들었다.
긴장이 풀려서 그렇기도 하겠지만 심리적인 압박감에서 풀려난 해방감을 냄새로 만끽하는 기분이라고나 할까. 전신마비로 장기간 중환자실에 입원해 있다가 간신히 회복의 길로 들어서서 마침내 산소 호흡기를 떼어냈을 때와 똑같은 해방감이었다.
식당으로 들어가자 뜨거운 소고기무국이 머릿속에 아른거렸다. 추가로 총각김치도 필요할 성싶었다. 이런 음식으로 배를 채우기 위해 곧장 한국으로 돌아가고 싶었다. 엄마가 차려주시는 밥과 반찬과 국이 생각난다.
일단 냄새 좋은 길거리 식당에 들어가 메럴에게 맘대로 시키라고 했다. 음식이 나오기 전에 음료부터 나왔다. 작은 커피부터 마셔주고 요리가 나와서 열심히 먹어주었다. 메럴도 배가 고팠던지 건성으로 대화하면서 먹는 데만 열중했다.
일단 배를 채우고 나서 앞으로의 스케줄을 메럴에게 이야기해 주었다. 당장 내일의 스케줄은 경기장에서의 인터뷰가 가장 중요했다. 기사의 내용이나 기자들의 질문에 대해서는 메럴의 브리핑을 받고 내가 영어로 작성하여 답변하기로 했다.

　영어로 대답하자니 한 마디로 어안이 벙벙하고 살짝 버벅거리기도 했지만, 어쨌든 그렇게라도 말을 하는 내가 신기했다. 그렇게 준비를 끝내고 나는 숙소인 호텔로 갔고, 메럴은 작별인사를 하고 집으로 돌아갔다.
　"너무너무 좋은 시간을 보냈습니다. 꼭 다시 한 번 올 것입니다."
　헤어질 때 메럴에게 이렇게 인사를 하고 짐을 정리하며 트로피를 챙겨 넣었다. 아버지 생각이 불쑥 떠올랐고, 나 때문에 고생을 많이 하신 엄마도 보고 싶었다.
　돈도 제대로 못 벌고 고생하며 거지 같이 살았던 지난 시간을 돌이켜보자니 마음이 찡했다. 짐을 싸면서 가방 안으로 들어가는 트로피의 광채가 사라지는 것을 보고, 다시 한국에서 꺼낼 때는 영화의 새로운 화면처럼 밝아지길 바라는 마음이었다.

무임승차로 네덜란드를 떠나며

인터뷰 등 네덜란드에서의 일정이 모두 끝났다.

아침부터 부랴부랴 움직인다. 짐을 확인하고, 마지막 아침식사와 체크아웃이 필요했다. 호텔에서 짐을 챙겨 나와 기차역을 향해 걷는다. 역에는 엄청나게 큰 강아지 동상이 있다. 4층짜리 건물 높이의 크기인데 그쪽 방향으로 걸어간다.

수중에 돈이 없어서 무임승차하기로 결정했다. 동전 몇 개밖에 없다. 밥도 못 사먹었는데, 28,000~38,000원의 승차요금이라니 어림없었다. 표가 있는 것처럼 아주 자연스럽게 역을 지나간다. 안내원도 없어서 좀 애매했다. 그리고 곧 저 멀리서 쿠쿠쿠 소리와 함께 기차가 도착하여 문이 열리자마자 올라타고 잽싸게 자리를 잡았다.

한 좌석에 짐을 놓고 나는 그 옆자리에 앉았다. 안내방송을 알아들을 수 없어서 도착지인 공항을 지나칠 수도 있었기 때문에 불안해서 잠을 잘 수 없는 상황이었다. 이어폰을 끼고 음악을 들으며 차창 밖을 내다보았다.

네덜란드에 도착한 지 며칠 만에 이제야 처음으로 네덜란드 마을을 한가롭게 구경하는 셈이다. 울타리도 없는 들판의 푸른 초원에서 양과 말들이 평화롭게 풀을 뜯고 있었다. 집들이 대부분 기와지붕인 마을에는 빌딩 같은 높은 건물도 보이지 않고 눈이 시원했다.

내 뒷자리에는 흑인이 탔고, 앞자리에는 가족으로 보이는 백인 꼬맹이 남매와 할머니가 탔다. 나는 계속 이어폰을 끼고 음악을 들으며 멀리 펼쳐진 초원을 바라보았다. 핸드폰의 시계를 보니 기차를 탄 지 거의 두 시간 정도 지났는데, 뱃속이 출출하고 배가 고팠다. 점심시간도 훌쩍 지나간 느낌이 들었다.

바로 그때쯤 당혹스러운 일이 닥쳤다.

왜 하필 지금인가 싶었다. 차장이라고 해야 하나, 표를 검사하는 승무원이 나타났다. 저쪽 앞 칸에서 드르륵 문을 열고 제복을 입은 승무원이 들어온다. 손에는 카드 단말기 같은 것을 들었는데, 점점 내 자리 쪽으로 다가온다.

'아씨, 망했네, 망했어.'

속으로 이런 생각이 들었다. 돈이라곤 지폐 한 장과 잔돈 몇 푼, 겨우 콜라 두어 개 사마실 정도의 돈밖에 없는데…, 표 검사하는 차장은 뚜벅뚜벅 점점 가까이 다가온다.

제기랄! 오금이 저릴 정도로 떨리지는 않지만, 당혹스럽다. 표 검사하는 차장이 중간쯤까지 다가오는 기세가 마치 쓰나미 같은 파도가 몰려오는 것 같다. 뭐라고 해야 할지, 담담하게 움직일 수가 없었고, "꼼짝 마!"라며 총이라도 겨누는 것 같았다.

'하하하, 젠장! 짐까지 많아서 도망치기도 틀렸네.'

차장이 좀 더 가까이 다가온다. 한 명 한 명 표를 보자고 하더니 휴대용 기계에 집어넣었다가 다시 돌려준다. 개찰(改札)하는 모습이 바로 코앞에서 보인다.

'아, 미치겠다.'

등에서 땀이 바작바작 났다. 덤덤하고 말고 할 것도 없이 그냥 쪽팔림이 쓰나미처럼 거의 내 앞으로 몰려왔다. 저항할 생각도 없고 트로피만 믿고 있었다. 그냥 초점 없이 시력 1.5의 눈을 0.1의 시력 같은 흐릿한 눈길로 뭔가 잃어버린 것처럼 검표 차장을 쳐다보기만 했다.

바로 그 순간 그가 나를 한 번 바라보았다. 검표 차장도 내가 뭔가 이상하다는 느낌을 받은 것일까? '이 자식 뭔가 문제가 있는 것 같은데?' 하는 표정과 눈빛이었다. 짧은 순간 나도 그를 훔쳐봤다. 바로 내 앞자리까지 와서 앞자리의 남매와 할머니 표를 검사한다.

'나는 표가 없는데 어쩌나?'

나는 그저 꺼내는 척, 찾는 척하며 우물쭈물하는 수밖에 없었다. 도저히 도망칠 수는 없다. 도착 20분을 남기고 무임승차로 걸려서 망신살이 뻗칠 일만 코앞에서 일어날 순간이다.

'미쳐 버리겠네. 거의 다 왔는데, 딱 15분만 늦게 왔어도…'

이미 나는 검표 차장의 레이더에 노출되어 있다. 나는 저격수처럼 나를 노리는 검표 차장의 표적이 되어 이마에 십자가가 그려져 있는 것이다. 나는 이제 죽었다. 그냥 밑바닥도 보고 본격적으로 내 주머니를 뒤져 찾는 척했고, 애처로운 눈으로 검표 차장의 눈만 바라봤다.

이제 내 바로 앞이다. 그가 나를 똑바로 바라보고, 나도 쳐다본다. 그는 내 짐을 바라보고, 나는 그의 단말기를 쳐다본다. 그리고 검표 차장이 다시 나를 바라보더니 내 우승 상패를 살펴보고, 다시 나에게 눈길을 돌린다.

그 순간에도 내 손은 이 주머니 저 주머니 넣었다 뺐다 바쁘게 움직인다. 마치 표가 있었던 것처럼, 표를 넣어두었는데 잃어버린 것처럼, 착각이라도 한 것처럼 마구 찾는 행동을 했다. 애당초 없었으니 없는 게 빤한데도 나는 미친놈처럼 미친 듯이 주머니를 뒤져댔다.

검표 차장은 이미 한참 전에 '뻥카'라고 눈치를 챘을 것이다. 말은 하지 않아도 내 표정과 온몸의 행동거지로 진실의 메시지는 전해졌을 테고, 그런 내 마음을 읽었다면 사정은 알고 있을 게 분명했다. '뻥카'로 탄로가 난 마당에 연기는 무슨, 드디어 나는 갈망하는 눈빛으로 장화 신은 고양이처럼 그를 쳐다봤다.

'나, 살짝 애처롭지? 너, 내 느낌 알지?'

이렇게까지 쳐다보는데도 검표 차장은 쏜살같이 볼펜을 꺼낸다. 그리고 나에게 뭐라고, 뭐라고 네덜란드말로 떠들어대는데, 나는 나대로 한국말로 마주 떠들기 시작했다. 서로 무슨 뜻인 줄 모르니 저마다 모국어로 맞대응하며 기세를 올리는 꼴이었다.

두 사람이 마구 떠들어대지만 서로 모르는 단어다. 남들이 보면 둘 다 미쳤다고 할 것이다. 한 사람은 네덜란드 말, 한 사람은 한국말로 누가 이기나 해보자는 식이다. 그나마 공통어가 될 법한 영어로는 둘 다 말할 생각이 없다, 각자 모국어로만 마구 떠들어댔다.

'그래, 그래 누가 이기나 보자.'

그 시간이 왜 그리 길던지 등에 땀이 났다. 나는 잔돈을 꺼내 "이거라도 드릴까, 어쩔까? 잔돈은 싫어?" 하며 끝까지 한국말로 대응했다. 하다못해 천 원짜리 한국 지폐를 검표 차장의 손에 쥐어 주기도 했는데, 바로 거부를 당했다.

"너희가 우승상금을 계좌 이체하는 바람에 이런 일 생기는 거잖아?"

한국말로 조져봤지만, 당연히 알아듣지 못한다. 저쪽은 굴렁쇠 지나가는 유럽 말을 하고 있으니 나도 답답해서 미치겠다.

"네가 먼저 종 쳐라. 나는 도저히 종 못 치겠다."

다른 사람은 20초면 끝나는데 나는 이미 대략 5분을 넘어가고 있었다.

"난 더 버텨야 해. 여기서 질 수는 없어."

입에서 나오는 대로 한국말로 좀 더 조졌다. 5분이 지나고 더욱 미친 듯이 '아무 말 대잔치'를 벌였다. 검표 차장은 볼펜으로 자기 손바닥에 '곱하기 2(x2)'를 써서 나에게 보여주었다. 나는 벌금 두 배라는 말로 인식하고 서도 모르는 척, 한국말로 계속 떠들었다.

검표 차장은 내려달라는 듯 손으로 밖을 가리키며 표를 사라고 했다. 나는 아날로그 손가락 내비게이션 방향을 쏜살같이 바로 인식했다. 일어나 달라고 손짓을 해서 나는 가방을 메고 트렁크를 끌고 다음 복도 칸에서 하차 준비를 했다.

창피해서 뒤도 돌아보지 않고 복도를 지나 문을 열고 기차 객실에서 나와 승강 계단 문 앞에 서서 다음 역에 내릴 준비를 했다. 가자미 눈으로 훔쳐보니 검표 차장이 내가 내릴 때까지 앞 칸에서 나를 지켜보며 확인하고 있었다. 다음 역에 도착하여 문이 열리자마자 바로 기차에서 내렸다. 내가 탔던 칸의 승객들은 창문으로 모두 나를 바라보고 있었다.

머나먼 네덜란드까지 와서, 대단한 다트 세계대회에서 우승하여 챔피언을 두 개나 차지했지만, 검표 차장에게는 '아무 말 대잔치'로 의문의 1패를 맛본 셈이었다.

표를 사러 내려가는 척하면서 지하 계단으로 내려갈 때 기차는 곧바로 출발했고, 나는 다시 올라와 다음 기차에 또 무임승차할 준비를 했다. 겨우 잔돈 조금 가지고 있는데 기차표를 어떻게 살 수가 있겠는가?

다음 기차는 15분 후에 도착했다. 다시 기차를 바로 타고 20분만 더 가면 공항에 도착한다는 생각으로 이번에는 검표 차장이 오는지, 안 오는지 기차의 복도를 유심히 살폈다. 아까는 너희가 나를 바라봤지만, 이번에는 내가 너희를 바라본다는 생각으로 버텼다.

20분이 왜 그리 길던지, 길고 긴 세월처럼 느껴졌다. 쿵쿵쿵 기차의 진동 소리가 마치 내 심장의 박동과 똑같이 뛰는 기분이었다. 소변을 참는 기분과도 비슷했다. 그냥 내리는 문 앞에서 입석 상태로 대기하다가, 검표 차장이 보이면 바로 움직여 다음 칸으로 이동할 준비를 하려고 했다. 방송이 나온다. 무슨 소리인지는 모르겠는데 에어포트 어쩌고 하는 단어가 나오고 사람들이 내릴 준비를 했다. 다행이다. 심장도 조금 천천히 뛰는 것 같다. 안전하다. 이번에는 내가 이겼다. '아무 말 대잔치'는 1승 1패,

공항에 무사히 도착했다.

마음고생으로 인한 갈증에 콜라가 너무 마시고 싶었다. 남은 잔돈으로 공항에서 마셔야겠다고 생각했다. 입안에 탄산의 톡톡 쏘는 맛을 느끼고 싶었고, 배도 고파서 기차가 도착하여 문이 열리자마자 공항으로 재빨리 이동했다. 브랜드 햄버거 샵만 보였고 편의점은 없었다.

　　맥도날드에서 콜라를 주문했다. 세트 메뉴는 돈 때문에 사먹을 수가 없어서 냄새만 맡고, 콜라로만 배를 채우면서 갈증을 덜었다. 네덜란드에서의 추억이 탄산처럼 자글자글 마음속에서 녹아내렸다. 나만 테이블에서 콜라를 마시고 남들은 세트나 버거를 먹고 있었다.

　　'괜찮아. 우승 트로피가 나를 배부르게 해주고 있잖아.'

　　이렇게 생각하며 쭈~욱 빨대로 콜라를 얼음만 남을 때까지 힘껏 마셔댔다. 콜라가 내 목젖을 때리고 소리로 들어도 다 마셨다는 걸 확인하고서야 빈 통을 버리고 바로 출국하는 공항으로 들어갔다. 그리고 마침내 탑승 절차를 밟고 비행기를 탔다.

　　네덜란드의 스튜어디스가 나를 알아봤다.

　　호텔 근처의 택시 기사가 나를 알아보고, 호텔 근처를 지나가던 행인이 나를 알아보며 "You Champion~!"이라고 엄지를 세울 때는 경기장이 가까워서 그런 줄 알았는데, 스튜어디스까지 알아봐 주니 더욱 기분이 좋았다. 다트의 본고장인 유럽에서 한국의 조광희를 제대로 알렸던 것이다.

　　'그래, 이제 시작이다!'

　　한국으로 돌아가는 비행기 안에서 나의 반생의 이야기를 정리하면서 새삼스럽게 각오를 다져본다. 갑자기 전신마비로 쓰러져 천신만고를 겪으며 다트 하나에 매달려 지금까지 달려온 나날이 월드 챔피언십과 더치 오픈 대회라는 두 세계대회의 우승을 계기로 한 단계 높은 차원으로 질적 도약을 해야 할 것이라는 점은 분명해 보였다

목표에 도전하며 무조건 전진

지구 반대편에서 출발하여 12시간 만에 한국에 도착했지만, 허리가 아픈 줄도 몰랐다. 생각보다 빨리 도착한 것 같았다. 빈손으로 돌아왔으면 무척 지루하고 시간이 오래 걸렸구나 하는 느낌을 받았을 것 같았다. 출발할 때는 몸이 쑤셨지만, 도착하니까 사뭇 가벼운 느낌이었다. 우승 트로피의 효과인 듯했다.

겨울이라 인천공항의 공기는 차가웠고, 공항에 내리면서부터 코로나로 어수선했지만, 인천공항을 나서는 순간, 눈을 감고도 한국 냄새를 흠뻑 맡을 수 있었다.

인천공항을 나설 때 두 가지 생각이 들었다.

현재의 나와 과거의 나. 현재의 나는 다트의 본고장까지 가서 값진 월드 챔피언을 차지했다는 사실이었다. 과거의 나는 내 온몸과 정신으로 살기 위해 싸워야 했던 전신마비의 몸부림이었다. 현재의 나와 과거의 내가 한 몸 안에 공존한다는 사실을 실감할 수 있었다.

인천공항의 문 앞에서 트로피가 들어 있는 가방을 들고 서서 잠시 생각에 잠겨본다. 가장 먼저 나 때문에 고생하셨던 어머니가 떠올랐다. 그리고 전신마비 이후 몇 년에 걸친 투병과 재활의 순간들이 차가운 바람과 함께 내 머릿속을 스쳐 지나갔다.

그리고 앞으로는 어떻게 살아야 할까?

현재의 나와 과거의 나를 돌이켜봐서 그런지 조금 성숙했구나 하는 느낌과 더불어 이제야 철이 드는 건가 싶기도 했다.

2025년 서울 다트 월드컵

2025년 가을에 세계다트연맹(WDF)이 주최하는 다트 월드컵이 서울에서 열린다. 58개국이 참가했던 2019년 WDF 루마니아 다트 월드컵 때 대한민국을 2023년 개최국으로 선정했는데, 전 세계적인 코로나19 사태로 2년씩 연기되어 2023년에는 덴마크, 2025년에는 대한민국 서울에서 열리게 된 것이다.

2019년 10월 7일 차차기 다트 월드컵 개최국 결정 회의에서는 헝가리, 독일, 이탈리아, 터키, 대한민국 등 5개국이 경합을 벌인 끝에 대한민국이 개최국으로 결정되었다.

이로써 대한민국은 WDF 아시아 가맹국 중 세 번째(2001년 말레이시아, 2017년 일본)로 다트 월드컵을 주최하는 국가가 되었다.

다트 월드컵은 2년마다 열리는 세계다트연맹(WDF)의 최대 이벤트로 다트 관련 단체와 플레이어들이 수준 높은 월드컵 무대를 국내에서 경험할 수 있다는 점에서 대한민국 다트 역사에 한 획을 긋는 행사라고 하겠다.

이런 뜻깊은 행사를 앞두고 대한다트연맹에서 나를 대회 홍보대사로 추천한다는 이야기까지 들리니 나로서는 소문만으로도 흐뭇할 뿐만 아니라, 실제로 서울 다트 월드컵에 참가하여 세계 챔피언 트로피를 다시 들어 올리고 싶다는 꿈도 가지고 있다.

프로 선수들이 참가하는 국제 다트 대회도 많이 있다. 그 가운데서도 모든 다트 선수들이 참가를 열망하는, 다트인의 꿈의 무대는 PDC가 개최하는 월드 챔피언십이다. PDC가 주최하는 대회의 연간 총 상금은 1,000만 파운드(약 150억 원) 이상이고, 그 중에서도 매 년 연말에 런던의 알렉산드라 궁전 (Alexsandra Palace)에서 열리는 PDC 월드 챔피언십 대회의

상금만도 250만 파운드(약 37억 5천만 원)에 이르는, 그야말로 세계 최고의 프로 다트 대회다.

  내가 PDC 월드 챔피언십에 참가하려면 우선 PDC 아시안 투어에서 랭킹 4위 안에 들어야 한다. PDC 아시안 투어는 2018년부터 시작되었는데, 1년 동안 한국을 비롯해 일본, 대만, 필리핀, 홍콩, 싱가포르 등 6개국에서 12번에 걸쳐 진행된다. 아시안 투어의 총상금은 10만 달러(약 1억 2천만 원)이고, 연간 상위 랭커 4명에게는 총상금 250만 파운드(약 37억 5천만 원)가 걸려 있는 PDC 월드 챔피언십 결승대회 참가 자격이 주어진다. 챔피언의 상금은 무려 50만 파운드(약 7억 5천만 원)이다.

  그동안은 참가 경비가 많이 들기 때문에 PDC 아시안 투어에도 참가하지 못했는데, 이제부터는 적극적으로 참가하여 세계무대에 도전해보려고 한다.

나는 우리나라에서 2017년, 2018년, 2019년 3년 연속 대한민국 챔피언이었지만, 세계의 벽은 무척 높다. 아시아만 해도 일본, 홍콩, 싱가포르, 필리핀 선수들의 실력은 호락호락하지 않다. 우리나라보다 다트 역사도 길고, 다트 인구도 많은 데다 다트 대회도 자주 열리고, 체계적으로 선수를 육성하고 있기 때문이다.

2025년의 다트 월드컵을 계기로 우리나라에서도 다트 인구가 늘어나고 우수 선수 발굴도 체계적으로 이루어져 국민 스포츠의 반열에 오를 수 있도록 나도 다트인으로서 작은 힘이나마 보태고자 한다. 특히 다트가 장애인 스포츠로 최적화된 종목이라는 점에서 장애인들에게도 다트를 알려주고 교육하여, 이번 기회에 장애인 국가대표팀도 만들어볼 생각이다. 비장애인들과 핸디캡 없이 경기할 수 있는 스포츠로 다트 같은 종목이 또 어디 있겠는가.

새로운 이정표를 세우며

코로나19라는 천재지변의 팬데믹으로 가게 운영이 점점 어려워지고 피해가 날로 커지기 때문에 가게를 정리하기로 한다. 남아 있던 돈도 바닥을 찍어간다. 내가 힘들 때 흔쾌히 돈을 빌려주었던, 시흥 사는 후배 기훈이에게는 내 전 재산인 금팔찌를 금은방에 팔아서 빌린 돈을 갚고 이자 대신 양주 한 병을 선물로 건넸다. 정말 어려운 처지였음에도 자존심 때문에 돈을 빌려달라는 말조차 꺼내지 못하던 내 마음을 헤아려 상의도 없이 계좌로 송금해주었던 그 마음을 잊지 않겠다고, 감사하다고 비로소 말 몇 마디로 고마움을 표현했다.

코로나로 모든 것들이 변했다.

일상생활이 많이 위축되고 실물경제가 주저앉아 버리는 바람에 접객하는 소상공인들은 특히 큰 어려움을 겪고 있다. 배달업과 택배, 유튜브는 코로나로 틈새가 생겨 오히려 호황이라고 하는 걸 보면 시장을 잘 파악한 개인 사업가들이 죽으라는 법은 없는가 보다. 어쨌거나 돈 벌기가 힘들다 보니 직업을 바꾸거나 '투 잡(two job)'을 선택하는 경우도 많아졌다.

나는 모든 것을 정리하고 마지막으로 엄마 병원 치료를 위한 비용과 생활비를 조금 남길 수 있었다. 그 정도의 돈으로는 오래 가지 못할 것이다. 나도 뭔가 돈벌이를 해야 하는데 좀 막막하다. 몸이 안 좋은 장애인으로서 보통 사람들과 똑같은 일을 할 수가 없기 때문이다.

무슨 일이라도 찾으면 있겠지? 다트의 월드 챔피언이라고 하지만, 코로나 사태로 활동영역이 위축되어 돈을 벌어들일 기회조차 드물다. 다트 대회도 거의 없고, 수입도 기약이 없지만, 이런 기회도 괜찮다고 생각한다.

지금까지 바쁘게 살아오느라 편찮으신 엄마와 함께 보낼 시간이 적어서 죄송하기 그지없었는데, 이런 기회에 가까이에서 엄마와 시간을 보내며 건

강을 지켜드리고 싶었다. 돈으로도 채울 수 없는 시간이고, 지나간 시간을 되돌려 후회를 한들 소용이 없기 때문에 이런 기회를 이용하여 좀 느긋하게 지내면서 어머니와 함께 좀 더 많은 시간을 보내기로 한다.

자주 만나서 이야기도 나누고, 밥도 같이 먹고, 같이 자고, 같이 웃고 떠들면서 병원도 같이 다니고…그냥 옆에서 알짱거리는 것만으로도 일찍 아버지가 돌아가신 후 외로우셨을 엄마의 옆자리를 잠시나마 내가 채워드릴 수 있을 성싶다.

엄마의 진료가 예약되어 있어서 함께 병원으로 갔다.
복도에 앉아 기다리는데, 갑자기 간호사가 나를 찾았다.
"의사 선생님이 보호자께서 들어오셔야 한답니다."
뭔가 느낌이 이상해 들어갔더니 의사 선생님이 나에게 모니터를 보여주고 폐 부분을 가리키면서 엄마의 병세에 대해 설명해주셨다.
"4년차이지만 지금까지는 잘 버티셨고 관리도 잘 하셨네요. 여기 폐에서 하얀 색 알갱이 6개 정도가 보이는데, 폐암 전이가 일어난 겁니다."
당사자인 엄마에게도 설명을 했겠지만, 보호자인 나에게도 알려주고 설명해주기 위해 복도에 있던 나를 찾았던 것이다.
설명을 듣고 짧은 순간 머릿속에서 '다시 처음부터 또 산을 넘어야 하는 것인가?' 하는 생각이 얼핏 스쳐 지나갔다. 그래서 따지듯 질문부터 던졌다.
"수술하고 약을 복용하고 치료를 받는데, 전이가 된 이유가 뭘까요? 뭐가 문제입니까?"
"암은 계속 싸워야 하는 질병입니다. 끝을 보아도 계속 살피고 또 살펴야 합니다. 암을 치료하는 방법은 장기전입니다. 복용중인 약에 내성이 생겨 새로운 약의 처방을 위해 새로 조직검사를 받거나 암을 살짝 키워서 수술하는 방법도 있습니다."

나는 보호자로서 새로운 약의 처방을 위해 조직검사를 다시 받는 쪽을 선택했고, 엄마도 찬성하시면서 입원 준비를 하겠다고 하셨다. 이제는 엄마도 무덤덤하신 편이었다. 그리고 이런 말도 하셨다.

"다음번에 또 한 번 이런 일이 생기면 수술은 하지 않을래. 그동안 인생 살 만큼 살았고, 덕분에 재미있었거든."

나는 속으로 '엄마 참 덤덤하게 말하시네.'라고 생각했다. 나는 엄마 마음을 얼마든지 이해할 수 있다. 또 위기가 찾아와 안 좋은 경험을 한다면 받아들이시면서 지난 인생을 재미지게 살았다고 생각하시겠다는 말씀이다.

그러나 나는 아니다. 포기는 없다. 계속 부딪칠 것이다. 그리하여 길병원에 엄마의 입원 준비를 한다. 코로나 상황이라 준비 과정도 철저히 검사받으면서, 암 조직검사를 위해 입원을 하게 되었다. 또 한 번 해보겠다는 의미로 병원을 찾는 것이다.

엄마는 그 전 폐암 수술 경험으로 전신마취에 대한 두려움이 남아 있었고, 깨어나지 못하는 일이 생길까 두려워하셨다. 나는 자연스럽게 이런 말씀을 드렸다.

"엄마가 엄마를 포기한다면 나도 나를 포기할 것 같아. 내가 전신마비에서 챔피언 되기까지 어떻게 살았는지 생각해봐."

엄마가 고개를 끄덕이셨다.

"이를 악물고 끈질기게 버티면 이긴다고…얼마든지 할 수 있다고…여기까지 버티고 왔는데 여기서 포기하지 말자니까. 나랑 같이 싸워보자고, 끝장을 좀 보자니까."

나는 엄마에게 한 번 더 주먹을 꽉 쥐고 보여드리며 말했.

나흘간 입원하여 암 조직검사를 한 다음 퇴원하고 일주일 후에 경과보고를 받기로 한다. 일주일 지나 암 조직의 분석 결과가 나왔다. 엄마와 나는 의사 선생님을 만나 이야기를 듣는다.

"어머니와 아드님이 조직검사를 선택한 것이 좋은 선택이었네요. 상태가 심각하지 않습니다. 좋은 결과가 나온 셈이네요. 변이성 암이 나와 기존의 약보다 더 좋은 효과를 볼 수 있는 약을 쓸 수가 있기 때문에 내성이 생겼던 암에는 치료 효과가 더 낫겠습니다."

말하자면 암을 녹여줄 수 있는 새로운 약을 처방받는 거라고 생각하면 된다는 것이다. 약값은 엄청 비쌌다. 값이 너무 비싸서 약국의 금고에서 꺼내는 약이었다. 한 달분 30알에 600만원인데, 의료보험의 지원을 받아 30만 원대이기 때문에 그나마 다행이었다.

'이쯤 되면 은행 금고를 터는 영화처럼 약국을 터는 영화가 나와야 하는 것 아닌가? 비싸긴 하지만 비싼 값을 꼭 하겠지.'

이렇게 혼잣말을 했을 정도다.

나는 쉬는 동안 엄마 케어에 신경을 쓰는 한 편으로 그동안 신경을 쓰지 못했던 재활 치료와 취미생활에 집중해야겠다고 생각한다.

우선 헬스클럽을 방문하고, 피아노를 새로운 취미로 삼아 연습과 레슨 준비를 한다. 피아노는 손가락 관절도 완벽하게 회복이 안 되어 겸사겸사 해보고 싶었다. 비록 빈털터리에 수입은 시원찮지만 나에게 주어진 시간을 재미있게 쓰고 싶다는 생각과 내가 해보고 싶었던 분야의 체험에 도전하는 것이다. 몸이 좋아지면 해외여행도 하고 싶었다.

피아노 연주도 잘하게 된다면 부산 광안리 바닷가 인근에 있는, 직접 트럼펫을 연주하고 있는 우성 형네의 '머피'라는 재즈 바에서 멋들어진 피아노 즉석공연도 하고 싶다. 실제로 그런 날이 올 수 있도록 내가 나에게 약속한 도전의 목표에 대해 말로만 떠들지 말고 미래를 위해, 나를 위해 확실하게 노력해야 하는 것은 당연지사다.

"죽었다고 끝나는 것은 아니다 (letum non omnia finit)."

이 말은 내 목의 한 부분을 절개하여 산소 호흡기를 넣고 봉합했던 곳을 카버하고 가리기 위해 새겼던 문신의 슬로건이었다.

나는 생각보다 몸에 문신이 많다.

전신마비 이후 재활치료 당시 너무 많이 바닥을 포복으로 기어 다녀서 피부가 많이 거칠어지고 어두워져서 어쩔 수 없이 문신을 했지만 내 목에 있는 문신은 큰 의미를 두고 내가 글로 새겼다.

희망과 기회가 없어도 나에게 최면을 걸어 희망도 있고 또 한 번의 기회가 온 것처럼 스스로 미소를 짓곤 했다. 나는 할 수 있는 모든 목표에 계속 도전하기로 마음을 먹었다. 이런 다짐과 함께 나는 무조건 전진이다.

나는 노력에 알이 배기면 재능이 된다고 믿는다. 나는 오늘도, 내일도, 죽을 때까지 재활을 계속해야 한다. 내가 나를 정복하는 그날까지 도전을 멈추지 않을 것이다. '나는 꼭 승리할 수밖에 없다.'고 외치면서 인생의 수많은 고통들을 행복한 추억으로 바꾸고 싶기 때문이다.

그래서 나는 쉽게 나를 버릴 수가 없다. 나는 지금도 재활을 통해 내 정신을 일깨우며 내 몸과 싸우고 있다. 죽을 때까지 나의 몸속의 비밀들을 풀어볼 참이다. 그래서 한 순간도 포기하지 못하겠다. 그래서 부족한 나를 믿으며 끝까지 나를 사랑한다.

둘째마당 **대한민국 보통 남자**

1979년생 양띠로 태어나다

맑고 파란 하늘에 갑자기 먹구름이 끼듯이, 어느 날 갑자기 자신의 인생이 곤두박질칠 것이라고 생각하는 사람이 있을까? 아마도 거의 없을 성싶다. 언제나 봄날은 아닐지라도 자신의 인생이 순탄하기를 바라는 것은 인지상정일 테니까.

그런데 다른 사람도 아닌 내가 그 절망의 구렁텅이를 맛보게 될 줄은 몰랐다. 그리고 그 순간부터 오랜 시간이 걸렸지만, 기나긴 어둠의 터널을 빠져 나오면서 이제는 내가 겪어온 이야기를 담담하게 털어놓을 수 있게 되었다.

인생의 시련을 하늘의 선물로 생각하라는 사람도 있지만, 바로 나 자신에게 전신마비가 찾아왔다는 사실을 어떻게 믿고 받아들이란 말인가? 그것은 사흘 만에 예고 한 마디 없이 절망, 공포, 고통, 눈물, 어둠 등 어떤 말로도 표현하기 어려운 상황으로 나에게 다가왔다.

엄마 젖을 빨다 뺨 맞은 아이

나는 1979년 1월 6일 태어났다. 기미년 양띠 해였다.

어린 시절의 일 중에서 머릿속에 남아 있는 첫 기억은 앞니가 날 무렵 엄마젖을 빨다가 젖을 너무 세게 무는 바람에 뺨을 맞았던 일이다. 나는 그때 뺨을 맞고 울었던 일을 지금도 생생하게 기억한다. 뺨을 맞을 때 눈앞이 번쩍하던 상황이 지금도 뚜렷하게 내 머릿속에 저장되어 있다. 인천 부평에서 일어난 일이었다.

젖을 물린 당사자인 엄마도 그 사건을 기억하고 계신다. 엄마의 젖가슴에는 지금도 내 앞니 자국이 흉터로 남아 있다. 어쩌다 엄마는 젖가슴의 흉터를 보시면 내가 젖 먹을 때 꽉 깨물었던 일을 얘기해 주시곤 한다.

"어린 녀석이 얼마나 세게 물었던지 피가 났거든. 그래서 엉겁결에 때렸던 것 같아."

"나도 엄마한테 맞았던 기억이 생생하게 나요."

"어릴 땐데 네가 어떻게 그걸 기억해?"

"맞았으니까요. 때렸다면 몰라도 맞은 일이니까 당연히 기억하죠."

그러면 엄마는 웃으신다.

"별 걸 다 기억하는 녀석일세."

"그때 그 피 맛을 어떻게 잊어요? 그게 내 첫 기억인데!"

인간의 뇌는 참 알 수가 없다. 내가 이렇게 얘기하면 엄마는 웃으며 되물으신다.

"진짜 기억해?"

"눈물이 났는데 기억하지요. 구름 끼고 흐린 날, 안방에서 때렸잖아요. 이제 그만해요."

생각해 보면 재미있는 기억이고 좋은 추억이기도 하다. 나는 이 일을 마흔이 넘은 지금도 자주 떠올린다. 어린 시절의 좋은 추억이 정서적으로도 도움이 된다는 생각도 해본다.

우리 가족은 다섯 식구다. 아버지, 엄마, 형, 누나, 그리고 내가 막둥이다. 그렇게 부유하지는 않지만, 소박하게 살아가는 보통 가정이었다. 전업주부인 엄마는 종종 공장에서 일거리를 받아 집에 들고 와서 작업하기도 하셨다. 아끼고 절약하는 습성이 몸에 배셨고, 사치는 전혀 모르고 사셨다.

"엄마는 형이 있는데 왜 또 나를 낳으셨어요?"

내가 물으면 엄마는 이렇게 대답하신다.

"첫째가 잘못될까 봐 너를 낳았지."

섭섭하거나 서운하지는 않다. 그냥 운이 좋아서 태어났다고 생각한다. 그걸 '운빨'이라고 해야 하나. 부모님을 원망하거나 나 자신을 두고 한탄하지도 않는다. 어린 시절에는 옷과 신발, 속옷 등 거의 모든 것을 형과 누나에게 물려받았다. 지금 생각해보면 돈 주고도 살 수 없는 찡한 추억이다. 요즘 사람들은 경험하기도 어려운 추억이 아닐까.

아버지는 중소기업체의 공장장이셨다. 저녁에 퇴근하고 돌아오시는 아버지께서 술이라도 드신 날은 눈빛이 좀 무서웠다. 난 그럴 때마다 누나 방의 이불 속에 들어가서 자는 척했다. 그러면 아버지께서 누나 방까지 들어와 내 귀를 잡고는 번쩍 안아서 일으켜 세우셨다. 나는 그래도 자는 척했다.

그럴 때마다 엄마가 말리셨다. 참 무서웠지만 지금 생각하면 어느 가정이든 다 그랬을 것 같다. 그때가 1980년대 무렵인데, 지금 생각하면 그 시절이 너무 그립다.

'더 잘해 드리고 공부도 열심히 할 걸.'

아버지를 떠올릴 때마다 이런 생각이 들곤 한다.

아버지가 무서워 순한 양처럼 지냈던 초등학교 시절

나는 생일이 빨라서 또래들보다 1년 빨리 초등학교에 들어갔다. 유치원도 다니지 못했기 때문에 아무 것도 모르고 초등학교에 입학했던 셈이다. 기본교육도 없이 더 어린 나이로 엄마 손 잡고 가슴에 손수건을 단 채 입학했으니 거의 유치원을 거쳐 입학했던 다른 친구들에 비해서도 더 철부지가 아니었을까. 그렇다 보니 확실히 아무런 바탕도 없이 시작하는 것 같은 낯선 느낌과 전혀 다른 분위기의 학교생활이 어리둥절하기만 했다.

누나가 쓰던 가방을 들고, 형이 신던 실내화를 신었다. 형과는 5살의 차이, 누나와는 3살 차이였다. 당시 형은 5학년, 누나는 3학년이었다. 입학한 후로 형과 누나가 쓰던 물건들을 물려받았는데, 누나가 쓰던 가방은 이해가 가지만 5학년인 형이 신던 실내화는 좀 불만스러웠다. 어머니가 알뜰하셔서 그러셨겠지만, 신문지를 구겨서 안쪽에 넣고 신어야 할 정도로 실내화가 컸던 기억이 난다. 어린 내가 생각하기에도 너무 어이가 없었지만, 나는 새 것을 사달라고 보챈 적도 없었다. 아버지가 무섭기도 하여 반항은커녕 순한 양처럼 지냈다. 1학년 키에 5학년이 신던 실내화를 신은 내 모습은 마치 미키마우스의 캐릭터처럼 발만 커다란 모습이 아니었을까. 지금 생각해도 웃음이 나온다. 하하하.

운동회가 열리고 50미터 달리기가 있었다. 1. 2. 3등 하면 손목에 도장을 찍어주었다. 상품은 공책과 연필이었다. 순서대로 열을 맞추어 화약 총소리를 신호로 8명씩 달렸다. 심장이 두근두근하던 그때의 기억이 생생하다. '땅!' 소리와 뿌연 연기 속에 내가 먼저 달려 나갔다. 몇 걸음 가자마자 친구들이 나를 금방 따라잡았다.

아주 당연히 그때는 실내화를 신고 달리기를 했는데, 형의 실내화를 신었던 나는 마치 스쿠버다이버가 오리발을 신고 달리는 느낌이었다. 달리면서도 좀 어이가 없었지만. 내 딴에는 보폭을 넓게, 넓게 뛰었던 기억이 난다. 달리던 중간에 워낙 큰 데다 탄력이 없던 내 실내화가 벗겨져 버렸다. 짝발로 달리던 나는 되돌아가 실내화를 주워 손에 들고 뛰었다. 꼴찌를 했다. 초라하게 실내화를 들고 천천히 뛰어 들어왔다. 그래도 화는 나지 않았다. 조금 창피하다는 느낌이 들었을 뿐이다.

형과 누나는 체육을 엄청 잘했다. 당연히 상품을 많이 타왔다. 학교에서 싸움도 아주 잘했다. 그래서 고등학교 졸업할 때까지 형 덕분에 맞고 다닌 적이 없다. 누구 동생이라고 하면 소리 없이 끝났다. 나는 공부도 썩 잘하지 못했기 때문에 학교에 남아서 추가로 공부를 더 해야 했다. 학교에선 이것을 '나머지 공부'라고 했다. 도시락을 싸들고 가서 나는 추가교육을 받았다. 그때 당시에는 어떤 의미인지도 몰랐기 때문에 창피한 줄도 몰랐다.

도시락 통도 형과 누나 것을 들고 다녔다. 초반에는 아버지에게 많이 혼났다. 성적이 안 좋아서 혼났지만 아버지는 뭔가 거대한 게임의 끝판 왕 같은 무서움이 있었다. 그래도 내가 제일 잘하는 과목은 하나 있었다. 그건 바로 미술이었다. 손재주가 있어 아버지를 닮았다는 말을 많이 듣곤 했다.

미술이 재미있었던 중학교 시절

얼렁뚱땅 초등학교를 졸업한 후 가까운 곳에 있는 중학교로 배정을 받았다. 미술은 중학교 때부터 빛이 났다. 중학교에 다닐 때도 역시 형과 누나의 가방과 물품을 물려받고 다녔다. 그때부터인가, 나도 속으로는 입학하면 새 것 받고 싶다는 생각이 들곤 했는데, 부유한 집이 아니라서 새 것 좀 사달라는 말은 입 안에서만 맴돌 뿐이었다. 그냥 계속 물려받고 다녔다.

어린 마음에도 절약하며 검소하게 살아가시는 엄마를 생각하면 사달라는 말은 입 밖에 내지도 못했다. 그렇다고 효자라는 뜻은 아니다. 정작 부모가 바라는 공부는 잘하지도 못했으니까.

중학교 입학하니 영어 과목이 있어 신기했다. 영어라니? 머리가 나빠서 다른 과목을 공부하기도 버거운데 영어까지 배워야 하다니? 첫 느낌으로 망했다는 생각이 들었다.

그렇다고 형이나 누나가 공부를 가르쳐주지는 않았다. 멘붕 상태라고나 할까. 다들 학원 다니고 과외도 받는데 나는 그저 졸업만 잘하자는 마음 뿐이었다.

그래도 미술은 학기 초부터 나의 재능을 보여준 과목이었다. 전교 1등은 모든 것을 잘한다. 국영수사과 체육음악미술기술 역시 잘한다. 난 속으로 미친놈이라고 생각했다. 실기미술만큼은 나보다 못하지만, 학교 선생님은 공부 잘하는 학생한테는 실기점수도 후하게 쳐준다.

내가 공부 잘하는 친구들의 미술도 해준 적이 있다. 나한테 부탁할 정도면 내가 잘하는 게 맞지 싶다. 중학교 1학년 때 미술 잘하는 3학년 선배들과 함께 연습하라는 미술 선생님의 제안을 받았다. 내가 봐도 실기는 꽤나 잘했다. 선생님은 나에게 미대에 갈 수 있다고 했지만, 나는 포기했다. 포기할 수밖에 없었다. 미술용품이 엄청 비쌌기 때문이다.

당시 문제집 한 권에 1,500원~2,500원쯤 했는데, 물감과 붓은 개당 3,000원대였다. 미대를 가고 싶은데 어떻게 생각하느냐고 형에게도 물어봤다. 형이 대답했다.

"그럼 우린 김치만 먹고 살아야 할 걸."

그만큼 돈이 많이 드는 학과라는 것이다. 인정할 수밖에 없었다. 그리고 미술작품은 미술가가 죽어야 빛을 보는 경우가 많다는 사실도 웃기는 일이라고 생각했다.

초등학교 때와 중학교 때 학부모가 선생님에게 돈 봉투 주는 장면을 몇 번 보았다. 방과 후에 학부모가 찾아와서 돈 봉투를 건네고 가면 선생님이 봉투를 열어보고 재빨리 닫는 장면 말이다. 그 시절에는 반장이 되면 반장 부모가 선물 돌리는 걸 당연시했다. 그런 것을 보면서 미술용품을 살 수도 있는데, 하는 생각을 종종했다. 씁쓸한 기억이지만, 굳이 아쉽지는 않다.

상고에 진학하여 수능 준비반에서 공부

중학교를 졸업하고 고등학교 선택의 시간이 다가왔다. 인생의 진로에 대해 고민해야 할 시간, 나는 미술에 대한 꿈을 접었기 때문에 그냥 상고(商

高)로 진학했다. 특별히 후회는 없다. 상고 3년은 그냥 조용히 보내고 졸업했다. 사고 없이 평범하게. 중고등학교 6년을 지각도 결석도 없이 졸업했다. 돈이 아까워서 수학여행은 가지 않았다. 그냥 학교로 등교를 했다.

담임 선생님은 교사생활 중 내가 최초로 수학여행에 참석하지 않은 학생이라고 하셨다. 어쩔 수 없다고 생각했다.

단체생활에 빠진 최초의 1인이 나라는 사실은 좀 찜찜하고 죄송했지만. 그래서 수학여행 사진에는 내가 없다.

수학여행 갈 무렵 방송 보조 출연자였던 내 짝과 학교에서 시간을 보냈다. 내 짝이 나갔던 작품은 <경찰청 사람들>의 범죄자 역할이었다. '한여름 밤의 꿈'이던가, 휴가철에 일어난 사건으로 오토바이 타고 LPG 가스를 배달하다 여자들을 겁탈하는 역할이었던 것 같다. 청소년 방송에서 고등학생 역할을 맡아 지각하고 엎드려 몽둥이로 엉덩이 맞는 장면도 떠오른다. 지금은 어떻게 사는지 궁금하다. 그 친구와의 관계가 그리 나쁘지는 않았다.

상고에서 수능 준비반에 들어갔지만, 공부는 여전히 재미가 없고 싫었다. 그림 그리고 만드는 건 좋아하지만, 책은 잘 손에 잡히지 않았다. 남아서 공부를 해도 시간이 아깝다는 생각이 들 정도로 의미 없는 일이었다. 기술을 배우거나 알바를 하는 게 더 이득일 성싶었다. 그렇게 시간이 흘러 나는 고등학교를 졸업했다.

대학은 떨어졌고, 대학생은 좀 부러웠다.

새내기 대학생들의 풋풋함과 새로운 출발이 부러웠지만, 나로서는 그림의 떡이었다. 대학에 진학한 것도 아니어서 혼자서 생계를 해결해야 했다.

졸지에 아버지를 여의다

빈둥빈둥 놀 수도 없고, 또 나름 생계를 위해 나는 아르바이트를 찾아다녔다. 집에서 돈을 달라고 요구할 수가 없으니 당연히 알바를 해야 했다. 처음에는 작은 술집에서 알바를 했다.

당시는 시간당 알바비가 600원에서 700원 사이였다. 오래 일하지는 않았다. 사장 마인드가 한 마디로 '노땅'이었다. 재미가 없고 돈만 밝혔다. 나는 다른 쪽으로 알바를 찾기 시작했다.

그런데 그 사이 아버지가 편찮으시기 시작했다.

자주 헛구역질을 하셨다. 위가 안 좋다고 하셨는데, 계속 누적되었던 것으로 기억한다. 나는 막내라 아버지와 거의 대화가 없었다. 지금 생각하면 엄청 후회스럽고 너무 죄송스럽다. 지금 이 글을 쓰자니 더욱 죄스러운 느낌이 치솟는다.

나의 무관심은 얼마나 큰 실수였던가. 아버지가 편찮으신데도 나는 뻔히 눈을 뜨고 그냥 스쳐 지나가기만 했다. 바보 아닌가. 나는 무슨 생각을 했던 것일까. 한 번쯤은 진심으로 걱정할 수도 있었는데, 그렇게 하지 못했다. 나는 정말 큰 병신이다.

아버지와 엄마가 병원을 다녀오신 다음, 엄마가 낙담하신 듯 울던 모습을 기억한다. 그리고 아버지의 쓸쓸해 하시는 표정을 지금도 잊을 수 없다. 아버지는 위암 말기에 가깝다고 하셨다. 그래서 헛구역질을 하셨다는 것이다. 내가 도와드릴 수도 없고, 도무지 어떻게 할 수가 없었다. 스무 살의 내 나이로 편찮으신 아버지를 기쁘게 해드릴 수 있는 일은 하나도 없었다.

집안이 초상집처럼 무거운 분위기였다. 적막강산처럼 조용했다. 수술을 선택하셨고, 수술은 성공이라고 했다. 퇴원하신 다음 집에서 생활하셨지만, 점점 말라가셨다. 위를 많이 절제하신 것이 원인이라고 했다.

지금 와서 느끼지만 암 환자는 말라가면 끝장이다. 무섭게 말라가셔서 뼈만 남으셨던 아버지는 음식을 잘 먹이도 못하고 반복해서 토하기만 하셨다. 시간이 흘러가도 아버지를 도와드리기는커녕 내가 무엇을 해야 할지도 몰랐다. 그런 형편에 아버지와의 대화가 호전될 리도 없었다.

당시 나는 쓰레기 같은 놈이었다. 사고는 안 쳐도 스스로가 그냥 쓰레기 같은 느낌이 들었다. 엄마는 집에서도 계속 아버지 병간호에 매달리셨다. 아버지는 퇴원하신 후 처음 한동안은 거동이 가능하셨는데, 시간이 더 흘러가자 일어나지 못하시고 계속 누워서 생활하셨다. 나는 계속 알바를 했고, 퇴근 후 아버지의 주무시는 모습만 볼 수 있었다.

어느 날, 아버지는 다시 입원하셨다.

심각하게 병세가 악화되었던 것이다. 기저귀를 찼고, 링거도 많이 꼽으셨다. 딱 봐도 안 좋았다. 식구들이 병원에서 돌아가며 병간호를 했다. 엄마, 형, 누나, 내가 돌아가면서. 내가 병원에 가는 날, 아버지를 제대로 바라볼 수가 없었다. 그렇게 무서웠던 아버지가 몸이 너무 마른 채 괴로워하시는 모습은 실감이 나지 않았다.

아버지는 혈액 순환이 안 된다며 자주 주물러 달라고 하셨다. 입에는 산소 호흡기를 매달고 계셨다. 몸을 함부로 만질 수도 없었다. 너무 바짝 말라가셨기에 부러질 것 같았다. 살갗 위로 느껴지는 온기가 점점 차가워지는 듯했다. 아버지의 손을 꽉 잡고 '제발 되돌아오세요, 제발!' 하며 속으로 빌고 또 빌었다. 얼굴에 주름이 훨씬 많아지셨다. 이제야 아버지의 얼굴을 가까이서 볼 수 있었다. 무서웠던 아버지의 모습이 너무나 가여웠다. 모든 게 괴로운 나날이었다.

며칠 후 형과 엄마가 아버지 병간호를 하던 날, 아침 6시 20분쯤 엄마가 집으로 전화를 하셨다. 누나가 받았는데, 우는 목소리로 빨리 병원에 오라고 하셨다. 느낌이 안 좋았다. 병원으로 향하는 발걸음이 무겁기만 했는데, 누나는 아버지께서 돌아가신 것 같다고 했다.

병원 입구에서부터 몸이 천근만근이었다. 아버지는 개인 병실을 쓰셨는데, 병실에 들어가기도 전에 할머니의 울음소리가 복도에 울려 퍼졌다. 엄마의 울음소리도 섞여 들렸다. 멀리서부터 돌아가셨다는 신호가 내 귀에 메아리치고 있었다.

병실 안으로 들어서자 바닥에 주저앉으신 할머니와 엄마가 울고 계신 모습이 보였다. 눈앞의 상황에 내 몸의 힘이 모조리 빠져나가는 듯했다. 어디서부터 잘못된 것인지 하늘이 무너지는 느낌이 들었다. 한편으로는 모든 게 무너졌으면 좋겠다는 생각이 들기도 했다.

아버지는 돌아가셨다.

할머니가 손수건으로 눈물을 닦으시며 한탄하셨다. 형도 울고 누나도 우는데, 나는 어떻게 해야 할지 도저히 판단할 수 없었다. 무방비의 코마 상태 같았다.

'이제 어떻게 하지?'

괴로웠지만 되돌릴 수도 없었다. 효도는커녕 아버지와 소통 한 번 제대로 하지도 못했다. 병실 안은 울음바다가 되었다. 아버지는 영안실로 모셔졌고, 우리는 한동안 병실에 머무르고 있었다. 이미 침대에는 아버지가 안 계셨다. 가슴이 답답하고 바닥이 꺼지는 느낌, 손이 사뭇 떨리기만 했다. 도무지 믿을 수가 없었다.

'나는 죄인이다. 나는 병신이다.'

모든 것이 내 잘못인 것만 같았다. 더 잘해드려야 하는데 아무 것도 못 해드렸다. 엄마는 아예 넋을 놓고 계셨다. 이렇게 아버지의 장례식 첫날은 울음으로 시작되었지만, 나는 울음이 나오지 않았다. 날씨는 엄청 추웠다. 사람들이 하나둘 장례식장을 찾아주셨다. 불알친구인 경현이를 비롯한 친구들이 왔다. 나는 상주가 되어 문상을 온 사람들을 맞이했다.

스무 살의 상주는 3일장의 장례를 치르는 동안 잠을 자지 않았다. 잠이 오지도 않았다. 매형이 잠시 눈을 붙이고 오라며 등을 떠밀다시피 했는데도 잠은 자지 못했다. 그 대신 잠깐 시간을 내서 샤워를 했다. 샤워하면서 울었다. 아버지 돌아가시고 처음 울음을 터트렸던 것이다.

샤워를 하고 나서 입관한다는 소리에 어리벙벙한 채 영안실로 향했다. 좋은 곳으로 가시라고 마지막으로 인사를 하는 자리였다.

영안실로 가는 길이 왜 그렇게 답답하던지. 이제 아버지를 마지막으로 본다는 게 이해할 수 없었다.

'이건 꿈이야, 꿈일 뿐이야.'

나는 속으로 이렇게 외쳤다. 그러는 사이 이미 내 몸은 영안실 안에 있었다. 아버지가 수의를 입고 누워계셨다. 아주 평온하게 주무시고 계셨다. 얼굴의 주름도 펴져 있었다. 괴로워하셨던 모습, 고통스러운 표정도 없었다.

장의사가 우리에게 동전을 주면서 눈과 입에 올려 드리라고 했다. 저승길 가실 때 노잣돈이란다. 돈을 올려 드리느라 손끝에 닿은 아버지의 얼굴은 너무 차갑게 느껴졌다. 표정은 당장이라도 깨우면 일어나실 것 같았는데, 체온은 이미 싸늘하게 식어 있었다. 울음소리가 영안실에 울려 퍼지며 아버지를 수의로 꽁꽁 싸매기 시작했다.

이제 작별인사도 끝이다. 효도 한 번 하지 못한 채, 아버지와 마지막 인사를 나누고 멀리 보내드렸다. 난 죄인이었다.

처음부터 꼬였던 군대생활

아버지를 보내드린 후에도 시간은 흘렀고, 집안은 별일 없이 계속 조용했다. 나는 알바를 계속했다. 알바를 하다 여자를 만나보기도 했다. 엄마에게 용돈을 드리기도 했다.

알바를 하던 중에 영장이 나왔다. 영장 날짜는 4월 25일. 원래는 12월 군번인데, 귀향 조치를 당해 되돌아오는 바람에 그랬다. 이 일로 나는 군대 생활이 꼬여 버렸고, 골 때리는 군생활의 시작이었다.

엄마에게 큰절을 올리고 입대를 했다. 아버지의 산소에도 들렀다. 306 보충대. 처음 입대할 때는 형과 후배가 같이 가주었는데, 이번에는 미안해서 혼자 갔다. 사람들이 잔뜩 모였다. 입대를 환송하는 가족과 친구들이 많이 왔다. 나는 창피해서 나무 뒤로 숨었다. 호루라기 소리에 따라 본격적으로 입소가 이루어졌다.

3개월 훈련을 받고 훈련소에서 퇴소한 다음 자대로 갔다. 자대 배치 첫머리부터 군대 생활 꼬인다는 느낌이 들었다. 더블백을 매고 자대의 내무반으로 들어가는데 다시 육공 트럭을 타라고 했다. 육공 트럭은 산으로 갔다. 진지공사 현장이라고 했다. 텐트를 치고 산에서 숙영하면서 삽질하고 노가다를 하는 곳이었다.

진지 구축이라고 하는데, 한 마디로 노가다였다. 월급은 한 달에 고작 9,900원. 인생 반성의 시간으로는 군대가 최고다. 전국에서 모인 군인들은 성격도 전국구다. 역시 사투리가 구수한 지방 사람들이 재미있다. 자대의 막내 생활을 9개월이나 했다. 밑으로 신병이 들어오질 않았다. 계속 옆 내무반으로 빠져나갔다. 정말 이상했다.

나는 중대장한테 이미 찍혀 있었는데, 이유가 있었다.

고참병이 내가 이등병일 때 피엑스 편의점에 가서 봉지라면 사오라고 심부름을 시켰다.

이등병은 혼자 다니지 못하고 무조건 선임과 같이 이동해야 한다. 그런데 날 혼자 보내고 본인은 텔레비전을 보겠다고 했던 것이다. 나는 피엑스로 가다가 소령에게 잡혔다. 왜 혼자 다니느냐고 해서 변명을 했다.

"선임은 화장실 다녀온다고 했는데, 저보고 따라오라고 했습니다."

소령이 군 통제실로 날 데려가더니 우리 중대장 오라고 방송을 했다. 중대장이 도착한 다음부터는 까이기 시작했다. 느낌에 나의 소속중대를 보고 일부러 까는 것 같았다. 난 큰일 났다고 속으로 별 생각을 다했다. 내 선임도 찾았다. 줄줄이 털기 시작했다.

'아, 난 뭐지?'

내 선임은 잔머리라고 할까, 순간 센스라고 할까 임기응변이 좋다. 날 찾아다녔다고 이야기한다. 텔레비전 보던 놈이 화장실 앞에서 기다리기로 했다고 보고한다. 웃겼다. 과연 먹힐까? 안 먹혔다. 덤으로 나를 찾기 위해 중대로 즉각 보고했다고도 한다. '와, 쩐다!' 살기 위한 선임의 순간 재치에 나는 가만히 있었다.

중대장이 작전장교 소령에게 깨졌다. 나와 내 사수 고참병은 중대로 복귀했다. 그 일로 나는 중대장에게 왕창 찍혔다. 그래서 신병도 넣어주지 않는 것 같았다. 평소 날 바라보는 눈빛도 좀 째려보는 스타일이었다. 진심 억울했다. 우리 소대원들은 나를 갈구지 않았다. 모든 진실을 알고 있으니 갈굴 이유가 없었던 것이다.

내 소속은 2소대, 33명이 내무반에 같이 산다. 4개조로 10-10-9-4. 1분대-2분대-3분대-본부분대. 나는 본부분대 4명에 속해 있었다. 우리 분대 4

명 중에서 최고 고참병은 정말 골 때렸다. 밥을 먹을 때도 자기가 수저를 내려놓으면 우리도 수저를 내려놓아야 했다. 기다리는 것을 싫어했다. 먼저 먹고 우리를 쳐다만 본다. 그러면 우리는 눈치보고 먹다가 수저를 놓고는 했다. 한 번은 저녁밥을 먹지 말고 피엑스 가자고 하여 갔다가 당직 사관에게 걸렸다. 우리 분대 4명은 중대 앞으로 군장 매고 집합했다.

'내가 무슨 죄냐? 시키는 대로 안 먹었을 뿐인데…'

집합 후 포복으로 원을 그리며 중대 주변을 기어 다녔다. 저녁 7시부터 9시 30분까지. 억울했다. 몸이 너무 쓸려 아팠다. 중대를 지나가는 군인들은 우리를 불쌍하다는 눈빛으로 바라보았다. 몇 백 바퀴는 돌았을 것이다. 몸은 너덜너덜 사지에 피멍이 들고 방독면 케이스도 구멍이 날 정도였다.

우리 분대 두 번째 고참병은 손버릇이 안 좋았다. 내가 신병 때 내 더블백을 뒤져 내 휴가복을 훔쳐가기도 했다. 눈뜨고 코를 베어가는 격이었다. 들통이 나서 다시 돌려받기는 했지만.

지긋지긋한 졸병 막내 생활 9개월

준비태세가 있었다.

준비태세는 말 그대로 군인이 싸울 준비를 하는 것이다. 사이렌이 울리면 바로 준비하는 것이다. 본인 임무를 숙지하고 본인 행동요령대로 하는 팀플레이라고 생각하면 된다. 그런데 사이렌 소리와 함께 신속히 복장을 챙기고 탄창 총기 소지 후 출동 준비하는데 내 사물함에서 두 번째 고참병이 내 지갑을 뒤지는 장면을 봤다. 두 번째 고참병은 나를 못 봤지만, '하, 이를 어찌 할꼬?' 내 지갑엔 만 삼천 원이 있었다.

준비태세가 끝나고 복귀한 후 지갑을 확인했다. 돈이 만 원 정도 비었다. 차라리 못 봤으면 속편한데, 난 기분이 안 좋았다. 그날 밤 점호 준비하고 취침 준비하는데 두 번째 고참병의 잠자리가 또 내 옆자리였다. 그러더니 나에게 친근하게 말을 건다. 난 누워서 "예." 또는 "아뇨."라고 짧게만 대답했다.

두 번째 고참병과 다음날 경계근무를 같이 나갔다. 초소에선 서로 마주 보고 근무를 섰는데 평소와 달리 말을 많이 하다가 내가 대답이 시큰둥하니 눈치를 보는 것이었다. 두 번째 고참병은 뒤늦게 눈치를 챘고, 다음날 아침 내 군장 밑에 돈을 다시 깔아 놓았다. 난 속으로 웃었다. 그 후로 고참병은 나에게 잘해주었다. 막내 생활을 9개월이나 하다 보니 복잡했다.

내 위로 1주 고참병, 2주 고참병이 있었다. 호봉이 아니라 우리 부대는 일주일 단위로 끊었다. 그래서 1주, 2주 선임들이 나에게 고참병 대우받기를 원했다. 한 번은 너무 짜증나서 대들었다. 그걸 또 일러바쳤다. 쪽팔리게… 그러면 나는 또 뒤로 끌려갔고, 당연히 혼났다. 나는 동기가 한 명 있었는데, 이 녀석이 군 복무 중 부사관 지원을 했다. 그래서 나 혼자였다.

짜증날 만하다. 나만 심부름시키려다 1주, 2주 선임들이 열나게 욕을 먹는다. 니들이 하라고. 역시 혼자 있으니 좋은 점도 있다. 나에게 잘해주는 고참병도 있었다. 나보다 나이는 한두 살 어린데 우리 분대 세 번째 고참병이 이태영이라고 부산 출신이었다. 먹을 것도 많이 사주었고, 정말 잘해 주었다. 나랑 동갑이지만 황용협이라는 고참병도 잘해주었다. 십자인대 파열로 병장 때 제대를 했지만 아쉽다.

포반에 친구 하나가 있었는데 나보다는 두 달 후임인데 친했다. 그래서 내가 말도 놓으라고 했다. 근데 이름이 갑자기 생각이 안 난다. 아, 상현이… 안상현. 시간이 흘러 내 동기가 하사관 교육을 받고 자대로 찾아왔다. 모자에 갈매기 마크 하사 계급장을 달고 왔다. 모든 상황이 역전되었다. 웃겼다. 계급이 높으니까 최고 고참병이다. 내 고참병들 모두 '썩소'였다. 썩소라면 썩은 미소라는 말인데, '쓸쓸한 웃음'이라고 적절할 듯하다.

하긴 나도 하사 동기를 어떻게 불러야 할지 애매하긴 했다. 일단 높여야 했다. 동기는 지나가다 들렀지만, 분위기는 냉랭했다. 그리고는 다른 곳으로 배정받아 가버렸다. 그렇게 1년 정도 김포공항 근처에서 군대생활하고 훈련을 받았다.

GOP 부대에서 전역을 하다

자대에서 1년 정도 지났을 때 상병을 달았다. 군부대가 GOP로 들어가 해안경계를 교대해준다는 말을 들었고, 우리 부대가 교대를 해주었다. 단순하게 이사를 간다는 것이다. 모든 짐을 싸서 이사를 갔다.

GOP는 하루 종일 해안 경계만 했다. 근무시간이 2시간에서 4시간까지 계속 교대로 경계를 하는 것이었다. 처음엔 좋다고 했다. 훈련도 없고 행군도 없고 정비도 없고…그런데 막상 생활하고 보니 경계근무가 그렇게 지루할 줄은 몰랐다. 부대가 이사한 후 근무를 서는데, 후임병과 노가리 까는 것도 30분이면 끝난다. 그래서 지루하게 앞만 보고 서 있었다.

내가 손재주가 있다고 해서 중대 행정보급관에게 사역병으로 뽑혔다. 그래서 중대의 모든 물건과 보일러 담당까지 맡았다. 용접과 토목은 물론 각종 고장 난 물건들을 고쳤다. 목욕하고 싶을 때 내가 뜨거운 물을 틀어줘야 겨울에도 따뜻한 물로 샤워할 수 있었다. 이발병도 맡아서 새로 바뀐 중대장 이발도 해주곤 했다. 휴가자들도 내가 이발을 많이 해주었다. 그래서 내 직책이 2소대에서 본부중대 파견으로 보직이 변경되었다. 취침할 때도 본부중대로 가서 포반과 같이 잤다. 침상을 친한 애들과 같이 썼다.

내가 제대하기 두 달 전에 신병들이 들어왔고, 우리 내무반에서 일주일 정도 대기했다. 신병들을 보니 옛날 생각도 많이 났다. 여섯 명 정도 왔는데 신병들 얼굴을 보니 군 생활은 그냥 그렇게 해나갈 것 같았다. 그들은 각각 배치 받은 소대로 뿔뿔이 흩어졌다.
 드디어 제대 한 달 전, 기분이 좋았다.
 집에 갈 날이 점점 다가온다. 부대원들이 나에게 용품을 나눠달라고 한다. 제대하기 전에는 쓸 만한 것들을 나누어 주고 가는데, 이런 소리를 듣기가 얼마나 좋은가. 이등병 휴가가 엊그제 같은데, 제대를 앞둔 것이다. 일병 휴가 때는 휴가비도 들고 갔다. 5만 원 정도 모아서 휴가를 갔는데, 당시 월급은 만 원이었다.

 '……떨어지는 낙엽만 조심하면 된다.'
 제대 말년에 몸조심해야 한다는 뜻으로 이런 말들을 했다. '아차!' 하는 순간 군대생활 마지막까지 꼬일 수도 있다며 경계하는 말이다.
 그런데 실제로 꼬였다. 저번에 들어와서 우리 내무반에서 일주일 정도 대기했던 신병들 중 한 명이 자살을 했다. 취침 준비를 하고 텔레비전을 보는데 상황실에서 중대장의 고함소리가 들렸다. 놀라서 텔레비전을 끄고 귀를 기울여 들어보았다.
 "몇 발을 쐈다고? 몇 초소?"
 중대장의 목소리였다. 내가 부대원들을 기상시켰다. 사건 터졌다고 깨웠는데, 알고 보니 자살이란다. 멀리서 두두두 소리가 난다. 5분 만에 헬기가 와서 그 신병을 싣고 갔다. 부대는 난리가 났다. 선임과 후임이 함께 경계근무를 하면서 교대로 잠을 자곤 했는데, 사건 내용인즉 아직 한 달도 채 되지 않아 백일 휴가도 안 간 그 신병이 선임 병사가 자고 있을 때 K2 소총을 자기 이마 쪽에 대고 머리를 쐈다는 것이다.
 우리 부대의 중대장이 새로 바뀌고 나서 터진 사건이었다. 신병은 신속하게 헬기에 실려 병원으로 옮겨졌으나 중태에 빠졌다고 했다. 밤에 뇌사 상태로 실려 가서 아침에 해가 뜰 무렵 죽었다고 연락이 왔다.

이제는 중대가 개박살날 시간이다. 조마조마했다. 제대 한 달 앞둔 나로서는 그야말로 '멘붕' 상태다. 조사가 시작되면 복잡하게 마련이다. 각종 불법물품 소지자들은 알아서 신속하게 정리하라고 부대원들에게 이야기했다. 마파람에 게 눈 감추듯 움직인다.

사람이 죽은 건 현실이다. 왜 이런 일이 일어났냐고? 꼬투리를 잡자면 사소한 모든 것들이 흠이다. 그래도 난 꿀릴 게 없었다, 사고 친 게 없으니까.

그날 밤 GOP 중대는 발칵 뒤집어졌다. 중대장이 불쌍했다. 얼굴이 반쪽이 되었다. 부대원이 한 사람 죽었으니 잠도 못 잤을 것이다. 초소근무 같이 나갔던 선임 병사는 헌병대에서 조사를 받았다고 한다. 소대장도 당연히 조사를 받지만, 신병이 군대생활에 적응하지 못해서 그런지 어떤지는 알 수가 없다는 것이다.

돌발 자살인지 부적응자인지는 자대에 온 지 얼마 되지 않은 신병이라서 애매할 것 같았다. 조사가 끝나고 죽은 신병의 옷이 사과 박스에 담겨 중대로 왔다. 부모님이 그 옷을 가져간다는 말을 들었다. 마른하늘에 날벼락 같은 일을 당한 부모님 입장에서는 가슴이 찢어질 정도로 땅을 치며 통곡하셨을 것이다.

다행스럽게도 중대는 굉장히 조용했다. 제대가 3주 정도 남았을 때는 왜 그렇게 하루하루가 긴지 갑갑하기만 했다. 조사가 끝나고도 평온한 상태가 이어졌고, 부대는 평소처럼 그냥 경계 근무만 섰다. 군대에서는 몸 건강히 제대하는 게 장땡이라는 말이 실감났다.

나는 조바심 가운데 마지막 휴가를 나왔다가, 말년 휴가 복귀하여 내무반에서 하룻밤 잠자고 그 다음날 제대했다. 그때가 2002월드컵 때였고, 내가 제대한 날은 6월 25일이었다.

셋째마당 **날벼락 같은 전신마비 증세**

주방 일과 내 청춘의 스낵카

나는 제대하고 나서 내가 입대하기 전에 알바로 일하던 가게에서 주방보조로 일했다. 서빙은 맡기가 싫었다. 서빙은 배울 게 없어서 주방 기술이라도 배워야겠다고 생각했기 때문이다. 쌀 씻고, 파 까고… 아는 형이 주방장인 가게니까 자연스럽게 주방보조를 선택했다.

주방 보조를 하면서 어깨너머로 일을 배웠다. 먹고 사는 데는 도움이 되었다. 계속 주방일 배우면서 시간이 흘러 내가 주방을 맡았다.

주방장 노릇 하면서 애들 밥도 차려주고 안주도 뽑고 기능이 조금씩 좋아졌다. 가게의 고장 난 물건도 고치고 군대에서 배운 것들을 사회에서 써먹기 시작했다. 사장은 좋아했다. 주방 일에 손재주 있다고 온갖 수선 일까지 맡아서 했다.

그때 친구가 나에게 노점 스낵카를 해보자고 권했다.

흥미로웠다. 주방장을 맡았던 형이 놀고 있어서 나도 좀 보기 그렇고, 사장이 가게를 하나 더 매입해서 가게 두 개가 주방을 뚫어 같이 쓰고 있었다. 하나는 하고 있던 바의 가게였고 하나는 치킨집이었다. 양쪽 주방이 연결되었는데, 불편한 것도 있었다. 연결이 되니 네 일, 내 일이 없어졌다. 그냥 같이 뒤섞여 일하게 되는 것이다.

그래서 친구와 함께 스낵카를 해보기로 했다.

주방 일을 그만둔 다음 친구와 내가 돈을 모아 스낵카를 샀고 토스트와 또띠아를 파는 장사를 했다. 재미있었다. 겨울쯤에 시작했는데 얼어 죽는 줄 알았다. 발바닥이 왜 그리 시리던지 아이스박스 뚜껑을 밟고 장사를 했다. 한 명은 스낵카 안에서 토스트와 또띠아를 만들고 한 명은 파는 일을 번갈아 했는데 엄청나게 추웠다.

GOP 생각이 났다. 체감온도는 영하권인데, 새벽에 나가서 장사를 시작하려니 미칠 지경이었다. 출근하면서 사 먹으라고 역 주변을 탐색하여 자리를 깔았다. 하지만 현실은 냉혹했다. 주변 상권의 사장들이 우리를 내치기 시작했다. 군대에서 제대한 다음 한동안 홀 서빙을 하다가 주방 일을 시작한 지 겨우 몇 달쯤 되었을 때였고, 나이는 겨우 스물여섯이었다.

이해했다. 우리는 노점이고 저쪽은 상점에서 월세 내고 장사하는데 당연히 근처에서 알짱거리면 열 받을 테니까. 우리는 시원하게 쫓겨났다.

나는 음식 맛에 신경을 쓸 테니 상권이라도 분석하라고 했더니 내 친구는 영…꽝이었다.

가는 데마다 쫓겨났다. 인천 부광여고 앞에서 번개로 팔아보았다. 너무 잘 팔렸지만, 며칠을 못 갔다. 저 멀리 있는 떡볶이 가게와 기타 여러 가게 사장들이 시비를 걸어오기 시작했다. 나가 달라는 것이었다. 부광여고 건너편은 부광중, 부흥중 등 학교 3개가 같이 있어서 목은 좋은데 또 쫓겨났다. 나는 속으로 언젠가는 더러워서 월세 내는 내 가게 차릴 거라고 다짐했다. 나가라는 소리를 듣고 우리는 우연히 부개여고 쪽으로 갔다.

거기서 아주 물을 만난 것처럼 제대로 터졌다. 그런데 너무 웃기는 게 점심시간보다 저녁 보충수업 시간이 더 성황이었다. 그때는 애들이 밖으로 나올 수가 있어서 좋았다. 저녁 여섯 시가 되면 여기저기서 차들이 부개여고 앞에 모인다. 김밥 수레 차, 떡 수레 차, 핫도그 차, 호떡 차 등등. 하지만 우리가 항상 1등으로 도착했다.

한 시간 반에 180개는 훌쩍 팔았다. 우리 차 앞에 기본 삼사십 명은 기다렸다. 주변 차들이 우리 차를 부러워했고, 기다리다 못해 다른 차로 이동하는 애들도 있었다. 그 정도로 잘 되었다. 이동 경로는 개척하지 못하고 돌아다니다 여섯 시만 되면 항상 부개여고로 찾아갔다.

그때 당시 부개여고만 기본으로 18만 원 정도 찍어서 안전했지만, 그래도 노점이라는 것이었다.

어느 날 날씨가 우중충했다. 먹구름이 꽉 끼고, 바람도 불고, 소나기까지 쏟아질 것 같은 날씨였다. 이런 날은 장사하기 싫어서 나가지 않을 참이었다.
바로 그날이 악몽이었다. 친구는 장사하겠다며 고집하고, 나는 오늘은 아니라고 했다. 친구가 장사하겠다고 고집해서 그럼 재료만 빼고 다녀오라고 했다. 그럴 때마다 내 촉이 발동했는데, 내 촉대로 안 좋은 일이 생겼던 것이다. 친구에게 연락이 왔다.
"내가 잔돈 바꾸러 간 사이 언덕에 있던 버스가 뒤로 후진하면서 우리 차를 박아 버렸어."
버스 기사가 커피 뽑아 먹는 사이에 사이드 브레이크가 풀렸다는 것이다. 이건 내 촉과 맞아 떨어진 경우로 하늘의 뜻이라는 생각마저 들었다. 두 번 다시 스낵카로 노점 장사는 하지 말라는 뜻 같았다. 친구는 미안하다고 하지만 난 운명이라고 생각했다. 친구는 보상받은 돈으로 다시 시작하자고 했지만, 난 아니라고 대답했다. 아닌 것은 아닌 것이다.
부개여고는 노다지처럼 보이지만 다른 곳으로 이동하지 못하는 것은 단점이었다. 무조건 노점은 나가라고 하니까 싸우기도 싫었다. 친구에게는 돈 벌어서 내 매장 차려서 장사하겠다고 했다. 친구는 혼자라도 하겠다고 고집했다. 부개여고로 가면 그나마 안전하게 팔리니깐….
"차라리 그게 좋겠다. 잘하고 있어라."
친구에게 덕담으로 인사를 한 다음 나는 다시 주방 일을 시작했다. 예전에 일하던 곳으로 다시 나갔다. 다시 들어왔다고 날 가르쳐주던 형이 월급을 깎았다.
'뭐야, 이건?'

서운하면서도 속으로는 좀 웃긴다고 생각했다. 어쩔 수 없이 받아들이고 나는 묵묵히 일에만 열중했다. 그렇게 일하면서 하루하루 지내던 어느 날, 스낵카 보상비용과 폐차 비용이 나왔다고 친구가 연락을 해왔다.

부개여고 쪽으로 자전거를 타고 갔다. 친구는 스낵카에서 토스트와 또띠아를 팔고 있었다. 친구가 돈 봉투를 나에게 건네주었다.

"장사는 어떠냐?"

내가 안부를 물었는데, 뭔가 분위기가 어색했다. 장사가 오래 못 갈 것 같은 느낌이 들었다. 돈을 받고 나는 친구와 헤어졌다. 시작하기 전처럼 각자의 길로 돌아갔던 셈이다. 물론 싸운 것은 아니었다. 몇 달 후 친구는 내가 일하는 가게로 찾아왔다. 여자 친구와 함께 술 마시러 찾아온 친구 말로는 스낵카를 접었다고 했다.

내 예상이 맞았던 셈이다. 스낵카는 오래 가지 못했다.

장사도 때와 시기가 있는 것 같다. 친구는 그 흐름을 못 탔던 것 같지만, 스낵카가 버스와 충돌했을 때 장사 그만하라는 느낌이었던 촉이 나에게는 의미가 있었던 것 같다.

친구는 피식 웃으며 잘 지내냐고 안부를 물었고, 나도 반가워서 잘 지낸다고 대답했다. 그 후로 그 친구에게서는 한 번인가 더 연락이 오고 나서 소식이 끊겼다. 저마다 길이 있으니 걱정은 하지 않는다. 잘 생기고 질긴 녀석이라 목구멍에 거미줄 칠 걱정은 없을 성싶다. 어떻게든 먹고살려고 애쓰는 친구였다.

갑작스러운 이상증세, 나에게 어찌 이런 일이?

우리 나이로 스물일곱 살이 되던 해인 2005년 3월 10일, 초봄의 날씨는 쌀쌀하고 흐렸다.

날씨 탓이었을까. 갑작스러웠다. 몸속에서 벼락이라도 치는 느낌이 들었다. 내 몸 위로 통나무가 엎어진 듯하였다. 첫 계단을 밟는 순간, '왜 이런 느낌일까?' 심각하다는 생각이 들었다. 두 번째 계단에서는 온몸을 눕힌 채 미끄럼틀 타듯이 내려왔다. 그리고 일어나려고 하는데 여전히 몸이 무거웠다. 서너 명쯤 내 몸에 올라탔다는 느낌…….

그리고 한 발 한 발 내딛는데, 이젠 사람을 업고 가는 느낌이었다. 횡단보도를 건널 때는 반대편 차선의 자동차 운전자들이 날 쳐다보는 걸 느꼈다. 다른 사람들은 이미 횡단보도를 건너갔는데 나는 딱 절반만 건너갔기 때문이다. 땅만 내려다보고 걷다가 앞을 보니 아무도 없고 신호등은 이미 빨간색으로 바뀌어 있었다. 그래서 운전자들이 나를 쳐다보는 것이었다.

'이게 뭐지?'

나는 그때 심각한 상황임을 깨달았다. 나에게 큰 문제가 생긴 것 같았다. 가게로 가는 도중이었는데 심한 갈증이 났다. 가게 근처라서 빨리 물을 마시려고 서둘렀는데, 가게 계단도 선뜻 오르지 못하고 머뭇머뭇 몸을 튕겨 그 반동으로 겨우 오를 수 있었다. 계단이라야 8센티미터 정도 되는 한 칸 높이였을 뿐인데, 그게 힘들어 안간힘을 써야 했다.

가게에서 일하는 동생뻘의 알바에게 물을 달라고 했더니 컵에다 물을 떠주는데, 컵이 자꾸만 손에서 빠져 버렸다. 미끈미끈한 느낌으로 잡으면 빠져 버려서 도무지 손에 잡히질 않았다. 컵이 자꾸만 손에서 빠져나가는 순간, 나는 허탈한 표정으로 웃었다. 얼굴도 낯설고 얼얼한 느낌이었다. 컵을 두 손으로 잡고 겨우 물을 마실 수 있었다.

사태가 심각하다는 생각에 한의원에라도 가려고 알바 동생에게 양말을 주머니에서 꺼내 달라고 했다. 양말을 신기 위해 양손으로 양말을 잡고 벌렸지만, 발도 올라오지 않고 양말도 벌려지지 않았다. 몸이 점점 더 말을 듣지 않고 굳어가는 듯했다. 알바 동생에게 양말을 좀 신겨달라고 부탁한 다음, 나는 가만히 웃으면서 바라보기만 하다가 입을 열었다.

"미안해. 내가 왜 이런 부탁까지 해야 하는지 모르겠네."

양말을 신기고 나를 일으켜 세워준 알바 동생의 부축을 받으며 한의원으로 가기 위해 가게를 나섰다. 빨리 침을 맞으면 풀릴 것 같아 한의원만 생각하고 절뚝절뚝 걸음을 옮겼다. 한의원에 도착하자마자 접수부터 했다. 15분쯤 기다려야 한다기에 한쪽 구석에 자리를 잡고 앉으면서 알바 동생에게는 고맙다는 인사와 함께 빨리 가게에 가보라고 했다.

15분쯤 지나자 내 이름을 불렀다.

나는 노인처럼 천천히 일어섰다. 그리고 천천히 걸어서 계단으로 향했다. 한의원 원장의 진료실은 위층에 있었다. 계단 앞에서 첫 발걸음을 올려 다음 계단을 딛는 순간, 유리창에 금이 가는 느낌이 들었다. 영화 <터미네이터>에서 로봇인간이 총을 맞고 구멍이 뚫리면서 바로 재생하는 것 같은 느낌이었다. 몸이 내려앉으면서 나는 계단 옆의 손잡이를 잡은 채 매달리고 말았다. 소주를 여남은 병쯤 마신 것 같은 느낌이 들었다.

정신은 멀쩡한데 왜 자꾸만 몸이 굳어지는지 알 수 없었다. 그때까지만 해도 그냥 침만 한 대 맞으면 풀릴 것이라는 생각만 들었다. 다른 경우는 생각할 수가 없었던 것이다.

오른발로 계단을 올라가는데 왼발이 따라가지 못했다. 그래서 어쩔 수 없이 계단에 엎드려서 포복으로 기어 올라가면서 간호사를 급히 불렀다. 그때 마침 가게에서 통화하여 이상증세를 알려드렸던 엄마도 한의원에 도착하셨다. 궁금하고 걱정이 되어 오셨는데, 계단을 기어 올라가는 내 모습을 보고는 어이가 없다는 표정을 지으시며 깜짝 놀라셨다.

"원장님이 계단 쪽으로 좀 나오시라고 전해 주실래요?"

나는 간호사에게 부탁하는 투로 말했다.

"광희야, 왜 그래? 무슨 일인데 그래?"

주방 일과 내 청춘의 스낵카

엄마는 놀란 표정으로 나에게 연거푸 물으셨다.

"나도 모르겠어. 몸이 말을 듣지 않아."

엄마도 갑작스럽게 맞닥뜨린 이 사태를 이해하지 못하는 것은 당연했다. 원장실 문이 열렸고, 한의원 원장이 나에게 다가왔다. 얼굴 표정만 봐도 무슨 말을 할지 알 수 있었다.

"여기보다 큰 병원으로 빨리 이동하세요."

짜증이 확 치밀었다. 계단을 오르기 전에 말을 해주든가, 개고생을 해서 계단을 오르고 나니 큰 병원으로 가란다. 따지고 다툴 힘도 없었다.

응급차를 부르려고 했는데 형이 왔다. 엄마가 급히 전화를 해서 부랴부랴 형 친구의 자동차로 함께 한의원으로 달려왔던 것이다. 형의 부축을 받고 천천히 형 친구의 차에 올라 근처의 큰 병원 응급실로 달려갔다. 서둘러 응급실의 자리를 확인한 다음 형이 나를 안고 응급실 침대에 눕혔다. 형 친구에게는 드러누운 채로 감사하다고 인사했다.

몸이 이제는 더욱 굳어져 갔다. 그리고 자꾸만 목이 탔다. 침도 걷잡을 수 없이 흐르는데, 입 옆으로 반복해서 흘러내렸다. 침을 삼키려고 해도 자꾸만 사래가 걸리고 목 넘김이 힘들었다. 침이 정상으로 넘어가는 게 아니라 기도를 통해 폐로 들어가는 것 같았다. 침이 넘어가는 목의 근육도 마비가 온 것 같았다. 휴지로 계속 침을 뱉어내는데, 누워서 침을 옆으로 뱉기도 엄청나게 힘겨웠다.

인턴이 찾아와 내 몸의 상태를 체크했다. 내가 증상을 얘기했다. 힘이 빠지고 몸이 말을 듣지 않는다는 내 말에 인턴은 내 몸의 구석구석을 체크하면서 팔을 올려봐라, 다리를 들어봐라, 앉아 봐라 하며 이것저것 해보라고 했다. 팔은 천정을 향해 90도로 올릴 때, 누워서 앞으로 나란히 하는 자세인데 굉장히 무거웠다. 인턴이 발도 90도로 올려보라고 했다. 역시 힘들게 간신히 올릴 수 있었다. 인턴은 삼십 분 후에 다시 온다고 했다.

희귀질병이라니요?

나는 계속 기침을 했다. 목으로 침 넘기기가 점점 힘들어 누워서 기침만 해대는데, 옆에서 침을 닦아내며 엄마는 형과 함께 걱정만 하셨다. 삼십 분만인가, 인턴과 의사와 왔다. 이번에도 팔다리를 다시 한 번 들어보라고 시켰다. 그런데 아까보다도 더 힘들어 높이 쳐들 수가 없었다. 팔다리는 더 무거워졌다.

표정도 점점 굳어져 갔다. 얼굴도 마비가 오기 시작했다. 입술을 모으기도 어려웠다. 침을 뱉을 힘도 없어 옆으로 휴지를 대고 흘러내리는 침을 받아냈다. 얼핏 드는 생각에 내가 미친놈인 줄 알았다. 젊은 놈이 이게 무슨 짓인가.

의사가 인턴에게 골수를 뽑아보자고 말하더니 나에게 설명했다. 나는 설명을 들으면서 깜짝 놀라 '뭐지?'라는 생각만 했다. 의심되는 병이 두 가지 있다는 것이다. 무서웠다. 결론은 몸이 굳어져가는 병이 의심된다는 것. 희귀질병이라는 것. 그래서 골수부터 뽑아보자는 것. 골수에 바이러스가 침투했는지 확인한다는 것. 나는 하늘이 무너지는 기분이었다.

골수를 뽑는다고 옆으로 누워 새우처럼 몸을 구부리고 웅크렸다. 인턴이 내 허리에 대바늘을 꽂아 골수를 한 방울씩 받았다.

"아주 천천히 떨어지고 있어."

엄마가 나에게 설명해 주셨다. 골수니깐 천천히 떨어진다는 것이다. 시간이 흘러 용기에 골수를 받아내고, 나는 새우 같은 자세로 여덟 시간이나 구부려 있었다. 몸 안에서 골수가 다시 차는 데 시간이 걸리기 때문에 그냥 움직이면 안 된다고 했다. 아득한 사막을 걷는 느낌이 들었다. 목이 굳어지고 얼굴도 몸도 괴로웠다. 무슨 병인지도 모르고, 전신은 굳어져가고, 어떤 결과가 나올지도 모르고… 모든 게 두렵기만 했다.

영육 간에 모두 힘들었다. 내가 힘든 만큼 엄마의 걱정도 커져만 갔다. 오전 11시에 시작하여 새벽 2시까지 검사는 계속되었다. CT와 MRI도 연속으로 촬영했다. 기계 안에 들어가니 더 울렁거린다.

느낌도 이상하다. 몸 안쪽과 뇌를 찍어대니 속이 울렁거리고, 기계 작동 소리도 나를 어지럽게 만든다.

새벽 2시인데도 엄마는 집에도 못 가시고 나만 지키고 계신다. 표정도 어두워 보인다. 시간이 흘러 마침내 결과가 나왔다. 희귀질병이 의심된다는 검사 기록과 차트, CT와 MRI 영상을 정리해서 CD에 담아 엄마에게 건네주었다. 그러면서 또 한 마디 덧붙였다.

"더 큰 병원에 가보셔야겠어요."

그래서 새벽에 응급차를 타고 인천 구월동 길병원으로 갔다. 절차는 비슷하다. CD에 담아간 차트와 영상을 보고 또 검사를 했다. 다른 여러 가지 새로운 검사도 했다. 엄마가 어제오늘 있었던 일을 브리핑했다. 병원에서는 몸이 거의 마비가 되는 희귀질병 같다고 판단했다. 이제 몸이 80%쯤 마비가 왔다. 눈물이 났다. 무서워서 나오는 눈물이었다. 시간이 흐르는 게 무섭고, 몸이 완전히 굳어 버릴까 공포감이 몰려왔다.

'살면서 나에게 이런 날이 오다니…… 몹쓸 악몽일 거야. 자고 일어나면 좋아지겠지.'

이런 생각만 했다.

'이 순간만 지나면 에이…'

그저 답답할 뿐, 기다림밖에 없었다. 최근에 잘못한 일이 있었는지, 안 좋은 일이나 죄지은 일은 없었는지 떠올려 봐도 가물가물하기만 하다. 눈앞이 캄캄했다.

'그래 오래 걸려도 기다리자, 오늘 딱 하루만 기다려보자.'

응급실에서 진료를 마친 후 의사가 찾아와 신경 마비를 멈추게 해줄

진 단 서

병 록 번 호 : 13838513

연 번 호 : 60447   주민등록번호 : 790

원부대조필인

환자의 성명	조광희	성별	남	생년월일	1979 년 월 일	연 령	26 세
환자의 주소	인천광역시 부평구 부평5동						

병 명 임상적추정	길랑-바레 증후군 다클론성 고감마글로불린혈증 염증성 다발 신경병증	한국질병분류번호 G610 D890 G61

발 병 일	미상	진 단 일	2005 년 03 월 17 일

향후 치료 의견	상기 환자는 길랑-바레 증후군으로 인한 사지 마비로 거동이 불가능한 상태입니다. 향후 지속적인 물리 치료와 재활 치료 필요합니다.

용 도	동사무소 제출용
비 고	

위와 같이 진단함.

발 행 일 : 2005년 06월 21일
의 료 기 관 : 가천의과대학교 길병원
주   소 : 인천광역시 남동구 구월동 198번지
전 화 번 호 : 032) 460 - 3114
면 허 번 호 : 제 84759 호   의사성명 :

* 병원직인이 없는 것은 무효임.

수 있는 약이 있는데 써보자고 했다. 바나나 우유보다는 작고 비타500보다는 큰 병인데, 한 병에 대략 사십만 원 정도였다.

무지 비싸다는 생각이 들었다. 그리고 빛을 보면 성분을 잃게 되는 약이라며 빛을 가려야 한다고 했다.

"어쨌거나 빨리 놓아주세요."

엄마는 거듭 재촉하셨다. 의료보험 적용으로 딱 두 병까지라고 했는지, 한 병만 가능했는지 기억은 안 나지만 두 병을 맞았다. 링거에 매달려 내 팔등으로 내려와 몸속으로 시원하게 약이 들어왔다. 나는 그 약을 맞으면 돌아올 테니 기다리자고 다짐하며 계속 누워 있었다.

응급실에서만 이틀을 보냈다. 의사가 권하는 대로 두 병의 약을 투여하고 나서 팔과 다리를 움직여 보았지만, 여전히 굳어진 상태 그대로였다. 오히려 90% 정도 움직이지 못했고, 소변 통을 병상 곁에 둔 채 화장실도 못 가는 상황이었다.

중환자실로 옮기다

다음날 의사가 중환자실로 옮기자고 했다.

계속 마비가 진행되는 것 같다는 판단 때문이라고 했다. 의사의 설명으로는 호흡하는 것조차 마비가 올 것 같다는 것이다. 응급실로 실려 온 지 사흘 만에 숨통이 어떻게 될지도 모른다는 소리까지 듣게 되었다. 몸이 마비되어 꼼짝없이 누웠으면서도 머릿속의 생각으로는 '장난하나? 겁주나?' 하는 수준이었다.

내가 의학에 관심도 없었지만, 이런 상황을 나 자신이 어떻게 받아들이란 말인가? 받아들이기는커녕 '이건 모두 꿈이고 해프닝이야. 장난치지 마.

나는 내일 아침 퇴원할 거야.' 하는 생각을 하며 응급실에서 대책 없이 사흘씩 기생하고 있는 것이다. 젠장!

보호자로 내 옆에서 간병하시는 엄마는 잠깐씩 집에 가서 쉬시다가 다시 병원으로 오시곤 했다. 말하자면 내가 엄마를 병원으로 출퇴근시키는 셈이었다. 죄송했다.

중환자실은 입소부터가 다르다.

간단하게 설명하자면 바지가 아니라 치마로 된 환자복을 입어야 하고, 기저귀 매트를 침대 중간에 깔아 놓는다. 그리고 내 몸에는 여러 가지 장치들을 붙여준다. 가슴엔 심장 박동 패드, 손가락엔 산소 수치량 집게, 팔뚝엔 링거, 그리고 고추에서는 소변 고무줄을 방광까지 넣어 버렸다. 이 고무호스를 넣을 때 얼마나 아프던지 눈물을 주루룩 흘렸다.

주성치의 <서유기> 영화가 갑자기 생각난다. 요괴가 주성치의 사타구니에 불을 붙여 같은 편들 여럿이 발로 마구 밟아 불을 꺼주는 장면 말이다. 주성치는 모든 걸 받아들이고 저항 없이 마음대로 하라고 사타구니를 개방시킨 채 눈물만 주룩주룩 흘린다.

코에서도 고무호스를 위까지 집어넣어 주었다. 또 입에는 산소마스크를 씌웠다. 멋진 신세계가 아니라 공포의 체험이었다. 간호사가 친절하게 설명해 주었지만, 이건 인간이 경험해서는 안 될 일들이다.

먼저 누운 채로 소변을 처리하기 위해 고무호스를 성기의 귀두에 수술용 젤을 바르고 집어넣는데, 굵기는 링거 호스의 두 배 정도나 된다. 귀두 안쪽의 속살이 예민한데, 그 구멍으로 링거 호스의 두 배나 되는 호스가 들어가니 얼마나 아프겠는가.

인턴이 이유를 설명하고 조심스럽게 호스를 넣기 시작하는데, 젤이 성기에 닿는 순간 살짝 뜨거워지면서 잔뜩 신경이 곤두섰다. 마치 전봇대가 들어오는 줄 알았다. 젤을 발랐다고는 해도 앞에서부터 닦이면서 들어가기 때문에 소용이 없다는 느낌이었다. 그냥 누군가가 내 고추 구멍에 전봇대를 집어넣는 고문을 하는 것 같았다. 내 고추가 농락을 당해 땡땡했고, 호스를 방광까지 밀어 넣었다. 인턴은 줄곧 내 표정을 살피고 눈치를 보면서 호스를 집어넣는데, 인상을 쓰면 멈추고 인상을 안 쓰면 넣기를 반복했다.

마지막까지 호스를 집어넣고 나서야 공기를 넣어준다. 그렇게 하면 삐에로 광대가 긴 풍선을 처음 불 때 끝부분부터 공기가 들어차듯이 방광 안에서 조그만 공기 풍선이 생기고, 그래야 공기 풍선 때문에 호스를 당겨도 빠지지 않는단다. 마치 전봇대가 나를 성폭행한 것 같았다. 온몸에 힘이 쭈욱 빠진다.

이어서 코에도 전봇대가 들어온다. 코에서도 고무호스를 위까지 넣는데, 같은 방법이다. 역시 젤을 바른 다음 코에 넣는데 이건 참기가 애매하다. 젤이 코의 안으로 넘어가 코 천정까지 머문다. 물에 빠지면 콧속이 따가운 느낌과 거의 비슷했다. 이걸 위까지 넣는데 코에서 넘어가 목으로 내려오고, 다시 위로 넘어가는 느낌이 난다.

콧구멍도 전봇대로 폭행을 당했다. 이걸 연결해야 쌀풀(죽)을 링거에 담아 코를 통해 위까지 넣을 수 있고, 그래야 끼니를 해결할 수 있다고 인턴이 말했다. 코도 땡땡했다. 위아래로 땡땡하다.

위아래의 구멍들에게 미안했다.

'구멍들아, 미안해…'

이런 과정을 겪으면서 내가 심각한 상태라는 것을 알 수가 있었다. 영화에서 본 장면들을 내가 직접 경험한 것이다. 밤인지 낮인지 알 수도 없다. 중환자실은 빛이 안 보인다. 벽시계도 저 멀리 있는데, 나는 목까지 마비가 와서 고개를 돌릴 수조차 없었다. 그냥 엄마가 오시기를 기다릴 뿐이다.

아침 10시 면회, 딱 20분. 저녁 8시 20분에 20분. 하루에 딱 두 번 면회인데, 거의 모든 중환자실이 그런 줄로 알고 있다. 앞치마로 된 환자복을 입는데, 밑에는 바지가 없다. 궁뎅이 밑에는 중환자용의 기저귀 패드를 깔아준다. 간호사 말로는 "맘대로 싸라."고 그렇게 한다는 것이었다. 처음에 나는 간호사가 왜 그런 말을 하는지 이해하지 못했다. 그 말은 진짜였다. 마려우면 그냥 싸는 거였다, 누워서……

배만 고팠다. 먹은 것이 없다. 링거를 맞아서 그나마 허기는 지지 않는다. 밥이 먹고 싶었다. 새벽에 잠도 안 왔다. 어색해서 잘 수가 없다. 분위기는 산만하다. 여기저기 쓰러진 사람만 있다. 노인들이 70퍼센트, 아저씨나 아줌마 또는 사고로 입원한 사람 30퍼센트, 그리고 젊은 내가 입원해 있었다. 여기저기서 기계 소리, 센서 소리, 산소 펌프 소리, 간호사들 움직이는 소리…엄청 소리가 난다. 그만큼 환자들이 상태가 안 좋다는 것이다.

아침이 오길 기다릴 뿐, 엄마가 보고 싶다. 거의 뜬눈으로 새벽을 보냈다. 간호사 교대가 끝났다. 다른 간호사들이 들어왔다. 아침 10시가 다가왔다. 그 사이 새벽부터 지금까지 내 몸은 더 심하게 굳어져 갔다.

면회 시간이다. 가족들이 왔다. 엄마는 날 보러 잠까지 설치고 달려오신 표정이다. 내가 좋아졌을 거라고 기대하며 오신 것 같았다. 하지만 더~ 더~ 더 안 좋아졌다. 엄마는 나의 담당 의사에게 물으셨다.

"우리 아들 좋아지는 거예요?"

"좀 더 두고 봐야겠습니다."

의사가 대답했다.

의사와의 간단한 대화를 끝으로 엄마는 나를 보고 물으셨다.

"광희야, 괜찮으냐?"

나는 고개만 끄덕거렸다. 엄마는 내 몸을 주물러 주셨다. 고마울 뿐이다. 감사하다. 내가 누워서 뭐 하는 건지, 내가 노인이 된 느낌이다. 죄송스럽기만 하다. 면회가 끝날 때 엄마는 이따가 저녁에 다시 올 거라고 하셨다. 나는 또 고개를 끄덕였다. 내가 표현할 수 있는 건 끄덕거림뿐이다. 시간이 흐를수록 끄덕임도 점점 줄어든다. 통나무가 되어간다. 무섭다.

길병원에서 검사를 다시 시작했다.
CT와 MRI도 다시 찍었다. 좋아지길 바랄 뿐이다. 좋은 결과를 바랄 뿐이다. 기적을 바라듯이. 기계 안에서 찍을 때마다 이것도 돈인데 하는 생각과 빨리 검사 끝내고 집에 걸어 나가고 싶다는 생각이 든다.
기계가 내 몸을 돌면서 찍을 때마다 내 머릿속도 같이 돌아가는 느낌이 들었다. 검사가 은근히 힘들다. 속이 울렁거리고 어지럽고 답답하다. 시간도 무척 더디 간다.
드디어 검사가 끝나고 중환자실의 내 자리로 돌아왔다. 몸이 돌아올지 어떨지는 결과만 기다릴 뿐이다.
저녁이 훌쩍 지나 또 면회 시간이다. 엄마는 나를 보기 위해 더 일찍 오셨을 것이다. 죄송스럽다. 엄마는 날 보고 웃으신다.
"광희야, 괜찮으냐?"
어머니의 물음에 나는 고개만 끄덕끄덕했다. 고개도 점점 더 굳어져 갔다. 내일이면 목도 완전히 굳을 것 같다. 엄마는 나부터 살펴보고 의사의 말을 듣길 원하셨다.
"우리 아들 좋아질 수 있겠어요?"
좋아질 수 있을지 없을지 빨리 알려달라고 하신다. 급하다는 뜻이다. 내가 자식이 없어 잘은 모르겠지만, 무척 속이 상하실 것 같았다. 내 자식이 맛이 갔는데 누가 좋아할까.
나는 지금까지 그렇게 부모님 속을 태운 적은 없었다. 속이 상했다. 내가 이렇게 되어서 엄마 속을 새까맣게 태우고 있으니 나는 큰 죄인이다. 벌어 놓은 돈도 없는데 몸마저 움직이지 않아 중환자실에 누운 큰 죄인이다.

짜증이 난다. 괴롭다. 하긴 100억의 돈이 있다고 한들 지금 순간에 무슨 소용이 있으랴. 큰일이다. 아, 두렵고 막연하다. 몸이 소금에 절인 배추처럼 쳐진 느낌이다. 짠물에 찌든 것처럼 갈증이 나기도 하고, 잠도 오지 않는다. 가족이 옆에 있다고 해도 답이 없다.

결과가 나왔다. 최근의 상황들에 대해 다시 물어온다. 음식에 대해서도 물었다. 소용없다. 내 생각엔 상관관계가 없다. 아무리 생각해봐도 건더기가 없는 이야기다. 눈물이 난다.

준비하지도 못한 상태에서 다가오는 죽음

주룩주룩 하염없이 눈물만 흐른다.
눈치가 있어서 치료제조차 없다는 걸 안다. 말하자면 나에겐 내일이 없다. 의사는 숨도 쉬기 힘들고 폐도 마비가 오는 희귀병이라고 했다. 그런데 의사도 병의 정체는 잘 모르는 것 같다.
코에 끼우던 산소마스크를 입으로 옮겼다. 힘든 것이다. 목 넘김도 느려지고 넘길 때마다 귀에서 찌릿찌릿 소리가 들린다. 이런 현상을 두고 사람이 맛이 간다고 하는 것일까.
새벽녘에 잠시 깨어나면 눈을 뜨기 전에 내 이름을 부르는 소리가 들렸다. 인턴과 간호사가 나를 흔들면서 내 이름을 부르는 소리에 눈을 뜨는데 이상했다. 눈을 살짝 떠보니 인공호흡을 할 때 쓰는 풍선 주머니를 내 입에 압착시켜 산소를 넣어주고 있었다.
'이건 뭐지?'
알고 보니 숨통이 끊긴 나를 살리고 있었다. 속으로는 '날 왜 깨우지? 잘 자는데…' 하는 생각이 드는 한편으로 '이미 나는 죽었구나.' 하는 공포가 밀려온다. 계속 산소를 넣어주는 바람에 꿈에서 깼던 것이다.
잠시 죽었는데 시간이 얼마나 지났는지도 몰랐다. 짧은 순간이었을 것이다. 기계장비의 센서들이 '이 사람 죽었다.'고 경고음을 울렸을 테지. 중환자실 안에 죽음의 경고음이 메아리쳤을 끔찍한 그 순간을 상상하기는 어렵지 않다.
'나는 긴 잠을 잔 것 같은데 방금 죽었다고?'
눈을 크게 뜨니 눈만 따가웁고 눈물이 저절로 흐른다. 산소가 들어와서 눈물이 분출되는 것이었다.

정말 두려움이 밀려오기 시작한다. 억울하다. 물에 빠져 죽은 사람을 인공호흡으로 살린다면 그런 느낌과 거의 비슷할 것 같았다.

'그런데 방금 나 죽은 거야?'

이런 느낌이 너무 무섭기만 했다. 천정을 보면서 눈앞이 선명해질 때까지 나는 멍한 상태였다. 인턴과 간호사는 나의 심장박동과 산소량을 체크한 다음, '이제 괜찮아요.'라고 확인하며 각자 업무에 돌아갔다. 나의 죽음에 대해 동전 앞뒤 맞추듯 한다는 기분이 들기 시작했다. 나는 천정만 쳐다보고 울기 시작했다. 무섭다. 언제 죽을지 모른다는, 예고도 없이 죽음이 다가오는 느낌이 머릿속에서 떠나지 않았다.

'난 방금 죽었어. 시체였어. 영안실 갈 뻔했어.'

몸이 차가워졌다. 불안하다. 새벽의 중환자실은 조용한 것 같으면서도 소란스럽다. 눈물이 눈가에서 시작하여 옆얼굴을 지나 귀 쪽으로 흐를 때 눈물이 굴러가는 소리가 들렸다. 그 눈물이 귓구멍 주위까지 뚝뚝 떨어진다.

'눈물 떨어지는 소리와 굴러가는 소리를 들으면서 자면 죽는다. 잠들면 죽는 거야.'

속으로 외친다. 시간이 흘러 얼핏 선잠이 들었다가 아침이 왔다. 목을 옆으로 돌릴 수가 없으니 벽시계도 볼 수 없다. 그냥 가족면회 오면 아침 10시 20분 정도라는 것이다. 그것이 매일 선잠과 싸우는 중환자실의 일상이었다. 의사가 회진을 돌면 엄마는 매일 거의 똑같은 질문을 하고, 의사의 대답도 비슷하게 반복된다.

"살릴 수 있겠어요?"

숨쉬기도 힘들어진 나를 보고 의사가 엄마에게 말했다.

"광희 씨 목을 절개하고 산소공급 장치의 관을 넣을 겁니다."

엄마는 날마다 살릴 수 있겠느냐고 물으면서도 그것은 반대했다.

멀쩡한 목에 기관을 절개해서 산소공급 관을 넣는다는 것은 받아들이기 어렵다는 말이었다. 나도 싫었다.

중환자실에서 어떻게 목욕을?

간호사가 목욕을 해야 한다고 이야기해 주었다.
나는 눈빛으로 물음표를 던졌다.
'어디서?'
간호사는 내가 누워 있는 침대에서 한다고 설명한다. 믿을 수 없다. 그런데 가능했다. 나의 몸을 돌리고 비닐을 커다랗게 깔고 테두리를 물이 넘어가지 않도록 접고 한 쪽을 잡아당겨 양동이로 물을 받는 방법을 썼다. 뿌리는 물은 물통 링거인데, 물주머니 큰 것을 샤워기와 연결하여 중력으로 방출하는 방법이다.

그런데 문제가 있었다. 일요일에 목욕을 하는데 나는 씻기가 싫었다. 창피했기 때문이다. 나랑 동갑내기 간호사들 3명이 커튼을 치고 샤워 목욕을 도와준다. 흠, 고민에 고민을 거듭한다.
'알몸을 다 볼 텐데, 그리고 회식 때 내 얘기를 할 텐데?'
생각만 해도 창피하고 부끄럽다. 나는 고개를 흔들며 싫다고 표현했다. 간호사는 나에게 가족들과 주위 환자들에게 안 좋다고 친근하게 설명했다. 맞는 말이다. 환자한테서는 환자 냄새가 나니까. 그래서 어쩔 수 없이 하겠다고 했다.

간호사 3명이 커튼을 치고 능숙하게 세팅을 했다. 거품 목욕부터 시켜주고, 구석구석 거품 마사지를 해주었다. 여자 3명이 거품으로 내 몸을 만지니 혼란스러웠다. 왜냐하면 자극과 고통에 대한 내 육체의 느낌은 살아 있었기 때문이다. 몸의 마비증상과는 별개로 내 감각은 평소와 똑같이 느끼고 있는 것이다.

즐거운 고통, 기분 좋은 괴로움이랄까.

구구단을 외워야 했다. 경직된 상태에서도 인체의 자극에 대해서는 충분히 반응을 한다. 난감하지만, 어쩔 수 없는 인간의 육체 아닌가. 간호사가 나의 중요 부위를 만지는 느낌은 뭐랄까, 내 살을 내가 만질 때는 몰라도 남이 만질 때는 참기가 힘든 것처럼 진짜 힘이 들었다. 구구단을 외우다가 나도 모르게 자극이 오면 천자문을 외고, 느닷없이 슬픈 기억을 떠올리기도 했다. 미치겠다고 하면서도 나는 참아냈다. 3명의 손이 달라붙은 거품 전신 마사지는 그야말로 고문 중의 고문이었다.

'그래 맘대로 해라. 어쩔 수 없다.'

나는 스스로 왕자처럼 쫀쫀하게 생각하기로 했다. 김씨 3대로 이어지는 북한의 세습 독재자라도 되는 것처럼. 여러 가지를 제 마음대로 할 수 있는 권력을 가진 독재자들이라면 이런 경우 어떻게 반응할지 궁금했다.

간호사들이 비누 세안(洗顔)을 해줬다. 눈에도 마비가 있어서 세게 감지 못하기 때문에 눈이 매웠다. 안구에 비눗물이 들어가서 울지 않을 수가 없다. 주룩주룩 눈물이 흐른다. 거의 눈을 뜨다시피 비누 세안을 하니 정말 따갑고 고통스럽다. 해본 적은 없지만, 각막을 벗겨낸다는 라식을 하는 기분이 이럴 것 같았다.

여자 친구가 면회를 오다

물 샤워를 마지막으로 목욕을 마무리하자 가족면회가 기다려졌다.

예쁘장한 모습으로 정리한 다음 한 시간쯤 흘렀나. 오늘은 가족면회에 매형도 함께 왔다.

"처남 오늘 목욕했나 보네. 깔끔한 걸 보니."

그래도 기분이 좋지 않다. 집에 가고 싶다. 엄마는 매일 기도를 한다고 하셨다. '내가 평소에 기도를 했던가.' 하고 속으로 생각해봤다. 엄마가 팔다리를 주물러주시는데, 몸이 망가지니깐 시원한 건지 아픈 건지 모르겠다. 감각이 애매한 것이다. 몸은 시원한 듯했지만, 정신이 하나도 없다. 무언가가 후딱 지나간 느낌이랄까. 나를 확인하고 식구들은 돌아갔다. 나는 또 혼자 남겨졌다. 괴롭다. 나 혼자의 싸움이다.

'내가 진 것인지, 이긴 것인지, 이겨나가고 있는 건지 알 수 없다. 더 나빠지지만 말자.'

이런 생각에 사로잡힌다. 그리고 언젠가는 살거나 죽거나 하겠지. 생각할수록 슬프다. 회복이 될까? 이렇게 시간만 끌다 죽을까? 반복되는 하루하루가 지루하다. 몸은 점점 더 굳어져 간다. 스스로도 알고 있고 느껴지기도 한다. 점심때를 지나 저녁이 온다. 밖이 어둡다. 저녁 면회에 내 이름 부르는 소리를 들었다.

"광희 오빠!"

몇 달 전 헤어졌던 여자 친구 은혜가 왔다.

울고 있었다. 약하게 다시 부른다.

"광희 오빠…"

눈알을 돌려 소리 나는 쪽을 봤다. 베이지색 바바리코트를 입고 온 은혜, 직장생활을 하는 은혜가 나를 보러왔다. 그녀는 눈물을 주룩주룩 흘리며 계속 내 이름을 불렀다.

"오빠, 미안해."

이름만 부르다가 나온 첫마디였다. 나는 소리를 낼 수 없었다. 마비가 되어 있으니까 속이 터져 미치는 줄 알았다. 그냥 쳐다볼 수밖에. 그저 답답할 따름이다. 내가 뭐라고 입을 열 수 없으니 듣기만 했다. 왈칵 짜증이 났다. 은혜가 펑펑 울기 시작하자 나도 눈물이 난다. 내가 유일하게 할 수 있는 일은 눈물 흘리는 그것 하나다. 그렇게 우는 모습은 처음 봤다. 내 상황이 그만큼 안 좋은 것 같았다. 괴롭다.

은혜가 내 손을 잡아 주었다. 나는 잡을 수가 없다. 창백한 내 손…창백한 내 얼굴…그냥 내 볼에 눈물만 주르륵…아버지의 마지막과 같은 모습들. 내 손은 미동도 없이 은혜의 손에 얹혀 있었다. 다른 한 손은 내 손등 위로 올려놓았는데, 서로의 온도는 달랐다. 은혜는 내 손을 꽉 쥐고 계속 닭똥 같은 눈물만 떨궜다. 면회 시작해서 끝날 때까지 울기만 했다. 얼굴 전체가 뻘겋다. 은혜가 입을 열었다.

"오빠, 미안해. 미안해. 미안해."

은혜는 계속 미안하다고만 했다. 나는 눈동자만 좌우로 흔들었다. 아니라고, 아니라고, 아니라고…. "아니야, 아니야." 하고 힘차게 외치고 싶었다. 내가 아픈 거지, 네가 무슨 죄냐? 나도 눈물이 계속 흘렀다. 은혜는 자기가 눈물을 닦던 휴지로 나를 닦아 주었다. 우리는 같이 울었다. 계속 우는 모습으로 마주보면서 눈으로 대화를 했다. 난 아무 말도 못 하고 면회 끝날 때까지 눈으로만 응시했다.

간호사가 다가와서 면회시간이 끝났다고 말했다. 너무 짧았다. 울다가 끝이다. 면회 시간은 짧은데 울다 보니 시간만 빠르게 흐르고 있었다. 그래서 나는 갈 준비를 하라고 눈빛으로 은혜를 쳐다보기만 했다.

"오빠, 내일 다시 올게. 잘 있어. 내가 올 때까지 기다려 줘."

나는 눈알을 위아래로 움직여 알았다고 표현했다. 간호사는 면회자들에게 감사하다고 하면서 준비하고 퇴장해달라고 말했다. 은혜가 떠나가는 뒷모습을 정확히 볼 수는 없지만 귀로 구두 발자국 소리는 들을 수 있었다.

점점 멀어져가는 소리…. 그래도 고마웠다. 누나가 연락을 한 것 같았다. 광희가 쓰러져서 움직이지 못한다고. 그래도 병원에 와줘서 고마웠다. 나에게 힘이 되겠지만 얼마나 좋아질지는 모르겠다. 그냥 그렇게 시간이 흘러 지켜보는 수밖에. 그게 답인 것 같았다.

면회가 끝나고 천정만 쳐다본다.

눈물이 난다. 그냥 눈물만 나는 것이다. 은혜도 돌아가면서 눈물을 흘리며 갈 것 같은 느낌이다. 미안했다.

늦은 밤, 새벽 두 시쯤 되었을까. 잠도 안 온다. 조용하다. 여기저기 산소 펌프 소리만 들린다. 내 몸은 호전이 될지도 미지수다. 괴롭다. 어제 면회로 희망이라도 생겼으면 좋겠다.

아버지를 기쁘게 한 것도 없었고, 홀로 남아계신 엄마에게 슬픔만 안겨 드렸다. 죄송스럽다. 새벽에 나는 미친 듯이 눈물을 흘린다.

'이제 제 기능을 못 하는 나, 어떻게 하면 좋을까?'

속으로 질문을 하면 눈물이 답이다. 그렇게 질문만 하다가 다시 잠들었다. 눈을 뜨니 간호사가 내 몸을 체크한다. 만지는 느낌에 눈을 떴던 것이다. 아침이 되기 전에 체크해주는데 그때 잠시 눈을 뜬다. 이제 곧 아침이 오는구나 생각한다.

인턴이 온다. 내 팔목에서 주사기로 피를 뽑아간다. 산소량 체크를 한다. 나는 매일매일 피 뽑는 것도 아깝다고 생각했다. 매일매일 말라가는데…그래도 몸이 좋아지는지 검사하는 절차니까 당연히 내 피를 내주어야 하는데… 팔목에 주사기 구멍 자국이 무수하다. 핏줄도 얇아져서 많이 숨었다. 점점 더 굳어져 더 많이 숨는 것 같았다.

아침밥을 먹는다. 코에서 시작하여 위까지 연견된 호스로 내 밥(죽)을 링거처럼 내려서 아침식사가 뱃속으로 들어온다. 느낌은 이상한데 살짝 포만감은 있다.

살려면 이렇게라도 해야겠지. 코에 삽입된 호스 줄은 정말 짜증났다. 다 먹고 나면 호스 줄을 떼어서 내 귀로 걸어두거나 배 위에 올려놓는다. 한쪽 코에 항상 연결해놓고 반창고를 붙여놔서 좀 답답하다. 이걸 언제까지 달고 살아야 하나? 긴 여행을 시작했으니 받아들여야겠지. 살짝 포기했다. 누구나 다 포기하지 말라고 한다. 그런데 이건 포기를 하게 만든다.

정글에서 지뢰를 밟은 기분이다. 산짐승이 나타나도 움직일 수 없고, 독사가 나타나도 움직일 수 없다. 모기는 껌이겠지. 근데 이걸 얼마나 버티느냐가 문제다. 치료제가 없기에 미래가 암흑이다, 젠장. 관 속에 생사람을 넣고 못을 박아 땅속 깊이 어둠에 묻어버린 상황이라고 할까. 소리 질러도 밖에선 모른다. 관 뚜껑을 두드려도 소용없다. 아주 깊숙이 묻혀 있다.

내 몸은 움직이지 못한 채, 하루하루가 반복된다. 저녁 시간, 그녀가 기다려졌다. 저녁 면회 때 그녀가 왔다. 웃는 얼굴로. 말은 하지 못하지만 눈으로 말똥말똥 보기만 했다.

"오빠, 잘 있었어?"

은혜가 반갑게 웃으면서 묻는다. 나는 눈알을 위아래로 흔들었다. 내 몸을 마사지하여 주물러 주었다. 나는 하루 종일 면회 오는 시간만 고대하고 기다린다. 언제 올까, 언제 올까 소처럼 되새김질만 한다. 주변사람 모두가 기도해 주겠지만 나는 계속 물음표다. 물음표가 울음표로, 다시 도돌이표로 계속 반복된다. 울음을 반복하며 희망은 없었다. 말하고 싶다. 답답하다.

눈만 뜨고 있는 나. 똥만 싸는 나, 눈물만 흘리는 나… 누워서 문득 하반신을 포기할 수 있을까 하는 생각이 들었다. 아니면 내 목숨 살려주는 대가로 양팔을 포기할 수 있을까? 아니다, 불편하다. 한 쪽 눈을 포기할까? 무엇을 포기할까? 힘들다. 그렇게 하루하루 시간을 포기하고 보낸다.

어느 날은 천장을 보고, 수많은 점들을 보고 눈으로 그림을 그린다. 사람 얼굴도 그리고 동물도 그렸다. 똑같은 그림은 못 그린다. 간호사들 이야기를 경청할 때도 있다. 오늘은 회식이란다. 나는 속으로, 내 이야기 나오겠네, 했다. 생각할수록 창피하다. 거의 동갑이나 한두 살 위아래였다. 별 얘기 다 나올 것 같았다.

부자였으면 안 해도 될 걱정까지 하고 있다. 병원비가 비쌌다. 중환자실은 당연히 더 비싸다. 나는 인간으로서 마이너스다. 일어나기도 힘들다. 결정이 났으면 좋겠다는 생각도 했다. 죽느냐, 사느냐? 내 몸이 내 몸을 누르는 무게가 무섭다. 꼬리뼈가 아프다. 아프니깐 살아야겠다는 판단을 했다. 살고 싶다. 감각은 살아있다. 그래서 희망은 있을 거라 판단한 것이다.

내 스스로 '살 수 있다. 난 살 수 있어. 이젠 울지도 말아야겠다.'고 했다. 눈물도 아깝다. 살은 계속 빠져도 감각이라도 잃지 말자고 생각했다. 감각이 살아있는 전신마비 환자는 진짜 괴롭다. 몸이 저릴 때도 전신마비는 어떻게 할 수가 없다.

욕창 생길까 봐 간호사가 옆으로 눕혀줄 때라야 겨우 '휴~살 것 같다.' 한숨이 나온다. 그런데 잘못 눕혀지면 5분 만에 몸이 저릴 때도 다반사였다. 그럴 땐 두세 시간을 참는다. 난 병원에서 참는 걸 배웠다. 불편해도 참는다. 참자, 참자, 참자.

기관절개로 목에 구멍을 뚫다

호흡에 문제가 생기고 염증과 바이러스 때문에 몸에 안 좋다고 기관 절개를 결정해야 했다. 두렵다. 목을 절개하면 흉터가 깊게 남고 시선이 집중되어 대화할 때 사람을 만날 때 내 목만 쳐다본다. 사람들이 목에 구멍을 뚫었다고 쳐다볼 것 같은 느낌, 장치를 달고 장치를 빼도 깊게 흉터가 남아 있기에 큰 사고가 났었나 하는 눈빛…그런 게 두렵다. 창피하다.

계속 내가 일어나게 해달라고 기도를 하신다는 엄마도 반대를 하며 안 된다고 하신다. 시간이 흘러 고통스러워진다고 해서 결국 결정을 했다. 입장이 난처하다. 나는 기관절개를 하기로 결정하고 기다렸다.

의사 두 명과 장비들이 내 환자 침대로 모이기 시작했다. 특이한 기구와 수술 장비들이 왔다. 모니터, 주사기, 납땜하는 연장들, 전기선… 신기한 것들이 다 온다. 발목에 전깃줄이 달린 은박지를 붙인다. 알고 보니 내 목에 구멍을 내기 위해 전기 납땜 장비로 태우는 방법을 쓴다. 마취주사를 6방 정도 놓는다. 감각 때문에 너무 아팠다. 그리고 몇 분 후 시작한다.

냄새가 살짝 난다. 아프냐고 묻는다. 난 안 아프다고 눈알을 좌우로 흔든다. 냄새는 오징어 굽는 냄새였다. 눈으로도 보인다. 아지랑이처럼 꿈틀꿈틀 연기가 피어 올라간다. 전류가 흐른다. 느껴진다. 뭔가 이상했다. 무엇인가 쪼그라드는 느낌이 몸에서 느껴지는 현상이다. 소리가 살짝 난다. 중환자실 간호사들은 거의 이 냄새를 맡는다. 창피하다. 사람을 태우면 이런 냄새가 나는 것이다. 화장터는 요즘 기술이 좋아져서 냄새가 덜할 것이다. 예전에는 화장터 근처에서도 냄새가 난다고 했었다. 내 살이 타는 냄새에도 창피하다. 지나가는 간호사 표정을 관찰했다. 속으로는 '냄새난다고 했겠지.'라고 생각하며.

살을 태우면서 구멍을 낸다. 의사 두 명이 집중하고 있다. 한 명은 계속 거즈로 닦아낸다. 피가 흐른다. 피도 많이 난 것 같았다. 시간이 흘러 살이 아팠다. 마취가 조금씩 풀렸다. 참을 만했다.

의사들은 계속 내 목을 지지고 있었다. 시간이 좀 더 흘러 마취가 더 풀렸다. 따갑기 시작했다. 아팠다. 눈물이 난다.

눈알을 흔들었다. 의사는 집중하느라 내 눈을 볼 수가 없다. 이해한다. 근데 몹시 아프기 시작했다. 눈물이 더 났다. 죽었다 생각하고 눈알만 계속 흔들었다. 괴롭다. 고통과 전쟁 중의 10분정도 마취가 풀린 상태로 내 살을 지졌다. 눈물을 흘리며 나는 정말 살기 위해 참는 걸 배운다. 병원 이불을 쥐어짤 힘이라도 있다면…… 그냥 받아들이고 참는 것이다.

계속 참는데 의사가 나를 봤다. 눈치를 확인했나 보다. 아프냐고 하더니 부랴부랴 마취주사 몇 방을 더 놓아주었다. 약이 퍼지니 살 것 같았다. 그리고 몇 분 후 계속 뚫기 시작했다. 피를 닦아가며 땅 파듯이 계속 파고 있는 거다. 다 뚫고 나서 바로 플라스틱 삽입관을 넣고 똑딱이로 딸각 닫는다. 불편했다. 그 관에 산소 호흡기를 연결했다. 숨쉬기가 편했다. 정말 편하다. 산소가 잘 들어온다. 살짝 습기도 찬다.

 수술 끝나고 면회시간이 다가왔다. 엄마는 내 목을 보고 시무룩해지셨다. 침대 옆의 피 묻은 거즈들을 보고 펑펑 우셨다. 내가 봐도 심할 정도로 흘린 피가 엄청 많았다. 엄마는 내게 "고생 많이 했다."고 하셨다. 난 괜찮다고 눈알을 흔들었다.

 내 눈에 호스가 보인다. 물방울이 모여 주르륵 흘러 폐로 들어가 계속 숨 쉬다가 사레가 걸린다. 물기가 폐로 들어간다. 그러면 간호사가 호스를 빼고 고무호스를 목구멍에 넣고 쭈욱 진공청소기처럼 가래나 침, 물기를 빨아들인다. 그러면 엄청 시원하다. 그걸 한 시간에 두 번 정도 한다. 그때까지 폐에 물이 차면 괴롭다. 물에 빠진 것처럼. 이걸 매일 반복해야 한다. 목 주변의 살은 기도 안의 플라스틱 삽입관과 안착을 해서 자리를 잡는다.

죽음에 대한 한 체험

 어느 날 나는 또 한 번 숨통이 끊긴다.
 그날 나는 내 몸으로 느꼈다. 오늘 죽을 것 같다는 것을. 아침부터 몸이 '찌릿'했고, 물에 빠져 물속에서 숨 쉬는 것처럼, 스쿠버다이버가 산소통을 매고 해저의 바닥 깊은 곳에서 누워 조용히 얼마 남지 않은 공기로 버텨야 하는 것 같은 절박한 느낌을 받았다. 그것도 아침부터.
 '오늘 버티기 힘들고, 오늘 나는 죽을 것이다.'
 몸속이 괴롭다. 눈으로 보는 화면이 노란색으로 보이고 내 눈이 앞을 볼 때마다 플래시가 터지는 느낌이다. 독감에 걸려 악몽을 꾸는 기분, 시간의 흐름도 모르고 오늘 죽는다는 느낌만 알고 있었다.

또 한 번 공포가 다가오고 있었다.

'점심을 넘길 수는 있을까? 몇 시에 죽지? 이번이 마지막일까? 한 번 더 기회가 있을까?'

이번에 다시 살아난다면, 또 한 번 기회가 주어진다면 진짜 이름 날리고 죽어야겠다고 다짐에 다짐을 했다. 비몽사몽으로 눈도 살짝 위로 돌고 초점도 사라진다. 지나가는 간호사가 나를 봐줄 수는 있을까. 나 오늘 죽는데, 내가 죽으면 어떻게 처리할까? 옆 사람 죽을 때 관찰했더니 침대 시트로 칭칭 미라처럼 감았다. 나 역시 대기 순번 중의 한 명이다. 최대한 버티자. 오늘 정신 놓치면 난 미라가 된다.

오후 4시가 넘고 나는 점점 심해지기 시작했다. 해저 깊은 곳에서 산소통의 산소가 떨어져간다. 올라갈 수 없다. 주변에 아무도 없다. 시야 주변이 검정색으로 줄어들기 시작한다. 옛날 무성영화 화면이 바뀌는 것처럼 원으로 어두워지는 장면이랄까.

눈을 돌려 모니터를 보니 하트도 98에서 88정도까지 떨어지는 것을 확인했다. 지금 이 장면이 바다 깊숙한 바닥이라는 것이다. 산소통의 산소가 줄어들었다. 하트 79에서부터 100미터 달리기로 숨 쉬는 것 같았다. 크게 산소를 마시고 싶은데 산소는 조금밖에 들어오지 않는다.

힘들다. 온몸에 식은땀이 나고 몸이 차가워진다. 내 몸은 지구 밖의 우주까지 대기권 밖으로 산소통 몇 모금 남기고 떠다닌다. 더 심해졌다. 온몸이 갑자기 떨리기 시작한다. 남들이 보면 아주 평온하게 누워 있는 걸로 볼 수 있었다. 난 아니다. 화산 폭발이다. 산소를 마실 수도 없었고, 들어오지도 않는다. 드디어 카운트가 시작되었다. 속으로 숫자를 세었다. 10, 9, 8, 7… 눈앞의 화면이 원으로 작아지면서 더 컴컴해져 몸이 맘대로 반응을 한다. 나는 이때 종교도 없었지만 마구 빌었다.

'내가 얼마나 잘못한 건가요? 내가 죄를 많이 지었나요? 살려주세요.'

예수님, 부처님, 하느님을 외치면서 한 번만 '살려주세요!' 하고 외쳤다. 인간은 절실하면 지푸라기라도 잡는 심정이었는지, 나도 모르게 그런 단어들이 생각이 나서 마구 외쳤다. 신기했다. 6, 5, 4…갑자기 대변과 소변이 열렸다. 육체가 떨면서 많은 양의 대변을 쏟아내기 시작해 제어할 수도 없고 더 이상 산소는 들어오지 않아 4까지만 세다가 화면이 꺼진다. 그리고는 아주 짧게 다른 세계로 연결이 되었다.

내가 나룻배에 혼자 서 있었다. 어디로 향해 가는지 모른다. 아래를 내려다보니 우유처럼 하얀 강이었다. 나룻배는 도착지도 모르는 어떤 방향으로만 나를 데려가는 것이었다. 우유빛깔 위에는 작은 섬도 몇 개가 듬성듬성 펼쳐진 광경이 평화롭게 보였다. 조용하다. 안개도 흐른다. 계속 앞으로만 전진하고 앞은 보이지가 않았다. 언제 멈추고 어디서 어떻게 해야 하는 건지, 그냥 나는 서서 앞만 바라보았고 안개는 마치 가습기처럼 시원했다.

그때 내가 죽었다는 것을 나는 알았다. 내가 죽어서 배에 태워 어디론가 데려가는구나, 이제야 알았다. 한참을 더 멀리 이동했다. 바람은 불지 않고 나룻배가 잔잔한 우유빛깔의 강을 가로지르는 소리만 났다. 누군가가 잡아당기듯이 가고 있다. 신기했다. 한참을 더 가더니 안개 속으로 앞쪽에서 내 이름을 부른다.

"조광희~ 광희 씨!"

안개 속에 누군가가 있었다. 한 번은 왼쪽, 한 번은 오른쪽, 번갈아가면서 "광희 씨!"라고 부른다. 대충 1시간정도 나룻배를 탄 것 같았다.

'왜 앞은 안 보이지? 왜 내 이름만 부른 걸까?'

내 이름이 더 크게 들리다. 더 가까워졌다. 가까이 안개 속에 무언가가 있다는 것이다. 이제는 코앞까지 들렸다. 나는 귀가 시끄러워 눈을 크게 떠서 앞을 보려고 했다. 더 크게 확장해서 눈을 떠보니 사람들이 보였다. 여자 목소리…간호사들 목소리, 그리고 병원 중환자실이었다. 나를 인공호흡으로 살리고 있는 것이 아닌가.

우유빛깔의 강을 지나고 내가 도착한 곳은 다시 병원 중환자실, 나는 다시 살아 돌아왔다. 얼떨떨하고 눈물도 안 나왔다. 신기했다. 다시 한 번 기회를 주셔서 돌아온 건가. 죽기 직전 대소변을 마구 쏟아냈다. 마지막 기억이 내 머릿속에 되감기로 떠오른다. 마지막 4초까지. 카운트다운 장면에서 내 모든 잘못과 즐거웠던 기억, 그리고 내 추억의 장면들이 순식간에 지나가는 것이 연출된다. 잊을 수 없는 화면들, 타임머신이 과거의 기억 속으로 돌아가 몇 초 만에 나의 추억과 잘못을 눈앞에서 선명하게 보여주었다.

'난 말이야…'

다시 살아 돌아왔다.

'이게 말로만 듣던 사후세계인가. 그럼 나는 무엇인가.'

기회가 다시 왔다는 것이다.

'쉽게 좌절하며 죽지는 못해. 이제 끝장을 봐야겠다. 기회를 이렇게 또 주시다니, 그래 나는 포기할 수 없어. 살아야 돼. 살아서 뭔가를 보여줘야 돼. 기회를 주셨잖아. 이건 찬스야. 나는 살 수 있어.'

이렇게 속으로 외쳤다.

'이제는 죽는 것도 안 떨려. 어쩔 수가 없잖아. 그래 다시 시작하자, 처음부터…'

이런 생각으로 숨을 크게 쉬고 형광등을 뚫어지게 쳐다봤다. 그리고 다짐했다. 이름은 남기고 죽자. 호랑이는 가죽을 남기고, 사람은 이름을 남긴다고 하지 않던가.

이렇게 외고, 외고 외쳤다. 언젠가는 일어나 큰 걸 보여줄 거야.

저녁 면회시간에 간호사가 가족들에게 "오늘은 광희 씨가 너무 힘들어

했어요." 하고 말해주었다. 나는 엄마를 보고 지긋이 눈으로 웃으면서 '나 쉽게 안 죽어요. 독해요.' 하듯이 눈알을 굴렸다. 엄마는 내 얼굴을 손으로 만지면서 "수고했다."고 하셨다. 나는 속으로 '엄마, 미안해. 미안해. 꼭 웃으시게 해드릴게.' 이렇게 말했다.

간간히 병실에서 죽는 사람도 있다. 지겹다. 이제는 사람 죽는 것도 아무렇지 않다. 농약을 먹고 온 젊은 가장을 봤다. 뻔뻔하게 침대에 앉은 채 남자 보조간호사가 중환자실로 밀고 들어온다. 농약을 먹고 응급실에서 위를 세척한 다음 중환자실로 왔는데, 신문까지 본다. 밥은 혼자 앉아서 먹고 있다. 내가 눈으로 간호사에게 '저 사람 뭐냐?'고 물어봤다.

"정확히 사흘 후에 죽어요."

간호사가 얘기해주었다. 농약이 그만큼 무섭단다. 먹으면 끝이란다. 토하고 위세척해도 딱 사흘이면 죽는 거란다. 당사자는 알고나 있을까?

사흘 후 정확히 밤 12시, 그 남자는 괴성으로 소리 지르며 난리를 쳤다. 살려달라고, 살려달라고… 무섭다. 죽음이 다가온 것이다. 계속 살려달라고 소리친다. 소리가 벽으로 천정으로 온 중환자실에 울린다. 그 남자는 간호사를 급히 불러 살려달라고 애원하지만, 소용없다. 그렇게 시간이 흘러 소리가 점점 더 작아지더니 갑자기 조용해졌다. 숨을 쉬는데, 점점 굳어지면서 죽어간다. 그러더니 죽었다. 기구를 써서 살려보려고 하지만 반응이 없어 보인다.

이불로 덮는 걸로 봐서 이미 죽은 것이다. 잠도 안 온다. 조용하다. 돌아가셨다고 가족에게 연락하는 소리가 들린다. 부부싸움 끝에 홧김에 농약을 마셨다나. 초등학생 자식이 있다고 한다. 바보짓을 한 것 같다. 애까지 있는데 허무하게 목숨을 버리다니. 좀 참지. 나처럼 살아보려고 발버둥치는 사람에게는 힘 빠지는 하루다.

새벽에 곡소리가 난다. 가족이 도착해서 미친 듯이 울어댄다. 내 옆의 옆자리다. 난 그날 잠을 다 잤다. 잠을 잘 수가 없다. 시신은 미라처럼 침대 시트로 칭칭 감겨 있다. 가족이 넋을 놓고 울어댄다. 애가 무슨 죄냐고 살려 달라며 애원하는 사람도 있는데 쉽게 죽는다. 아주 쉽게. 목숨 참 쉽다. 몇 시간 지나자 영안실로 시신을 옮긴다. 그리고 새로운 환자가 들어온다. 빠르다. 금방 채워진다. 아주 빨리.

중환자실은 닭장 같았다. 나이가 아흔이 넘은 분도 있는데, 호적이 잘못되어 그렇지 나이가 더 많다고 하셨다. 이런 분도 죽지 않고 생명이 붙어 있다. 가족이 힘들어했다. 무엇보다 병원비 때문인 것 같았다. 의식은 없는데 목숨이 붙어 있는 것이다. 나도 문제였지만 저쪽도 문제다. 결국 고민 끝에 집에 모셔간다고 했다. 의사는 반대했다. 산소호흡기 떼면 죽는다고 한 것 같았다. 가족도 힘든 노릇일 테지. 슬프다.

내 입장도 산소호흡기 떼면 저 세상으로 가는 형편이다. 아, 젠장! 세상 참 뭐라고 할 수 없다. 결국 간신히 집에 모시고 가는 걸로 결정한 것 같았다. 아마도 사흘 안에 돌아가셨을 것이다. 빠진 자리는 반나절도 안 되어서 금방 채워졌다. 절차 밟고 새로운 환자가 들어온다.

목숨은 한순간인 듯한데, 살고 싶은 의지는 영원하다.

의료사고, 움직일 수 없는 나

어느 날, 의료사고가 났다.
고정적으로 돌봐주는 간호사의 이름까지 외워질 정도로 제법 많은 날이 지났을 때였다. 담당 간호사가 내 몸을 돌려줄 때 내 목에 있는 생명줄 호스가 오른쪽으로 내 어깨에 깔렸던 모양이다. 나도 내 몸이 오른쪽으로 돌려져 오른쪽을 보고 있었다. 갑자기 문제가 일어날 것 같은 느낌이 들었다. 내 몸이 정면으로 눕혀지면 어깨에 깔린 호스가 강제로 당겨진다는 걸 느꼈다. 그러니까 어깨에 깔린 호스를 빼주고 정면으로 눕혀야 하는 것이다.
간호사가 확인하지 못하고 나를 돌려버리는 바람에 내 목에 붙어 있는 호스가 강제로 살과 함께 뜯겨버렸다. '아차' 싶었다. 이미 눈으로 표현했는데도 눈치 채지 못한 것이다. 눈알을 좌우로 미친 듯이 흔들었다. 간호사는 계속 그걸 의식하지 못했다.
간호사와 의사소통을 하지 못한 경우였다. 답답했다. 이미 살점은 목에 넣은 플라스틱 관과 달라붙어 있어서 살점과 관이 함께 뜯겨버렸다. 아팠다. 시원했다. 피가 터지는 느낌이 들었다. 간호사는 펄쩍 뛰듯 놀랐다. 뜨거운 물이 목옆으로 흐른다. 피가 터지기 시작했던 것이다.
그때 내가 왜 그랬는지 이해할 수 있었을 거라고 생각한다. 간호사는 양손으로 내 목을 막았다. 호스는 이미 살과 함께 뜯겨버려 피가 터지는 것을 막기 위해서였다.
간호사의 눈빛을 보니 공포영화를 보고 무서워하는 것 같았다.
끝내 울음을 터뜨린 간호사는 계속 울기 시작했다. 당연히 주변 간호사들과 사람들이 몰려오기 시작했다. 나보다 몇 살 어리지만 경력이 중간 정도인 간호사였다. 고참 간호사들이 나를 진정시켜 주었다. 내 눈에 눈물이 고였고, 몹시 아팠다. 뜨거운 피가 줄줄 흐른다. 목 밖으로 따뜻한 피가 주르륵 주르륵 계속 터져 나온다.

담당 의사가 뛰어왔다. 이런 일이 생겨서 죄송하다고 사과부터 했다. 그리고 간호사들에게 눈치를 줬다. 그런 상황에서도 내가 말 한 마디 못 하니 미칠 노릇 아닌가.

이게 의료사고일 성싶은데 난 피를 흘리며 묵언 수행 중이었다. 의사는 간호사들에게 빠져달라고 한 다음 자신이 직접 나에게 정중히 사과하고 신속히 응급조치를 했다. 살을 호스와 다시 붙여주었다. 살점이 떨어져서 더 커지는 바람에 잘 맞지가 않아 고생 좀 했다. 피가 범벅이 되었고, 면회시간이 시작되었는데도 조광희 환자의 면회는 나중으로 미뤘던 모양이다.

나중에 들었지만, 엄마가 화가 몹시 나셨다고 한다. 사고가 난 것 같다는 엄마의 예감이 맞았다. 엄마는 밖에서 형과 함께 계속 기다리셨다. 내 목의 호흡 연결 장치와 호스를 결합하는 일이 끝났다. 피를 닦고 정리를 한 다음 따로 면회시간을 주었다. 엄마가 창밖에서 보니 내 침대만 커튼이 쳐져 있어서 기분이 안 좋더라고 하셨다. 그래서 사고를 예감하셨다는 것이다.

"광희 왜 저래요? 저 피들은 뭐고요?"

엄마가 물으시자 간호사가 "사고가 났습니다. 실수를 했습니다." 하고 내 앞에서 엄마에게 브리핑을 했다. 죄송스럽다고 하면서 간호사가 울었다. 엄마는 날 보고 또 우셨다. 목은 몹시 아팠다. 형은 병원비 청구에 맞서 거꾸로 병원에 의료사고 청구를 했다. 의사도 인정했다.

면회 시간은 계속 늘어났다. 남들보다 긴 시간이 주어진 것도 사고가 났기 때문에 배려하는 모양이었다. 간호사들도 우리 눈치를 보기 시작했다.

나는 계속 눈물이 났다. 속으로는 '왜 나는 이렇게 살아야 하는지 모르겠다.'는 생각도 들었다. 시간이 흐를수록 목은 점점 더 아프고 고통이 밀려오기 시작했다. 나는 눈으로 계속 엄마에게 죄송스럽다고 말했다. 간호사는 계속 울면서 안절부절 불안한 태도였다. 엄마가 침대를 다시 한 번 둘러보셨고, 그렇게 오전 면회도 끝났다. 가족이 돌아간 후에도 간호사는 계속 나에게 죄송하다고 했다. 나는 눈물을 흘리며 눈으로 물었다.

'왜 내 말을 듣지 않았어? 왜, 왜 나를 보지 않았어? 왜 나를 확인하지 않았어?'

물론 속으로만 외치는 외침이었다. 그러고 나서 나는 천정을 보고 가만히 있었다. 간호사는 계속 울고 있었다. 고의가 아니니까 이해할 수 있다. 속은 상하겠지만, 속상하기로 치면 나도 마찬가지다. 그래도 이번 일로 인해 간호사가 많이 발전하기 바란다. 이번 일로 한 명의 간호사가 제대로 경각심을 배웠다고 생각한다. 그렇게 오늘 하루도 지나간다.

되돌아온 목숨, 살고 싶은 내 마음

그 무렵 시집간 누나도 매일 찾아왔다.

조카가 둘이나 있는데 미안하다. 조카들이 너무 빨리 클까 봐 겁난다. 시간이 흐르는 게 무섭다. 1주, 2주 지나가면서 침과 가래를 빼면서 하루하루 보낸다. 봄이 오고 있다.

처음 병원에 입원했을 때는 날씨가 참 추웠다. 이제는 따뜻한 날씨에 벚꽃이 피려고 한다. 병실도 점점 더 따뜻해진다. 계절의 흐름이 느껴진다. 조카들은 새 학기 등교 준비를 한단다. 조카들도 자주 병원에 면회를 왔는데, 이제는 누나 혼자 오고 있다.

산소 호흡기를 떼고 폐 운동을 위해 혼자 산소를 마시는 연습을 하고 있다. 그렇게 해야 폐를 운동시킬 수 있다. 산소를 한 번 마셨다가 내뱉고 몇 번 연습하다 힘들면 간호사가 산소 호흡기를 붙였다. 이렇게 반복하니 폐가 조금 좋아졌다.

한 번은 이 연습을 하다 내가 숨을 쉬지 않고 잠들어 버렸다. 간호사가 얼굴색이 와인색으로 변했다며 나에게 인공호흡을 시켜 줬다. '살짝 죽은 거지.'라고 생각할 수 있다. 시간이 흐르면서 연습하는 시간의 양이 늘어났다. 한 달 넘게 연습했나?

숨 쉬는 냄새도 맛있다

그동안 산호 호흡기를 얼마나 붙였다 뗐다 했는지 어림짐작하기도 어렵다. 하긴 산소 호흡기를 떼고도 숨을 쉬는 연습을 수없이 해왔기에 스스로 생각하기에도 어느 정도 자신감이 생겨 나는 마침내 산소 호흡기를 뗄 수 있게 되었다.

산소 호흡기 떼고 연습할 때도 항상 느끼던 일이지만, 산소 호흡기가 있을 때와 없을 때는 당연히 숨을 쉬는 냄새와 느낌부터 달랐다. 더구나 이제 완전히 산소 호흡기를 떼게 되자 새삼 숨 쉬는 냄새도 맛있구나 하는 느낌이 들었다.

그런 느낌에 더하여 공기(산소)의 소중함을 생각해 보았고, 자유의 의미와 해방감까지 한껏 맛볼 수 있었다.

공기가 없으면 5분도 목숨을 유지하기 어려울 테지만, 공기가 공짜라서 그런지 사람들은 전혀 소중한 줄 모르고 산다.

"이제 숨만 열심히 쉬시면 됩니다."

간호사가 박수를 치며 칭찬까지 해줬다. 산소 호흡기를 떼어낼 수 있었던 것은 정말 엄청난 발전을 이룬 결과였다. 보통 사람들이 보기에는 별 차이가 없겠지만, 산소 호흡기 달고 살아본 사람들은 여기까지 오기가 얼마나 힘들고 괴로운지 알고도 남을 것이다.

내 얼굴이 궁금하다.

하지만 나는 혼자 거울도 볼 수가 없는 상태라 보기가 싫다. 면도를 도와주는 간호사가 거울로 얼굴을 보여주려고 했다. 나는 보기가 싫었다. 너무 많이 말라 있을 것 같았다. 안 봐도 비디오라고, 광대뼈가 많이 나온 게 느껴진다. 누워 있어도 느낄 정도인데 당연할 것이다. 꼬리뼈가 아플 정도니 당연히 살이 많이 빠졌겠지.

어느 날 누나에게 강아지 방울을 사다달라고 하여 테이프로 그 방울을 내 코에 붙여 달라고 했다. 간호사들도 그 방울로 뭘 할 건지 물었다. 나는 멀리 있는 간호사를 부르기 위해 그 방울이 필요했다. 간호사 입장에서는 짜증날 수도 있는 상황이지만. 나는 불편할 때마다 내 코에 붙인 그 방울을 마구 흔들었다.

어쨌건 내가 살고 봐야 할 일 아닌가. 아이디어가 참 좋다거나 새로운 방법이라는 말도 들었다.

중환자실에 들어간 것이 2005년 3월 초봄이었는데, 가을쯤에 혼자 쓰는 개인 병실로 옮기게 된다. 산소 호흡기 떼는 연습이 큰 효과를 발휘했지만, 코로 집어넣은 줄과 고추의 소변 줄은 그대로 있다. 일정 기간마다 갈아줘야 하므로 그 시간이 닥쳐올까 두렵다. 그래도 살려면 해야겠지. 내가 개인 병실로 옮기게 되자 중환자실 간호사들이 줄지어 박수를 쳐주었다. 그동안 고생 많았다고 칭찬까지 해주었다. 엄마도 간호사들과 서로 덕담의 인사를 나누셨다.

개인 병실로 옮기니 참 좋았다. TV도 있었다. 하지만 누워 있으려니 집에 가고 싶은 데다 여전히 병원비가 걱정이었다. TV에서 사람들이 말하는 소리를 들으니 반가웠다. 얼마 만에 듣는 사람들의 목소리인가. <무한도전>이라는 프로그램을 방송하고 있었다. 내 귀는 쫑긋쫑긋 텔레비전 쪽으로 향하고 있었다.

그리고 이제는 시간을 정해 면회를 할 필요가 없다. 가족과 함께 있으니까. 엄마는 내 옆에서 잠을 주무셨다. 마음이 든든했다. 텔레비전 소리도 굉장히 안정적으로 들렸다. 은혜도 자주 찾아왔다. 똥도, 소변도 마음대로 펑펑 나왔다. 몸과 마음이 편안했다. 나는 계속 콧줄로 미음을 먹었고, 엄마는 누나가 준비한 밥과 반찬을 드셨다.

주말에 은혜가 찾아왔다. 누나는 제육볶음, 멸치볶음, 양배추 쌈을 준비해 왔다. 엄마랑 누나랑 은혜 셋이서 맛있게 먹고 있었다. 나는 맛있게 식사하는 가족들을 눈으로 보면서 미음을 먹었다.

맛있게 먹는 가족들의 모습을 보니 내 눈도 즐거웠다. 나는 속으로 얼마나 더 발전할 수 있을까 고민하고 있었다. 이제 말만 할 수 있으면 편할 텐데, 단계가 있는 것 같았다. 욕심이 앞서면서도 '얼마나 오래 걸릴까? 언제 이 전쟁이 끝날까?' 속으로만 외쳤다.

밤이 되면 불을 끄고 속으로 울었다.

하지만 눈에서 눈물이 났다. 낮에 울기엔 너무 창피해서 그런가. 지금은 100억 원이 눈앞에 있어도 소용없는 상황이다.

아침이 되면 의사와 간호사가 회진을 했다. 계속 발바닥을 찔렀고, 피도 간간이 뽑았으며, 산소 수치도 검사했다.

나는 그나마 많이 좋아졌기 때문에 흔쾌히 순응했다. 그래도 바늘로 찌르는 숫자는 계속 속으로 새고 있었다. 병실에 있으면서 운동도 했다.

욕부터… 말문이 터지다

목에다 고무풍선을 꽂고 산소를 넣어주었다 뺐다 반복했다. 어느 날 갑자기 나는 산소가 들어올 때 소리를 질렀다. 산소가 들어오고 나갈 때 나는 바로 소리를 냈다.

"아!!!!"

엄마도 이게 무슨 소린가 하고 바라보셨다. 나는 이어서 곧바로 욕을 했다.

"아이 씨팔!"

이 짧은 말에는 '정말 억울해. 짜증나고 괴로워.' 하는 그동안의 모든 생각과 감정들이 포함되어 있었다. '씨팔!' 소리에 엄마는 기뻐하셨다. 그런 엄마를 바라보며 나는 바로 울음을 터뜨렸다. 고무풍선으로 목에 바람을 넣어줄 때마다 나는 말을 할 수가 있었다. 산소가 들어올 때마다 나는 이렇게 얘기를 했다.

"엄마 미안해. 엄마 정말 미안해. 내가 잘못했어. 다…나 때문이야. 미안해, 미안해."

내 말에 엄마는 펑펑 우셨다. 병실 안에는 엄마와 누나가 있었다. 누나도 옆에서 듣고 있다가 울음을 터뜨렸다.

"광희가 이제 말을 하네."

누나는 정말 좋아했다. 그리고 전화를 걸어 누군가에게 알렸다. 드디어 말을 한다고. 누나의 통화가 끝나자 나는 누나에게 "코에서 방울을 떼어 줘. 이제 시작이니까." 하고 말했다.

그 사이 엄마가 은혜에게 전화를 걸어 전화기를 나에게 건네주셨다.

"여보세요!!!"

전화를 받는 은혜에게 나는 내 목소리로 말을 했다.

"여보세요!!!"

은혜는 깜짝 놀라며 전화를 받았다.

"누구…광희 오빠?"

"그래, 나 이제 말할 줄 알아!"

나는 냅다 외쳤다.

"오빠 정말 잘했어. 은혜는 말도 못 하게 기뻐."

은혜는 아이를 달래듯 칭찬을 아끼지 않았다.

시간이 흘러 나는 1인실에서 4인실로 옮겼다.

이제부터는 남들과 같이 지낸다. 마음대로 소리칠 수는 없다. 다른 사람과 같이 방을 쓰기 때문에 예의를 갖춰야 한다. 그리고 우리 방 환자들은 다 똥싸개들이었다.

병원마다 다 똥끼리 모아 놓는 모양이었다. 밥 먹을 때도 당연히 똥냄새를 맡고 먹어야 한다.

이런들 어떠랴. 모든 게 다 괜찮다. 살아날 수만 있다면, 좋아지기만 한다면, 발전될 수만 있다면 모든 걸 다 수용하겠다. 하루 빨리 탈출하고 싶었다. 우리 방 환자들 중에는 뇌졸중 환자가 많았다. 몸을 마음대로 다룰 수 없는 환자들이 많다는 뜻이다. 나이가 많은 할아버지와 할머니, 젊은 공무원 아저씨 세 명이 다 뇌출혈이다.

할머니는 양로원에서 가래떡을 먹다가 떡에 기도가 막혀 뇌에 산소 공급이 되지 않는 바람에 뇌가 절반은 죽었다. 그냥 하루 종일 눈 뜨고 천장만 바라보고 누워 있다. 말도 하지 않고 움직이지도 않는다. 그 할머니는 제법 부자라고 했다. 손녀딸 학교에 나무도 열 그루씩이나 기증했다고 한다. 그런데 이제 와서 그게 무슨 소용이랴? 떡 하나에 저렇게 누워 있으니…참 알 수 없는 게 인생이다.

박수 받으며 콧줄 빼고 휠체어 타다

얼마 후 인턴이 찾아와 나의 콧줄을 뺐다. 방 안에 있던 환자와 보호자들이 모두 나를 보고 박수를 쳐주었다. 코에서 위까지 연결되어 있는 그 긴 호수가 코로 해서 빠져 나가기 시작했다. 빠지면서 호스가 지나는 곳은 굉장히 뜨거웠다. SF영화에 나오는 긴 뱀 같았다.

콧줄을 빼고 나자 이제 침대를 세워 주면 앉아서 입으로 밥을 먹을 수가 있었다. 엄마가 죽을 퍼서 입에 넣어 주시면 나는 입만 뻐끔뻐끔하며 금붕어처럼 받아먹었다. 그렇게 날마다 한 달, 두 달 열심히 밥을 먹었다.

다시 얼마 후에 나는 휠체어를 탈 수 있었다. 목욕도 하고 싶었다. 대변이 마려워 누나가 나를 휠체어에 태우고 화장실로 갔다. 화장실에는 큰 거울이 있었다.

나는 그때 입원 후 처음으로 내 얼굴을 보았다. 눈알이 뜨거워졌다. 내 모습은 너무 비참했다. 영양실조에 걸린 아프리카 난민촌의 어린이 같았다. 팔에도 뼈와 껍질밖에 없었다. 신경이 많이 녹았다. 눈물이 얼굴을 거쳐 무릎으로 떨어졌다. 떨어지는 눈물의 무게도 무거웠다. 누나가 눈물을 닦아 주며 물었다.

"왜 울어?"

"나는 내 모습이 이렇게 될 줄은 몰랐어."

거의 1년 만에 내 모습을 보니 처참했다. TV에 나오는 바싹 마른 아프리카 난민촌 사람들을 직접 눈앞에서 보고 있었다. TV에서 볼 때는 나와 별개의 상황이었는데 지금은 내가 그 상황이 되니 얼마나 웃기는 일인가. 그렇게 울면서 나는 누나에게 말했다.

"다시 돌아가. 두 번 다시 거울로 내 얼굴을 보기가 싫어."

휠체어는 가끔 목욕할 때도 이용할 수 있었다. 휠체어도 돈에 따라 차이가 많이 났다. 싼 것은 무겁고 타이어가 두꺼운데, 비싼 것은 반대로 가볍고 타이어는 얇았다.

환자들은 저마다 사정이 있겠지만, 가정 형편과 병원비, 그리고 돌보미가 있고 없고의 차이가 많았다.

엄마에게는 미안하지만, 나는 그냥 엄마가 좋았다. 엄마도 도우미를 쓰고 싶어 하셨지만, 나는 반대했다. 모르는 아줌마가 돌보는 것도 싫었고, 내 몸을 만지는 것도 불편했다. 그래서 가족이 최고라고 생각했다.

병원에 오래 있다 보니 이해가 되지 않는 일도 있었다.

의료법이 그렇다면서 한 병원에 오래 머물지 못하도록 했다. 때가 되면 다른 병원으로 가라고 하는 것이다. 일어나지도 못했는데 나가라는 것이다. 병원에서도 다른 병원으로 옮기기를 바랐다. 엄마는 아쉬워서 일어날 때까지 치료해주길 바랐는데, 병원에서는 여기까지라고 했다.

어떻게 할 수가 없는 일인가 보다. 엄마는 떼를 쓰셨다. 그래도 일어나게 해줘야 되는 거 아니냐고. 엄마가 한두 번 이야기하신 게 아니다. 일어나게 해줘야 나갈 거 아니냐고. 그래서 나는 짜증을 내면서 말했다.

"엄마, 그만하고 나가자. 병원이 여기만 있나? 다른 데도 많다. 한 번 가 보자."

이렇게 말했지만 엄마는 그래도 아쉬워하셨다.

다른 병원으로 이동하기 전에 은혜에게 말했다.
"이제 너 찾아오지 마."

나에게 미래가 없다는 걸 알고 있었다. 그래서 은혜에게 더 이상 미련을 두지 말라고 말하고 싶었지만, 차마 이 말은 하지 못했다. 나 때문에 얼마나 많은 시간을 힘들게 보내야 될지 걱정스러웠다. 은혜는 무표정하게 그냥 멍하니 내 말을 듣고 있었다. 밤새 생각해봤지만 이런 판단과 결정은 잘 한 것 같았다. 솔직히 내가 이렇게 판단하고 결정할 처지는 아니다. 은혜의 표정이 안 좋았다.

'어쩔 수 없다. 어쩔 수 없어.'

난 이렇게 생각했다. 이렇게 해야만 은혜에게도 자유가 생기는 것이 아닌가. 잘했다는 생각이 들었다. 아주 좋은 생각인 것 같았다. 그렇게 해서 은혜를 돌려보내고 나는 그날 밤에 잠을 이루지 못했다.

산 넘어 산이지만 희망이 보이다

옥희 누나와 매형이 병원비를 계산하는 데 도움을 많이 주었다. 매형은 국민건강보험에 다니시기 때문에 이런저런 설명을 잘해주신다. 전화를 걸어도 상냥하게 브리핑을 해주시고, 좋은 정보도 알려주시고, 응원도 해주신다. 가끔은 저런 매형이 옆에 있어서 얼마나 다행인가 싶기도 했다. 병원비는 셋째 작은아버지도 도와주셨다. 정말 고맙게 생각했다.

병원은 돈이 있어야 입원도 할 수 있고, 퇴원도 할 수 있다. 더는 같은 병원에서 버틸 수 없어 엄마와 나는 어쩔 수 없이 퇴원 준비를 했다.

응급차 탈 준비를 하고 누워서 TV를 보다가 긴급뉴스를 보았다. 총기사고를 냈던 군인에 대한 속보였다. 새벽에 동료 병사들이 자고 있을 때 수류탄을 던지고 기관총을 난사하여 많은 군인들을 비참하게 죽였다고 한다. 구박과 따돌림, 괴롭힘, 왕따 때문에 계획적으로 저지른 일인데, 그 병사는 체포되어 사형 판결을 받았다는 소식이었다.

나는 그 몸이 아깝다고 생각했다. '그렇게 버릴 몸이라면 나에게 주지? 멀쩡한 몸을 나에게 주면 행복할 텐데…' 아쉽기만 했다.

연예인들의 자살 소식도 심심찮게 들렸다. 자살이 유행인가 싶을 정도였다. 나는 그 모습이 슬펐다. 너무 쉽게 생각하는 것 같았다.

장기라도 기증하든지, 왜 스스로 몸을 팽개치고 한 줌의 재가 되어 가족들에게 씻지 못할 슬픔을 주는가.

가엾기는 해도 되돌릴 수 없다. 차라리 누군가를 위해 그 몸을 좀 줄 일이지, 이런 생각을 아주 많이 했다.

누군가에게는 참 필요한 몸이라는 것이다. 그러니 몸을 함부로 생각하거나 생명을 끊어버리는 일은 안 된다.

병원비 결제가 끝나고 응급차를 탈 준비를 했다. 들것에 내 몸이 실렸다. 성인 남자 둘에서 내 몸을 들어 옮기기 시작했다. 병원차 뒷부분에 나는 누워 있었다. 엄마는 옆에서 보따리를 들고 계셨다.

엄마는 슬픈 눈으로 나를 내려다보고 계셨다. 집에 가는 것이 아니라 집 앞의 병원으로 옮기는 것이었다.

엄마는 서글프다고 우셨다. 더 좋아져서 걸어 나올 줄 알았는데, 누워서 다른 병원으로 이동하기 때문에 엄마 눈가에서 눈물이 뚝뚝 떨어졌다. '내가 일어나면 꼭 보답할게요.' 하고 다짐하면서 나도 속으로 울었다.

병원 대신 집으로

20분 남짓 지나서 새로 들어갈 병원에 도착했다. 응급실부터 들어간다. 응급실에서 다시 접수를 시작하고 검사를 했다. 어느 병원을 가나 새로 들어온 환자는 무조건 기본검사를 한다. 검사가 끝나면 환자가 나갈 때까지 대기하고 있었다. 기다리다 환자가 빠져 나가고, 차례가 되면 내가 들어간다. 보조 간호사가 내 침대를 밀어 병실까지 옮겨주었다.

병실 침대로 올라갈 때 생각했다. 침대가 내 키보다 작다는 느낌이다. 내 눈대중이 맞아 버렸다. 침대에 누워보니 발끝이 침대 끝에 닿아 차갑다는 걸 알았다. 굉장히 기분이 안 좋았다. 엄마가 접수하고 올라올 때까지 기다리고 있었다. 엄마가 올라오시자 너무 불편하다고 바로 말을 했다. 엄마는 내 모습을 보시더니 간호사에게 더 큰 침대로 바꿔달라고 하셨다. 간호사는 더 큰 침대가 없다고 했다.

나는 엄마와 침대가 작아서 발이 너무 차다는 이야기를 나누다가 그냥 집으로 가기로 결정했다. 잔뜩 짜증이 난 우리는 씩씩거리면서 다시 응급차를 탔다. 그리고 나는 1년 만에 그리고 그리던 우리 집으로 돌아왔다.

속으로 나는 감격했다. 기분이 너무 너무 좋았다. 우리 집에 돌아온 건 엄마와 나, 그리고 병원에서의 살림살이밖에 없다. 응급차 직원이 나를 방에 옮겨주고 돌아갔다. 집안에 들어오니 집 냄새가 난다. 방에서 나는 냄새도 모두가 그대로였다. 모든 게 내가 쓰러지기 전과 조금도 변함없이 그대로 멈춘 그 분위기였다.

집에 오고 나서 30분 후에 속이 꿀꿀거렸다. 소화가 잘 안 되는 것 같았다. 엄마에게 급히 대변이 마렵다고 전했다. 너무 마려워서 소리를 쳤다. 너무 심하다고 빨리빨리 준비해 달라며 소리를 쳤고, 엄마도 나름대로 빨리빨리 대응을 했다. 엄마는 환자들이 쓰는 기저귀인 디펜드 대변 패드를 챙기는데, 엄마가 준비하기도 전에 내 몸속에서는 설사가 이미 발사되기 시작했다. 태어난 후로 제일 참기 힘든 대변이었다.

몇 달 만에 처음으로 낮에 라면을 맛있게 먹었지만, 속이 꿀꿀거렸다. 얼마나 참기 힘들었냐 하면, "으아, 으아, 뭐야 이게?" 하며 나는 소리를 질러댔다. 엄마도 황당해하셨다. 뿌지직, 뿌지직 설사가 작렬했다. 막을 수 없을 정도의 폭발적인 설사였다.

병원에서 퇴원하기 전에 점심을 라면으로 먹었다. 1년 만에 먹어서인지 너무너무 맛있어 미치는 줄 알았다.

국물도 엄마가 숟가락으로 떠서 내 입에 넣어 주었다. 국물까지 다 먹어치웠던 것이 뱃속에서는 트러블이 난 듯했다.

"아…이걸 어떻게 해? 어떻게 해?"

폭발적인 설사 후 엄마는 이렇게 말씀하시며 우셨다. 마치 장기가 터진 사람을 바라보는 것 같은 표정이셨다. 팬티와 반바지 안에는 설사로 가득 찼다. 팬티 밖으로 똥이 넘쳐 반바지에도 쓰나미처럼 쏟아져 나왔다. 방귀도 마구 섞여 나오더니 겨우 멈춘 듯했다.

그제야 내 표정도 편안해졌다. 엄마는 계속 "어떻게, 어떻게 해?" 하시면서 눈물을 글썽거리셨다. 입장이 바뀌면 나라도 그럴 수 있지 않을까 싶다.

"바지는 어떻게 하냐?"

엄마가 혼잣말처럼 중얼거리셨다.

"바지는 버리지 뭐. 바지가 한두 개야?"

"그런데 바지를 어떻게 벗겨?"

"가위로 바지 윗부분을 잘라 버리자."

엄마는 수술하듯이 바지 윗부분을 쭈욱 가위로 갈라 버리셨다. 양쪽 다 가르고 팬티도 가르고 벗겨주시기 시작했다. 똥 냄새가 풍악을 울리고, 가위로 바지 찢는 소리가 나팔처럼 울렸다.

엄마는 이 모든 걸 다 치워주셨다. 울면서 치우시는 모습을 보니 내 마음도 서글펐다. 겨우 다 치우고 났을 때 내가 집에 온다는 소식을 듣고 누나가 집에 왔다. 오기 전에 엄마가 누나에게 전화를 걸어 이 상황을 얘기해 주셨더니, 누나가 웃으며 한마디 했단다.

"한 바가지 싼 이유가 라면이라고? 얼마나 먹고 싶었으면 그랬을까?"

누나는 집에 오면서 엄마가 정신이 없을까 봐 밑반찬을 가져왔다. 고마웠다. 항상 모든 걸 다 해준다. 그래도 누나가 있었기에 아주 많은 도움이 되었다. 언제든지 내가 오라고 하면 와주는 누나였다. 내 잔심부름을 많이 해주었다. 최대한 모든 걸 해주려고 하는 누나였다. 누나가 와서 냉장고 반찬 정리를 해주고, 엄마가 집안 정리하시는 걸 도와주었다.

"조카들은 뭐해?"

"집에 네 매형과 같이 있지."

집안 정리가 끝나고 누나에게 부탁했다. 매형 고향인 시골에서 보약을 만들 수 있는 좋은 재료를 구해 달라는 부탁이었다. 살이 많이 빠져서 보약이라도 먹고 싶다고 했다. 태어나서 처음이지만, 병원에서 들은 대로 살찌는 보약을 먹으면 좋아질 것 같았다. 너무 말라서 웬만큼은 살이 오를 거라고 판단했다.

"시골에 가면 알아볼게."

몇 주 후에 누나에게서 연락이 왔다.

저녁 8시쯤인가, 누나가 파란색 비닐봉지를 들고 나타났다.

"이거 달여 먹고 힘내."

누나는 이렇게 말하고 돌아갔다. 너무 고마워서 좋은 보약 재료 제대로 챙겨먹고 일어날 준비를 해야겠다고 다짐했다.

할머니를 다시 만나다

며칠 후 집에 할머니가 오셨다.

내가 병원에 있는 동안 할머니는 한 번도 오신 적이 없었다. 연세가 많으시다는 이유였지만, 아버지가 병원에서 돌아가셨기 때문에 나도 그런 꼴을 보기 싫다고 하셨던 것이다.

가족들도 이런 내 모습을 보여드리기 싫어했을 테고.

내가 아흔이 가까운 분을 5시간이나 걸으시게 만든 셈이었다. 나를 보자마자 할머니는 바로 우시면서 내 몸을 주물러 주셨다. 아버지가 돌아가셨을 때 할머니께서 통곡하시던 모습이 떠올랐다. 나를 보고 얼마나 속이 상하셨을까?

할머니에게 이런 모습을 보이는 나도 참 속이 상했다. 어린 내가 할머니를 주물러 드려야 하는데, 한숨만 나온다.

"그만 하세요, 할머니."

말리는데도 할머니는 내 몸에서 손을 떼지 않으신다. 할머니는 내 볼을 쓰다듬으시며 식사 걱정도 빼놓지 않으신다.

"식사는 제대로 하는 거야?"

"예, 아무 거나 잘 먹고 있어요."

할머니가 가시기 전에 물어봤다.

"할머니, 어떻게 오셨어요? 택시 타고 오셨어요?"

"걸어서 왔지."

성인 남자가 보통 걸음으로 걸어서 대략 40분 거리다.

"오시다가 몇 번이나 쉬셨어요?"
"여덟 번쯤 쉬었나?"

할머니 집에서 우리 집까지 여덟 번을 쉬고 오셨다면 대략 2시간 반은 걸렸을 것 같다. 그래서 내가 뭐라고 했다.

"택시를 타고 오시든지, 그렇지 않으면 오시지 마세요. 너무 힘드시잖아요?"

젊은 내가 아프다고 아흔이 가까운 할머니가 왕복 5시간을 걸으시게 하다니…. 에휴, 몸도 무겁고 어깨도 무겁다. 할머니와 이런저런 치료 과정과 병원 이야기로 오랫동안 대화를 했다.

할머니는 저녁때까지 계셨다. 이야기가 끝나자 해지기 전에 가 봐야지 하시며 할머니는 가실 준비를 했다.

"할머니, 주무시고 내일 가세요."

내 말에 할머니는 이렇게 되물으셨다.

"왜 내 집 두고 밖에서 자겠니?"

"며칠 있다 다시 올게."

할머니는 이렇게 약속하고 가셨다. 가시는 길도 여덟 번 쉬고 가실 것 같았는데, 역시 예상대로였다.

배웅하러 할머니랑 같이 나가셨던 엄마가 택시 잡아 주신다고 하셨는데, 할머니는 끝까지 싫다고 하셨단다.

다른 병원에 가보면 어떨까?

나는 말을 할 때 가슴을 헐떡거려야 했다. 아직 몸속에 마비 증세가 남아 폐 기능이 원활하지 않았다. 그래서 말을 좀 많이 하고 나면 얼버무리는 말투가 된다. 언어장애도 오는 줄 알았다. 엄마가 돌아오고 오늘 하루도 이렇게 지나간다. 할머니는 무사히 도착하셨다고 한다. 엄마가 큰집에 전화를 걸어 확인했다.

이렇게 매일매일 시간이 반복되고 세월만 흘렀다. 그렇게 한 달 정도 집에 머물렀다. 엄마가 한 번은 나에게 물으셨다.
"다른 병원에 가보면 어떨까?"
나는 겨울이 다가오니까 날씨 풀리면 가자고 말씀드렸다. 추울 때 입원하면 엄마가 더 고생하실 것 같아 봄이 되면 가고 싶었다. 내가 쓰러진 지 1년 후쯤 알아본 곳은 서울의 K병원이었다. 누나가 K병원에 전화로 예약을 했다. 이모가 소개한 병원이었다.

예약한 날짜에 엄마와 둘이서 응급차를 타고 병원에 갔다. 병원에 도착하여 접수하고, 병실을 배정받았다. 그런데 좀 웃겼다. 문을 열면 정중앙에 내 침대가 있고, 내 앞에 TV가 있었다. 내 주변에는 다른 환자들이 침대에 누워 있었다.

내 느낌에 별로 기분이 좋지는 않았다. 담당 의사가 나를 확인하고 검사하고 자료를 보고 갔다.

담당 의사는 싸가지가 좀 없어 보였다. 나이는 엄마보다 약간 위인 것 같기는 해도 엄마한테 슬슬 말을 놓는 것이었다.

그렇게 병원에서 하루가 지나갔다. 그런데 저녁은 밥맛도 없고 대소변도 잘 나오지 않았다. 다음 날도 그 의사는 똑같은 말투였다. 회진(回診)을 하고는 끝이었다.

그렇게 사흘째 되는 날, 아니나 다를까 대변이 계속 나오지 않았다. 이것은 음식이 문제가 아니라 내가 지금 스트레스를 받고 있기 때문이라는 걸 알았다. 회진을 할 때 담당 의사가 왔다. 엄마에게 또 반말을 하고 있다. 그래서 나도 한 마디 했다.

"잠깐만요, 반말 좀 그만하세요."

의사는 나를 보면서 이렇게 대답했다.

"나 원래 그래~."

그는 직책이 담당 교수였다. 담당 의사인 교수가 내 보호자인 엄마에게 반말을 하다니 정말 열 받았다. 그래서 나는 이렇게 맞받았다.

"나도 반말 하면 됩니까?"

담당 의사는 참 웃기는 대답을 해주었다.

"네, 그쪽도 하세요."

나이가 많다고는 해도 정말 웃기는 의사였다. 나는 숨을 심하게 헐떡였고, 흥분해 버렸다. 순간 대들고 싶었다. '우리 엄마가 고생해가며 여기 병원까지 왔는데 저런 수모를 당해야 하나?'

그래서 나는 반말로 이야기하기 시작했다.

"똑바로 해. 어디에다 대고 반말을 해?"

이렇게 얘기하니 그 담당 교수도 나에게 반말로 말하기 시작했다.

"뭐가 불만이야? 나 원래 이래."

이렇게 나왔다.

"네가 왜 보호자에게 반말을 해?"

그러자 나에게 계속 깐죽거렸다. 짜증이 나서 나는 의사에게 본격적으로 화를 냈다.

"의사가 환자 열 받게 하는 거 처음 봤다. 당신이 정말 의사 맞아?"

옆에서 다른 환자들도 "의사 양반, 너무한 거 아니오?" 하고 거들었다. "어떻게 의사가 환자한테 그렇게 말을 해?"라고도 했다. 나는 흥분해서 더욱 더 헐떡거렸다. 그래서 나는 마지막에 이런 말까지 던졌다.

"너는 의사가 아니라 장의사야. 어떻게 환자를 흥분하게 할 수가 있어?"

엄마는 그냥 지켜보시기만 했다. 나를 말리진 않으셨다. 얼마나 스트레스를 받았던지 나는 병원에서 사흘 동안 대변을 보지 못했다. 그리고 나는 엄마에게 다시 돌아가자고 얘기했다. 엄마도 불편하셨는지 돌아가고 싶어 하시는 것 같았다.

그 의사는 나와 말다툼을 하고 병실에서 나갔다. 지나가던 병원 수녀님도 지켜보았다. 수녀님도 발을 동동거렸다. 수녀님이 병실 안으로 들어와 "그 의사가 지금 복도에서 울고 있어요." 하고 나에게 전달해 주었다. 나는 대뜸 "저런 싸가지 없는 새끼."라고 외쳤다. 괜히 핏대를 올리고 보니 수녀님에게 미안한 생각이 들어 이렇게 말했다.

"솔직히 저도 잘한 것은 없습니다. 제가 전신마비라 신경이 곤두서는 바람에 이런 일까지 생겨 죄송스럽습니다."

담당 의사는 두 번 다시 오지 않았다. 엄마와 나는 짐을 챙기고 다시 집으로 돌아갈 준비를 했다.

병원에 온 지 사흘 만에 변비까지 왔는데 검사도 못 해보고 허무하게 말싸움만 열심히 하며, 입 운동만 하고 온 셈이다. 응급차 타고 돌아오는 동안 내내 같은 장면만 생각났다.

넷째마당 **재활의 길, 세상의 길**

집에서 머물다 다시 재활병원으로

 집에 도착하여 짐을 풀어놓자 신기하게도 대변이 마려웠다. 대변을 시원하게 누고 밥도 맛있게 먹었다. 잠도 잘 잤고 모든 게 평온했다. 목욕도 걱정 없이 시원하게 할 수 있고, 텔레비전도 마음대로 볼 수 있었다. 다만 팔다리가 안 움직일 뿐, 집에 오자 모든 게 괜찮았다.
 시간이 흐를수록 내 몸과 현실을 받아들이게 되었다. 받아들이니 속이 후련할 수도 있었다. 내가 중력의 무게를 언제쯤 이길 수 있을까.
 우주에서나 가능할 테지만, 지금 내 몸이 우주정거장에서처럼 둥둥 떠다녔으면 얼마나 좋을까.

 여름이 끝나갈 무렵, 낮에 엄마가 잠깐 채소 좀 보고 오겠다고 집 앞의 텃밭으로 나가셨다. 나는 누워서 TV를 보고 있었다.
 한참 보는데 등이 따가웠다. 얼마 지나지 않아 또 한 번 따끔… 그러다 시간이 지나니 계속 따끔거렸고, 점점 고통이 밀려와 누운 채로 조금 열려 있는 창문을 향해 소리를 질렀다.
 "엄마!"
 텃밭에 계시던 엄마가 이 소리를 듣고 집안으로 들어오셨다.
 "왜 그래?"
 "등이 따가워. 등 좀 봐 줘요."
 혹시 이불 속에 바늘이라도 있었나 했다. 돋보기안경을 쓰신 엄마가 내 등을 옆으로 돌리고 살피며 확인하셨다. 대충 등 쪽의 위치를 설명하고 그곳을 계속 봐달라고 했다.

"찾았다."
엄마는 소리를 치시며 뭔가를 집은 엄지와 집게 손가락을 내미셨다.
'뭐야, 이건?'
어처구니가 없어 웃음이 나왔다. 그것은 개미였다.
"요 녀석이 예닐곱 번을 물어뜯었는데, 모기에게 물린 것처럼 뻘겋게 되었네."
엄마의 설명을 듣고는 허무했다. 나는 속으로 '에이, 개미한테도 졌네. 개미에게 의문의 1패… 개미에게 지다니 동네북일세.' 하며 웃었다. 이때부터 웃기 시작했다. 머릿속엔 '개미, 개미, 개미'란 말이 맴돈다.
'의문의 1패, 개미에게 폭행당한 사나이, 예닐곱 번 카운터펀치를 맞다.'
그러면서 집에 불이 나도 나는 탈출할 수 없다는 걸 뼈저리게 실감했다.
'전기장판의 온도가 올라가도 나는 그 뜨거움을 이겨내야 한다. 반대로 추위도 온도를 올릴 수가 없다. 나는 지금 박테리아 급이다. 언제 용이 될지 희망도 꿈도 없다. 그래, 난 이렇게 먼지 같은 존재다. 괴롭지도 않다. 그저 살아 있는 게 미안할 뿐이다. 밥만 축내고 일거리만 만들어내느니 어느 쪽으로든 결정하고 싶다. 죽음이든 삶이든. 자꾸 고민만 쌓이고 처절한 시간과 더불어 살아가는 내 모습에 대해 얼마나 많은 생각을 하고 있는지… 정말 내가 밉다.'
오늘도 TV 아니면 천장의 작은 점에 눈을 맞추고 그림을 그린다. 그렇게 시간이 흘러 몇 달 지나자 살이 올랐다. 누나가 구해다준 보약을 열심히 먹었던 결과다.

엄마가 다른 병원에 가보자고 하셨다.
2006년 초여름이었는데, 누나는 또 병원을 알아보러 다녔고, 나름 마음에 드는 병원을 찾아 예약을 했다. 경제적으로 힘들었기 때문에 저렴하고 재활치료에 좋은 기구가 있는 쪽을 선택했다. 기계에 팔다리를 묶어놓으면 기계가 알아서 돌려주는 곳이라고 했다.

그런 대로 마음에 들었다. 가격도 웬만했다.

누나랑 같이 휠체어 장애인 버스를 타고 구경하러 갔다. 가보니 생각보다 컸다. 재활 마지막 병원이라 생각하고 생활할 짐을 쌌다. '오늘 하루 집에서 푹 자고 내일 출발해야지.' 하고 편하게 쉬었다. 솔직히 잠이 오지도 않았다. 병원 생활이 싫고 질린다고 생각했던 것이다.

자고 일어나 아침밥을 먹은 다음 휠체어를 타고 누나와 같이 갈 준비를 했다. 아침 바람이 굉장히 차가웠다. 새로운 병원에서 조금이라도 몸이 좋아졌으면 하는 바람을 가져 보았다. 엄마와 누나의 도움을 받으며 장애인 버스를 타고 병원에 도착하였다. 배정받은 병실 안에는 나를 포함해서 여덟 명이 있었다. 병실로 들어가면서 인사를 하고 환자 특성들을 살펴보니 똥싸개와 똥싸개 아닌 사람이 반반씩이었다.

나중에는 정신병이 있는 사람도 있었다. 한 분은 가래침을 굉장히 심하게 뱉는 분이었다. 침대 옆에는 분유통이 있었는데, 그 안에다 연방 가래침을 뱉어댔다. 호흡기에 문제가 있는 것 같았다. 뇌졸중 환자도 있고, 반신불수 환자도 있었다.

우리는 조용히 자리를 잡고 짐을 풀기 시작했다. 나는 빨리 재활 치료를 받고 싶었다. 새로운 치료를 받는다는 생각에 내 마음이 조금 풀렸다. 수간호사님이 나를 살피러 찾아와 내 몸 상태를 체크해 주고 돌아가셨다. 수간호사님은 참 미인이었다. 나는 물리치료로 기계운동 치료와 작업 치료를 예약했다. 뭐든지 다 하고 싶었다. 빨리 일어나 걸어서 퇴원하고 싶었다.

인천에 있는 이 병원은 가격도 저렴하고 큰 데다 운동기구가 많아서 좋았다. 별로 기다리지 않아도 차례가 돌아왔다. 운동기계가 마음에 든 이유는 반자동 시스템이라는 점이었다.

기대했던 대로 팔다리만 묶어주면 알아서 돌아갔다.
'열심히 돌려야지, 열심히 돌려야지.'
내일 아침밥 빨리 먹고 그 운동기계를 만나야지 하는 생각에 병원 생활이 싫다기보다 첫날부터 다소 기분이 들떠 있었다.

물리치료사에게 기본적인 물리 치료를 받고 기계 치료도 받았다. 물리치료사가 치료를 해주면 군데군데 쑤시는 데가 시원했다. 시간은 대략 10~15분. 시간이 굉장히 짧지만 이것도 보통일이 아니다. 많은 환자들이 기다리고 있었기 때문이다. 물리치료사는 50분을 일한 다음 10분 동안 휴식이었다. 이 일도 은근히 막노동인 셈이었다.

물리치료를 받고 나는 바로 기계가 있는 쪽으로 휠체어를 타고 이동하였다. 기계 손잡이에는 찍찍이가 붙어 있었다. 손으로 돌리는 자전거 같은 운동이었다. 엄마는 내 손을 손잡이에 찍찍이로 묶어 주고 스위치를 켜주었다. 그러자 기계는 천천히 자전거처럼 돌기 시작했다. 마치 스트레칭을 하는 것처럼 몸이 찢어지는 느낌이었다. 안 쓰던 근육을 움직이니 몸에 즉각 반응이 왔다. 조금 고통이 따랐지만 왠지 통쾌한 기분이었.

새로운 시작, 새로운 느낌, 새로운 전쟁, 새로운 도전….
조금 아프긴 해도 그냥 기분이 좋다. 행복하다. 이유가 없었다. 발도 묶어서 자전거를 돌리기 시작했다. 발도 조금 아팠지만, 시원했다. 알아서 돌려주니 도움이 컸다. 기계는 독일제였다. 독일이 재활치료로 아주 유명한 나라라는 것은 알고 있었다. 뽕을 뽑아야 하겠다고 생각했다. 병원에 있는 동안 아주 열심히 운동을 해야겠다고 다짐했다. 몸을 기계에 묶고 돌린 지 얼마나 되었다고 땀이 비 오듯 흘렸다. 나는 그날 저녁 온몸에 알이 배겨서 일찍 잠자리에 들었다. 그런 식으로 한 달 이상 계속 운동을 했다.

천사 같은 수간호사님

어느 날 수간호사님이 나를 불렀다.

엄마에게 잠깐 나와 단둘이 대화를 하겠다기에 옆방으로 휠체어를 끌고 갔다. 옆방은 개인 병실이었다. 수간호사님은 굉장히 매력적이고 아름다운 분이었다. 그런 분과 단둘이 개인 병실에 마주앉았다.

"광희 씨가 무척 힘들 것 같네. 젊은 날에 이런 고통을 당하니…."

수간호사님은 나를 지긋이 바라보면서 이런 말을 해주셨다. 나를 위해 기도해주시겠다고 하더니, 곧바로 무릎을 꿇고 앉아 기도해 주셨다.

'이런 분이 천사구나.'

나는 속으로 이렇게 생각했다.

"나도 안 좋은 일이 있었어. 임신이 안 되어서 우울했는데, 이젠 괜찮아. 기도 끝에 쌍둥이를 임신하게 되었거든. 광희 씨도 열심히 기도해봐. 힘닿는 데까지 도와줄게."

수간호사님이 웃으면서 이런 말을 해주시자 나는 마음이 녹아내렸다. 많고 많은 사람들 가운데 나를 이처럼 친근하게 대해주는 사람이 있다는 사실에 울컥 하는 기분이었다. 이런 마음은 실제로 겪어봐야 알 수 있다. 간호사나 물리치료사는 거의 나랑 나이가 비슷한데, 나는 항상 경계의 눈빛으로 '저 사람들이 나를 어떻게 바라볼까?' 하며 선입견을 가지고 대하는 편이었다. 너무나 뜻밖의 희귀질병으로 온갖 곤욕을 다 치르고 있기 때문일 터였다.

그런데 수간호사님 덕분에 그런 경계가 조금씩 누그러뜨려졌다. 입원하자마자 박차고 나왔던 서울의 K병원과는 비교할 수 없을 정도로 너무 너무 달랐던 것이다. 수간호사님에게 마음을 뺏겼으면 좋겠다는 엉뚱한 생각까지 들 정도였다. 매력이 넘치는 미인이 마음까지 예쁘니 금상첨화로 기분 좋은 분이었다. 그 후로도 수간호사님은 일주일에 한 번씩 나를 개인 병실로 불러 꼬박꼬박 기도를 해주셨다.

나는 물리치료와 함께 재활운동도 계속하였다.

병실 안에는 정신질환을 앓고 있는 환자분이 있었다. 그분은 정말 황당하고 이해하기 어려운 행동을 했다. 어느 날 밥을 먹다가 갑자기 일어나 화분 두 개를 들고 창문 밖으로 나가려고 했다. 3층이고 창살이 있었기 때문에 나갈 수는 없었다.

왜 밖으로 나가려고 하느냐고 물으니 방안에 물이 꽉 차서 밖으로 탈출해야 한다는 것이다. 나는 속으로 빵 터졌다. 그런 환각이 눈앞에 보이는 모양이었다. 그런 행동에 주변의 간병인 아줌마들도 말리며 소리를 쳤다.

"박 씨, 뭐하는 거야?"

그러면서 작은 화분을 받아 내려놓은 다음 손잡고 침대로 안내했다. 가만히 앉아서 텔레비전이나 보라고 한 다음 간호사 호출 버튼을 눌러 "박 씨가 또 이상행동을 해요." 하고 알렸다. 그러자 간호사가 주사기와 약을 들고 왔다. 주사를 놓아주자 박 씨는 순한 양처럼 가만히 누워 잠이 들었다. 약을 먹이곤 삼켰는지 확인하며 입안까지 들여다보고 갔다. 박 씨가 혀 밑에 자주 약을 숨겼다가 뱉어버리곤 했다는 것이다.

귀엽기도 했지만, 솔직히 좀 무섭기도 했다. 나처럼 혼자서 움직이지 못하는 환자에게는 위험요소이기 때문이다. 만약 그 사람이 불이라도 지른다면 마비 환자들은 탈출할 수가 없다. 무서운 경우가 아닐 수 없다.

박 씨는 새벽에 이불을 들고 나간 적도 있었다. 새벽 2시경 이불을 들고 나가는 모습을 종종 보았다. 나는 항상 멍하니 쳐다볼 수밖에 없었다. 나가고 나서 1시간이나 1시간 반쯤 후에 간호사가 박 씨를 끌고 온다. 역시 양손에는 이불을 들고 있었다.

그 모습이 참 귀엽기도 하고 무섭기도 했다. 간호사에게 물어봤다.
"박 씨를 어디서 찾아냈어요?"
"계단에서 쪼그리고 자고 있던데요."
어떤 환각이 그를 불러냈을까? 누가 잡아당기기라도 하는 걸까? 박 씨의 정신병 원인은 의식을 잃을 정도로 큰 교통사고였다고 한다. 그때 머리를 크게 다친 것 같았다.

몇 달이 지나자 또 다른 병원으로 이동하라고 했다.
이제는 질린다. 다른 병원 아니면 집에서 쉬고 오든지 해야 한다. 의료보험법 때문에 이동할 수밖에 없단다. 시간은 참 빠르게 흐르고 있었지만, 내 몸은 큰 변함없이 멈추고 있었다.
내 의지는 독하다. 후회할 까닭도 없다. 괜찮다고 속으로 소리쳤다. 엄마와 나는 짐을 쌌고, 다시 집에 돌아갈 준비를 했다. 수간호사님은 나를 따로 불러 성경책 한 권을 주면서 이런저런 얘기를 해주셨다.
"광희 씨, 용기 잃지 말고 힘내! 희망을 버리지 말고…"
수간호사님이 너무 고마워 모든 게 달콤하게 들렸다. 그냥 좋으니깐 "네, 네, 네~" 나도 모르게 자동응답기처럼 대답을 했다. 수간호사님은 냄새도 좋았다. 포근한 냄새, 착한 냄새 같았다. 아, 날마다 보고 싶은데 집으로 가니 이제는 못 본다. 그렇게 인사를 하고 마음에 드는 병원을 떠나 엄마와 함께 2006년 겨울 집으로 돌아온다.

유레카! 극복의 청신호

집에 오니 역시 기분은 좋았다. 물론 쉬려고 집에 온 것은 아니다. 나는 각오를 했다. 내가 나에게 스스로를 운동시키는 것이다. 내가 감독 코치를 맡는 것이다. 그리고 이제 병원은 가지 않을 것이다. 운동을 위해 나는 컴퓨터를 켰다. 나는 컴퓨터를 보고 내가 운동하는 데 필요한 장비를 구입하기 시작했다. 일단은 팔꿈치로 컴퓨터를 켰고, 빨대를 입에 물고 자판을 쳤다. 그래서 G마켓과 옥션을 둘러보고 유아용 안전매트 장판지를 구입했다. 이틀 만에 물건이 도착했다. 택배 주문하는 게 굉장히 재미있었다.

물건을 받을 때 나는 택배 기사에게 "마루에 던져 주세요."라고 소리쳤다. 손발이 움직이지 않아 물건을 받을 수가 없었기 때문이다. 택배로 받은 안전매트의 박스와 포장지를 뜯고 마루에 깔았다. 무언가 새로운 출발이 눈앞에 보이는 느낌이 들었다. 나는 매트를 예쁘게 펼쳐놓고 병원에서 챙겨온 환자복 차림으로 그 매트 위에서 김밥처럼 굴러다니기 시작했다.

정체도 알 수 없는 전신마비의 병을 앓은 지 2년이 지나서야 집에서 본격적으로 재활에 착수한 셈이었다.

이제 시작이라는 생각으로 먼저 내가 할 수 있는 것을 체크해본다. 당장 몸으로 해볼 수 있는 것이 구르는 일이었다.

애당초 구르기는커녕 겨우 혀를 움직여 리모컨을 켜던 수준에서 구르기까지 오는 데도 얼마나 오래 걸렸는지 모른다. 암담하게 느껴질 정도였다. 쓰러지기 전에 하던 웨이트 트레이닝을 떠올려보는 것만으로도 대단한 발전이다 싶었다.

운동하는 방법을 알고 있더라도 재활 쪽은 무(無)에서 시작하여 유(有)를 창조해야 할 상황이었다. 컴퓨터로도 재활에 대해 검색해보았다. 나 같은 전신마비의 경우는 거의 눈에 띄지 않고, 자료도 없다. 기본은 알아야 진행을 할 텐데, 오리무중이었다. 막상 나 자신에 대해 곰곰이 생각해봐도 답이 없는 상황이라 어떻게 문제를 풀어야 할지 딜레마였다.

그러다 보니 내가 할 수 있는 능력이라곤 혀를 굴려 리모컨을 누르고, 목을 좌우로 흔들거나 양쪽 어깨를 들썩거려 옆으로 구르면서 몸을 뒤집는 정도밖에 없었다.

이것이 그야말로 1단계도 아니고 0.1단계라고 해야 하나? 자칫 주저앉고 싶을 정도로 실망스러웠지만, 마음을 고쳐먹고 그냥 구르는 것만으로도 감사하자는 생각으로 일삼아 김밥 말듯 옆으로 몸을 굴렸다.

그렇게 구르면서 땀을 종이컵 두 컵씩 정도는 흘렸다. 환자복이 한 벌 더 여유가 있어서 구르는 중간에 갈아입었다. 하루 3시간, 6시간, 9시간 단계적으로 30분 운동, 30분 휴식을 원칙으로 정했다. 온몸에 충격이 가해지는 내 무게에 자극이 오기를 기대하며 천천히 아주 천천히 시작을 한다. 역시 숨넘어갈 듯 헐떡이지만, 살아 있으면 된다는 생각 하나로 버티고 버텼다.

이렇게 하면서 조금이라도 변화가 있고 발전된 느낌이 들면 다음 운동을 계획하고 준비도 했다. 너무 빨리 김칫국을 마시는지 몰라도 늘 결과를 상상하며 꿈에 부풀곤 했다.

"잘한다, 잘한다 ~~."

엄마가 이런 과정들을 보면서 응원을 해주셨다. 내 몸을 뒤집으며 구를 때마다 나이 서른 살의 갓난아이처럼 30년 전으로 돌아가는 느낌을 받기도 했다. 30년 전, 내가 태어나던 때의 행동을 다시 한 번 하게 되었다고나 할까. 마음 한구석이 먹먹했다.

엄마의 심정도 복잡하신 듯했다. 성인이 된 막내아들이 갓난아이처럼 옆으로 구르기를 하고 있는 모습을 지켜봐야 하는 부모의 마음이 어떠실까 싶었다.

시작부터 눈가에 눈물이 고인다. 다시 태어나면 지금 이 순간이겠구나 하는 생각과 더불어 '일어나서 뭐하지?'라는 생각도 했다.

그렇게 1주일, 2주일, 3주일, 한 달을 굴렀다. 그런데도 달라진 느낌이나 진전 상태는 전혀 없었다.

이렇게 3개월 동안 운동을 반복해보니 크게 느끼지는 못해도 뭔가 달라진 상황은 분명했다.

처음엔 살갗이 바닥에 닿을 때 찌릿찌릿 아팠는데 시간이 흐르자 단련이 되어 아픔은 사라졌다. 굴러도 피부가 따갑거나 아프지 않다는 것, 이것만 달라졌다. 석 달을 굴렀는데 얻은 것이 고작 피부의 느낌뿐이라는 사실에 욕심을 채우지 못하는 아쉬움이 사람을 미치게 만들었다.

하지만 그런 자극이라도 받기 위해 목에 연결된 척추부터 등에서 내려오는 허리와 골반까지 매일 뒤집기로 자극을 준다. 특히 중심 운동에 신경을 쓰면서 구르기에 열중하다 보니 어느 순간 살짝 몸을 옆으로 뉘어 새우처럼 말아 웅크릴 수 있었다.

좌우로 틀고 굽히고 애벌레처럼 말아주고 펴주고… 미친 듯이 반복해준다. 문득 생각해 보니 나의 의지와 더불어 신체에서 중심 운동의 중요성을 직접 느낄 수 있었다. 책을 읽은 적도 없었고 의학에도 관심이 없었던 나는 과연 어떤 기초운동이 좋을까 하고 생각해 보다가 중심 운동을 핵심으로 선택했는데, 이게 정말 적중했다고 판단한다.

나무의 뿌리부터 튼튼하게 해야겠다는 결론을 내려 손발은 무시하고 오직 중심의 중추신경 살리기에 집중했다.

아침부터 저녁까지 구르고, 말고, 펴면서 지냈다. 온몸에 골고루 충격을 주고 싶었던 것이다. 얇고 작은 신경들이 쭉쭉 뿌리를 뻗어 나가기를 기대하며 땀으로 승부를 거는 생활이었다.

옆으로 구르다 보니 큰방에서 작은방으로 이동할 수 있었다. 문지방을 지날 때는 문턱에 걸려 아프기도 했다. 조금 아프더라도 자극을 피하지는 않는다. 문지방을 구르다 보니 문지방 중간에 작은 구멍들이 사방팔방 여기저기에 보였다. 피부의 땀구멍처럼 생긴 구멍들을 보는 순간, 어렸을 때의 모습이 떠올랐다.

어린 시절 혼자 놀 때, 나무젓가락 앞쪽에 옷핀이나 못을 실이나 고무줄로 묶어서 다트를 만들고 그것을 문지방에 던지면서 놀았던 기억이 났다. 그래서 문지방에 작은 구멍들이 남아 있었던 것이다. 달력의 날짜도 맞히겠다고 다트를 던지며 놀았던 기억이 새로웠다. 큰방에서 작은방으로 몸을 굴려 문지방을 넘나들며 하루에 몇 십번씩 구멍들을 보곤 했다.

병상에 누운 지 2년하고 4개월째, 이제 앉은 채로 밀면서 이동할 수 있는지 시도해본다. 몸에 변화가 오면 생각도 변화가 왔다. 무엇인가 해보려 하고 가능하면 행동하려고 한다는 것을 깨달을 수 있었다. 첫 시도에서는 밀리지 않았지만 미끄러운 천을 바닥에 깔고 밀어 보니 밀리기 시작한다. 부드러운 천이 헤질 때까지 앉은 채 밀고 당기며 움직여 보았다.

단지 시간이 흘러서 가능한 것이 아니라 수없이 반복한 결과였다. 엄청나게 많이 구르면서 밀고 다녀서 얻어낸 변화였다. 환자복 바지의 엉덩이 부분이 누렇게 색이 뜨고 바랬다. 병원 이름도 흐릿해질 정도였다.

이런 연습을 하면서 언제 좋아질까 하는 것만 생각했지만, 큰 변화가 없어서 욕심을 접기도 한다. 관절 부분에서는 특히 기대했던 발전과 변화가 없었다. 그런데도 전처럼 괴로워하지는 않는다.

기대를 접으니 오히려 차분해지는 것이겠지만, 점점 내 마음이 편안해져 갔다. 나 자신에 대한 실망감이 줄어들고 있었다. 이젠 내 모습을 있는 그대로 받아들이게 된 것이다. 현실을 받아들일 줄 알고 보니 나보다 더 슬픈 사람도 있을 거라는 판단이 섰다.

'내 뒤에는 더 비참한 분들이 누워 계신다. 그런 사실을 잊지 말자. 그래 내가 대한민국의 꼴등이려니 하며 어디까지 가나 한 번 해보자. 더 이상 잃을 것도 없지 않은가.'

텔레비전이 유일한 친구였고, 컴퓨터가 웃게 해주는 대화 친구였다. 간간이 컴퓨터를 접속했다. 최대한 손가락이나 손바닥을 안 움직여도 될 수 있도록 자판과 마우스를 만져본다. 컴퓨터로 영화도 보고, 뉴스도 보고, 쇼핑도 했다. 아무하고도 이야기하지 못하고 이렇게 몇 달 몇 년 집안에서 내가 혼자 숨어살고 있다는 생각을 했다. 엄마와 누나, 조카는 볼 수 있지만, 맘속으로는 나 혼자 산다고 생각했다.

'그래 나 혼자 산다.'

성격도 급격한 변화가 오기 시작했다. 화도 잘 내고, 흥분하면 숨을 헐떡이고, 침을 자주 흘렸다. 침은 신경마비 때문에 어쩔 수 없이 흘리게 된다. 갓난아기처럼 턱받이를 할 순 없다. 꿈을 꾸면 현실과 똑같은 꿈을 꾼다. 꿈에서도 나는 움직일 수가 없다. 그래도 꿈에서는 아무 일 없었던 것처럼 그냥 생활할 줄 알았다. 꿈은 꿈이다. 의미는 없지만 꿈에서도 힘들었다. 반복하고 또 반복하는 노력 끝에 포복으로 바닥을 기어 다니기 시작했다.

또 하나의 목표, 엄마에게 웃음을 드리자

재활운동을 하면서 느끼는 바가 있다. 많은 환자들이 예전 모습으로 돌아가고 싶어 한다는 것이다. 누구나 같은 생각을 하겠지만 나는 이미 받아들이며 다짐하고 있었다.

'마냥 이렇게는 살지 말자. 뭔가 보여주고 싶다. 해보자. 엄마에게 웃음을 드리자. 희망은 분명히 있다.'

재활운동은 살고 싶다는 의지가 가장 중요하다. 이를 악물고 전진하겠다는 단호한 마음가짐이 절대적이다. 마음먹고 집중해서 내 몸을 살리겠다고 나서는 경우와 병원비 냈으니깐 어쩔 수 없이 운동한다는 경우의 차이는 엄청날 것이다. 살고 싶다는 의지가 강해야 자기 자신에게 도움이 된다는 것은 물어보나 마나다.

의식이 있다면 멍한 상태로 따라가지 말고 초(超)집중을 해야 한다. 오늘 하루 얻는 게 없더라도 반복 연습에 복습까지 한다는 각오로 나는 '해낼 수 있다. 나도 가능하다.'고 자기최면을 건다. 재활운동을 할 때는 항상 어금니를 악물고 해왔다. 너무 이를 악물다가 이빨이 부러져서 치과에서 치료까지 받을 정도였다. 치과에서 사연을 듣고는 고생한다며 무료로 치료를 해주기도 했다.

재활운동 계획표도 짜놓는 것이 좋다. 한두 달 운동해서 변화된 모습만 기대하지 말고, 내가 빼먹지 않고 잘해왔는지 체크하는 것도 중요하게 생각해야 한다. 나는 석 달을 기준으로 얼마나 발전했는지 평가를 했다. 이미 몸소 느꼈기 때문에 한두 달이 아니고, 석 달의 일정 안에 한두 달을 포함시켜 운동했을 뿐이다.

계획표를 짤 때는 '나는 할 수 있다.'는 강한 의지가 가장 중요하다. 이런 마음가짐으로 시작하여 스트레칭과 몸 중심 운동과 각 관절의 회전운동을 한다. 나는 관절 회전운동을 재활의 꽃이라고 생각했다. 움직이지 않는 손발과 모든 관절들을 직접 억지로라도 펴보고 접어보고 벽에다 밀어붙여 구부려 보겠다는 의지로 스트레칭을 했고, 오그라진 발가락은 벽에다 살짝살짝 밀어 보기도 했다. 이런 동작을 할 때마다 매번 느끼지만 속살들이 찌릿찌릿 찢어지는 느낌이 온몸으로 전달된다.

만약 온몸이 굳어 있다면 마사지를 해주는 것이 좋다. 마사지도 혈액순환에 효과적이고, 몸이 굳는 것을 방지해 주었다. 옆으로 구르고 새우처럼 말아주고 펴주고 천을 깔고 밀어서 이동해보고 이렇게 석 달을 꾸준히 반복연습을 했다.

이런 식으로 2년 7개월쯤 되면 솔직히 지루하여 지쳐버린다. 거의 3년을 채워가는 시간인데 이럴 때는 방법을 바꾸어 관절 굴리기 운동을 많이 했다. 몸을 말고 굴리고, 매트를 깐 채 몸통을 굴리고, 관절을 굴렸다. 운동도 재미가 있어야 지루하지 않기 때문에 아이디어를 많이 짜내야 한다. 의지가 있고 재미가 있어야 운동이 즐겁다는 말이다.

시간이 흘러 몸 상태가 살짝 좋아졌다면 처음부터 다시 시작해서 얼마나 능숙하게 시간을 단축시키는지 가늠해 봐도 괜찮겠다. 운동 시간이나 양을 줄일 수 있는지 확인할 필요도 있다. 점점 좋아지는 것을 몸소 느낄 때일수록 욕심을 버려야 한다. 욕심으로는 기대만큼 성과를 이루지 못할 뿐 아니라 스스로 좌절감을 맛볼 수도 있기 때문이다. 이런 느낌을 받을 때마다 항상 처음부터 다시 재활운동을 시작했다. 스물일곱 살에 전신마비가 와서 서른 살이 되었으니 3년을 채워가면서 '초심으로 돌아가기'의 원칙이라고나 할까.

아주 조금 발전했는데도 욕심 때문에 나태해지거나 의지가 약해지는 내 모습은 얼마나 실망스러운지 모른다. 조금이라도 좋아진 모습에 감사할 줄 알아야 하는데, 미련하게도 불성실해지는 것이다. 스스로 자극을 주고 의지를 다지기 위해 병원에서 가져온, 목구멍 속에 넣었던 호흡기를 재활 연습을 할 때 꺼내놓기도 했다.

'이렇게 좋아졌는데 욕심을 부려?' 하고 자세를 가다듬는 것이다.

한 달, 석 달, 그리고 반년, 1년…시간이 흐르는 것을 두려워하면 안 된다고 생각했다.

'속상해도 참아라. 그래야 다음 산에 올라갈 수 있다. 산 하나만 정복하고 말 수는 없다. 나는 여러 개의 산을 넘어야 한다.'

이런 생각도 필요하다. 천천히 넘으면 되니까, 아무리 많은 산이라고 해도 급할 것 없다는 자세로 기어서라도 올라가자고 생각하면 된다. 그런 각오라면 한 달, 석 달은 잊어버리고, 계절 단위로 계산하게 된다. 밥을 잘 먹고 체중도 늘리면서 살이 빠지지 않도록 해야 한다. 비만은 정말 위험했었다. 적당하게 식단을 관리하는 계획도 짜놓는다. 야채, 육류, 탄소화물 가리지 말고, 일단 좋은 음식 잘 먹고 본다.

내가 나를 버리지만 말자

전신마비도 그렇고 마비 환자들은 대개 몸이 차갑다. 장애가 없는 보통 사람들과는 땀의 분비도 다르고 운동으로 흘린 땀도 금방 식어버리는 느낌이다. 운동을 과도하게 하다 보면 열이 나고 땀이 나게 마련인데, 특히 몸살을 조심해야 한다. 금방 식기 때문에 옷도 빨리 갈아입어야 하고 체온 조절도 잘해줘야 한다.

재활을 하다 몸살 때문에 며칠씩 고생하며 앓아눕기도 했다. 몸살에 걸리면 밥맛도 없어지고 재활운동도 하지 못하기 때문에 온종일 이불 속에 누워서 떨기 일쑤다.

이런 경험이 있어서 오버 페이스를 조절하는 적당한 운동 방법으로 꾸준히 반복하며 몸을 이용하는 중량운동에 도전할 수 있게 되었다.

호기심을 가지고 어깨와 팔뚝을 이용하는 단계로 도전해본다. 그런데 시간이 너무 오래 걸린다. 이게 참 무섭다. 향후 발전할 시간을 짐작해 보면 무척 더디고 너무 머나먼 여행이다. 늙어서야 끝을 보려나. 이제는 시간도 바람처럼 흐르는 것 같았다. 시간이 그냥 소리 없이 시냇물처럼 졸졸졸 흐른다. 참, 내 인생 재미없다. 멍~하다. 그래도 운동은 반복했다.

'내가 봐도 답이 없으니 내가 답을 만들어보자. 그래, 운동은 꼭 하자. 도전하자. 죽었다 살아난 목숨 끝장을 보자. 아~세상아!'

나는 매일같이 외우고 또 외웠다. 앞만 보자고 다짐했다.

난 다시 태어난 것이다.

'누구도 나를 도와주지 못해. 내가 나를 버리지만 말자.'

중간 중간 우울증이 살짝살짝 오기도 했고, 버럭 화를 내기도 했지만, 점점 그 화도 줄어들었다. 3년 지나고 초봄, 유아용 홈 매트 위에서 이제는 엉금엉금 포복으로 기어 다니기 시작했다. 틈만 나면 포복을 했고, 아침부터 저녁까지 계속 반복하였다. 엄마가 안방에서 문을 열고 나를 지켜보셨다.

"그래, 지치고 힘들어도 해낼 수 있다는 것을 악착같이 보여줘."

엄마의 말씀에 나는 이런 말을 했다.

"내가 누군지 꼭 보여줄게요. 다시 일어나면 내가 누군지 다시 한 번 확인시켜 줄게요."

온 얼굴이 땀으로 범벅이 되어 턱밑으로 흘러내리고, 등에서 허리까지 흐르기 시작했다. 나는 이 땀과 노력이 배신하지 않기를 바랄 뿐이었다. 그렇게 반복에 반복을 했다. 넘어야 할 산이 너무 많았다.

기어코 나는 한 가지를 터득한다. 나의 반복된 중심 운동으로 몸속 어디선가 굵은 뿌리에 자극이 왔다는 사실을……. 포복에서 골반에 간질간질한 자극이 와서 집중적으로 골반을 끌어올려 보려고 힘을 써본다. 내일도, 모래도 계속 자극이 오도록 반복하여 신호를 보내본다.

골반에서 허벅지와 무릎까지 움직여보려고 하는 아지랑이 자극을 연습해보니 살짝 미동이 온다.

그것만으로도 그냥 아무 이유 없이 감사하다. 죽어라고 했는데 살짝 아지랑이 반응… 어쨌든 이렇게라도 탄력을 받아 시간 가는 줄 모르고 더 열심히 해야 한다. 이때가 재활운동이 잘 받는 느낌이 든다. 나는 정신 나간 놈처럼 운동을 했다. 엄마가 걱정하시기도 했다. 그만하라고, 멈추라고, 그러다 몸살 난다고도 하셨다.

지금까지 몸 상태를 보면 어깨 아래 팔꿈치까지는 미동이 있고, 팔꿈치에서 손가락 끝까지는 움직이지 않으며, 하체는 허리까지 움직이는데 골반 아래 허벅지 중간정도까지 미동이 있는 상황이라고 보면 된다. 옆으로 앉아서 소변을 본다고 생각하면 된다.

오랜 포복 연습으로 힘이 붙기 시작한다. 조금씩 전진하는 속도도 붙었다. 허벅지가 땡땡하고 계속 몸이 근질거려 운동시간도 늘려 보고 해가 졌는데도 텔레비전을 보면서도 계속했다.

나는 두 손으로 휠체어 손잡이를 잡고 무릎으로 밀어 기어 다닐 수 있었다. 상체를 휠체어에 실고 무릎으로 밀고 다녔다 그래서 무릎에 힘이 붙었다. 마루에서 오락가락 반복 연습을 했다. 무릎이 시뻘겋게 변했다. 그래서 무릎에 보호대를 감았더니 아프지는 않다. 얼마나 많이 왔다 갔다 했으면 무릎이 아팠을까. 무릎에 피멍이 들고 무릎의 살들이 딱딱하고 얼얼하다.

아침 먹고도 운동, 점심 먹고도 운동, 저녁 먹고도 운동, 나는 여러 가지 새로운 운동까지 찾으며 운동에 매달렸다. 자꾸 자극을 주고 싶어서 어떤 새로운 운동이 있을까 계속 고민을 했다. 한 번은 누나에게 전화를 걸어 잠깐 집에 좀 와 달라고 하면서 오는 길에 리어카 박스를 감을 때 쓰는 고무줄을 철물점에서 사다 달라고 부탁했다. 누나가 이 검정색 고무줄을 어디에 쓸 거냐고 물었다. 나는 웃으면서 대답했다.

"내가 새로 개발한 운동에 필요한 장비야."

고등학교 교련시간에 쓰던 탄띠가 있었다. 나는 탄띠를 허리에 차고 고무줄을 동서남북으로 묶은 다음 문지방에 설치한 철봉에 연결하여 앉았다 일어나기 운동을 할 것이라고 누나에게 설명했다. 누나는 좋은 생각이라고 칭찬을 아끼지 않았다. 문지방의 철봉에 묶인 고무줄은 탄력도 좋았다. 나는 앉아서도 팔뚝을 걸어 잡아당기는 연습까지 할 수 있다고 설명했다. 팔뚝 아래로는 감각이 없어 팔뚝으로만 사용할 수 있다고 덧붙였다

처음에는 누나가 옆에서 잡아줬다. 생각보다 힘들고 몸도 아팠다. 오랫동안 서 있어 보지 못한 근육을 움직이니 찢어질 것 같은 팽팽한 느낌이었다. 새로운 운동 방법으로 나는 활기가 넘쳤다. 잡아주고 일어날 때는 건축

현장에 기둥을 세우는 느낌이다. 알딸딸하다고나 할까. 다시 앉으면 편안하고, 서 있는 것이 불안한 그런 느낌이다. 몸으로 느껴진다.

이것은 너무 빠른 운동 연습이지만, 지루할 때 한 번씩 하면 내가 일어난다는 사실에 동기부여가 되기도 했고, 난 할 수 있다는 자신감이 넘치기도 했다. 그런데 나는 이 운동이 하체가 체중을 밀어내서 서 있게 하는 중량감 높은 운동이란 것을 이미 알고 있었다. 어쩌다 한 번씩 지치고 지루하고 우울할 때면 기분전환을 위해서나 고지가 코앞에 있는 것처럼 착각하게 하고 희망을 주는 마인드컨트롤을 위해 이 운동을 했다. 내가 나에게 동기를 부여하거나 자극을 줄 수 있었던 한 부분이었다.

바닥에 양반다리로 앉아 문지방 철봉의 고무줄을 팔뚝에 걸어 잡고 허리를 접었다 폈다 중심 반복운동을 했다. 운동을 하다가 문득 내가 나이를 먹고 이런 걸 하고 있으니 동갑내기들은 이미 저 멀리 달리고 있겠지 하는 생각도 자주 들었다. 그래서 더욱 이를 악물고 땀 흘리면서 내 몸을 쥐어짜듯 했다. 나는 속으로 나에게 질문도 자주 던진다.

'너~뭐하는 놈이야?'

내 질문에 나는 제대로 대답을 하지 못했다. 웃긴다.

'그래 난~ 바보다. 그래서 이런 걸 한다. 오랫동안 써보지 못했다고 이렇게 안 움직이나? 기억을 못 하는 것 같다, 내 몸이 내 몸을.'

과거에 어떻게 했느냐고 물으면 내 몸은…대답이 없다. 계속 잠을 자고 있어서 깨운다. 나는 멈추지 못한다. 엄마에게 미안하고 죄송해서. 내가 여기까지 왔는데 죽을 수도 없는 것이다. 배수진으로 강을 등지고 적과 싸워서 이기느냐, 물에 빠져 죽느냐 하는 생각이 들곤 한다. 나를 버리고 살아야 해서 나는 새 생명을 얻은 거라고 판단했다.

비록 몸은 버려졌지만, 정신만은 버릴 수가 없는 것이다. 이것까지 버린다면 극단적인 선택을 할지도 모른다.

시간을 두려워하지 말아야 한다. 미래를 두려워할 수도 없다. 모든 생각이 변하기 시작했다.

나에게 희망을 가지기보다는 내가 스스로 변할 수 있다고 주문을 걸어버리는 것이다. 도전도 실패도 두렵지 않다고 연습하는 것이다.

'그래, 내 생각을 바꾸자. 내가 스스로 변하자. 받아들이고 흡수하자.'

나는 오기로 내 몸을 실험한다. 어쩔 수 없는 상황이다.

'영화에서는 주인공이 극복하고 일어나서 대반전을 일으키고 성공을 이루는 클라이맥스 장면이 연출되는데, 나에게도 그럴 일이 있을까? 나에게 그런 찬스라도 올까? 이 일이 정말 로또보다 빡센 것일까?'

여러 가지 생각이 오간다. 하지만 나는 현재진행형으로 계속 연습을 하고, 땀을 두 컵쯤 빼고, 옷 두 벌 갈아입으며 내 몸을 혹사시켜 본다. 이러다 쓰러져도 후회는 없다. 내 몸을 담보로 지옥까지 가보자. 이보다 더할 수 있을까. 이젠 이런 것도 반복하니 굳은살만 생긴다. 굳은살이 생긴 팔꿈치, 무릎, 손바닥이 갈라져 피가 자주 난다.

이제는 이런 일상이 몸에 배어버렸다. 중간 중간 나태해지면서 포기하고 싶어진다. 하지만 엄마를 생각하며 도전을 계속한다. 주말은 쉬었다. 나도 사람이니까. 근육과 신경들도 쉬어야 한다. 재활운동하면서 너무 몸을 과하게 혹사하지 말라고 의사가 나에게 주의를 주었다. 오히려 신경에 안 좋을 수도 있다는 것이다.

가정에서 할 수 있는 다른 방법으로 전기 운동치료는 신경 자극을 해주는 전기 패드로 내 몸에 자극을 주기도 해본다. 신경에 문제가 있으니 전기 자극도 피부 껍질에만 오고, 정작 나의 신경들은 반응이 없다. 정상의 몸이면 전기 자극에 반응을 할 텐데, 신경이 마비되면 반응이 없다. 나도 반응이 없었다. 전기 자극이 아프기만 했지만, 그래도 관절 운동할 때부터 도움이 될지도 몰라 자주 전기 자극을 하고 체크하며 반응을 보았다. 큰 변화는 없었다.

운동을 쉬는 날은 컴퓨터를 하거나 텔레비전을 봤다. 앞으로 좋아질 것이라는 생각도 자주 하기로 했다. 그런 생각까지도 연습을 했다.

고무줄 연습도 지쳐갔다. 지겹다고 느낄 때 나는 운동 방법을 변경했다. 휠체어를 이용한 연습도 해보았다.

마루에서 휠체어를 정면으로 바라보며 무릎 보호대를 찬 무릎을 꿇고 휠체어 손잡이를 잡은 채 무릎으로 S자 걸음을 걷는 연습이었다. 왔다 갔다 전진과 후진, 반복에 반복…안전상 위험하진 않다. 고무줄 잡고 서 있는 운동 역시 안전성을 고려하여 주변에 이불을 깔았다. 무릎으로 이동하는 연습은 생각보다 많은 변화가 필요했다. 보호 장구에 의지하여 이동하지만, 이동이 가능하면 환자의 기분도 변하게 마련이다.

3년째 초봄부터 포복, 고무줄 당기는 연습, 무릎으로 휠체어 잡고 이동하기 등 거의 6개월 동안 집중적으로 관절운동을 반복한 끝에 나는 이제 스스로 이동하는 환자가 되었다.

3년 6개월 지나는 동안 조금이나마 발전한 셈이겠는데, 당연히 재활에 결사적으로 매달려온 결과다. 그리고 계속 내 몸속에 숨어 있는 자물쇠 수백만 개를 여는 열쇠를 하나씩 찾아본다. 아주 천천히….

하나라도 열리면 내 몸이 변한 것이고, 그러면 다음 자물쇠를 찾아본다. 나는 내 몸이 아주 조금씩 변할 때마다 마음속으로 '찾았어! 알 것 같아. 유레카!' 이렇게 외쳤다.

자극의 시발점은 의지와 열정과 노력, 그리고 굳센 집념이 필요했고, 두 발로 걸어 집 밖으로 나가겠다고 한 나 자신과의 약속을 구구단처럼 외쳤다. 자존심과 자존감이 강해야 했다.

친할머니가 먹을 것을 사 들고 오셨다.
건장한 사람이라면 20분 걸릴 거리를 2시간 반도 더 걸려 걸어오신 할머니께 죄송스럽다. 오랜 시간 걸어오신 할머니를 봐서라도 후딱 일어나서 뭔가 보여드리고 싶은데, '으악~' 난 보여드릴 게 없다. 할머니는 나랑 엄마랑 셋이서 얘기하시며 내 몸을 주물럭~주물럭~ 주물러주셨다. 그러시곤 저녁 식사도 안 하시고 곧바로 집으로 돌아가셨다. 나의 피와 땀이 나중에라도 이런 일들에 대해 대답해줄 거라고 믿는다.
'넌 할 수 있어. 제발 일어나 줘~!'

이렇게 또 시간이 흐른다.
내 몸은 무릎 아래로 종아리 발목부터 발끝까지 굳은 채로 살이 빠져 있어 뻣뻣해 보이는 상태다. 종아리는 나이 든 노인의 종아리처럼 얇고 길다. 무릎에서 허벅지까지는 깔때기 모양이다. 허벅지의 골반 쪽은 넓고, 허벅지 중간에서 무릎까지는 가느다랗다. 허리는 전보다 살이 붙었다. 허리 위로 상체는 노인의 상체처럼 살이 처져 있다. 고도비만에서 급하게 살을 빼면 살이 처지는 현상처럼 보면 되겠다.
어깨에서 팔꿈치까지는 미동이 있고, 팔은 노인네 팔처럼 힘이 없다. 근육은 아예 눈에 보이지도 않고, 줄자로 팔 둘레를 재보니 초등학교 4학년 팔 굵기쯤 되는 느낌이다.
전체적으로 배만 볼록 나온 살 빠진 노인의 모습을 떠올리면 되겠다. 그나마 배라도 나와서 다행이다. 어쨌거나 살이 빠지면 안 된다.
손바닥에는 살이 없어 얇고 손등은 혈관이 안 보이는 상태다. 손을 펴 보면 구부러져서 오그라든 형태다. 의사들은 내 손만 만져 봐도 신경이 안 좋다는 걸 금방 알아차렸다. 얼굴 표면에 마비가 있어 주름이 없고 눈 주변도 마비 증세가 있어 눈가엔 주름이 없었다. 살짝 말을 급하게 하면 숨이 차고 입이 일그러지며, 양치질하고 입을 모아 헹굴 때는 제대로 뱉지 못하고 아래로 흘러내렸다. 이런 정도인데 숨만 쉬는 것도 행복 아닌가.

넌 누구냐? 뭐가 문제냐?

나는 바깥 날씨도 확인한다. 역시 날씨가 우중충하면 내 몸도 우울했다. 먹구름이 끼고 우중충한 날일수록 너무 힘들었다. 지금 생각해 보니 그때가 절정이었던 것 같다. 나는 그날 굉장히 우울했다. 먹구름이 끼고 우중충한데, 그날따라 집에는 아무도 없었다. 그날은 나도 모르게 하루 종일 자살에 대해 많은 고민을 했다.
어떻게 하면 깔끔하게 죽을 수 있을까?
혼자서 몇 시간에 걸쳐 고민하며 기어 다니던 나는 작은 방에 있는 큰 거울에 비친 내 얼굴을 보았다. 표정이 굳어 있었다.
표정이 심상치가 않았다. 원래 내 얼굴이 아니라 다른 사람의 얼굴이 보였다. 나는 나에게 질문을 던졌다.
'넌 누구냐? 왜 그러고 있냐? 뭐가 문제냐?'
불쌍한 짐승이 거울 반대편에 앉아서 나를 마주 바라보고 있었다. 나는 순간 자살 충동을 느꼈다. 나는 우울증 때문에 약을 먹어본 적이 없었는데, 지금 와서 생각해 보면 그때는 약이 필요했던 것 같다.
얼굴의 표정이나 몸도 경직되어 있고, 인상을 쓰거나 웃어보아도 얼굴이 자연스럽지 않았다.
나는 순간 창살을 쳐다보았다. 작은 방의 창문에 설치되어 있는 창살을 쳐다보면서 나는 넥타이로 목을 매고 싶었다. 하지만 나는 침대 위로 올라갈 수가 없어서 창살에는 닿을 수조차 없는 상황이었다. 그래서 순간적으로 손목을 칼로 그어 버릴까 하는 생각도 했다. 화장실에서 물 틀어놓고 손목을 그어 버리면 타일 바닥 위에 빨간 피가 퍼져나갈 거라고 상상했다.
'엄마가 돌아오셔서 그 모습을 보신다면 기절초풍을 하시겠지.'
나는 엄마가 그 피를 어떻게 닦아내실까 하는 것도 상상해봤다. 그런 상상만으로도 자살은 엄두가 나지 않았다. 오열하면서 피를 닦아내실 엄마를 생각하면 차마 하지 못할 일이었다.
'어떻게 하면 깔끔하게 죽을 수 있을까? 어떻게 하면 주위 사람들 괴롭히지 않고 빨리 마무리를 지을 수 있을까.'
삶에 희망은 없었다. 하늘도 내 편은 아니었다. 이런 심정을 누구에게도 말할 수 없는 상황이었다. 거울 속의 나를 바라보고 눈물을 흘렸다. 거울 저편의 짐승도 울기 시작했다. 살려달라고 말을 하진 않았다. 그냥 주룩주룩 눈물만 흘렸다.

이렇게 나는 오전 9시부터 저녁 9시까지 종일 고민에 빠져 있었다. 오늘은 밥 대신 눈물을 먹었다. 늦은 밤까지 거울 속 짐승과 나에 대해 생각에 생각을 거듭했다.
'계속 도전해 볼까? 안 돼도 그냥 오기로 계속해 볼까? 진짜 죽었다고 생각하며 끝장을 볼 때까지 나를 한 번 내던져 볼까?'
365일 집안에만 있으니 당연히 이런 일이 닥칠 줄 생각하고 있었다. 그런데 아무도 날 도와주지 않는 상황에서 나 혼자 스스로 이겨낼 수 있을지 미궁에 빠진다.
그렇게 새벽이 오고 아침이 온다. 오늘 하루를 버리고 만다.
몇 달이 묶인 한 덩어리의 산을 간신히 넘는 나에게는 역경이 너무나도 크지만, 내 앞에는 여러 개의 산이 한 묶음으로 놓여 있다.
고작 한 묶음 또는 열 묶음의 산을 넘어도 내가 넘어야 할 산은 끝이 없다는 것을 알아버렸다.

하지만 쓰러질 수는 없다. 전진, 돌격, 계속 전진, 피를 흘리며 쓰러져도 전진, 싸움에 지더라도 전진, 부러져도 전진, 찢어질 것 같은 살이 아물기 전에도 전진, 오로지 전진이었다.

그렇게 나 자신을 잃어버리는 상상을 가끔 하게 된다.
마음을 정리하여 다잡고 방문도 잠근 채 다시 연습을 시작한다. 집에 있는 도마를 벽에 대고 경사운동으로 뒤꿈치와 종아리 재활 운동 연습을 했다. 책상 사각 지팡이를 팔로 지탱하며 그냥 서 있는 연습을 하고, 경사는 15도 30도로 연습을 하니 종아리부터 발바닥과 뒤꿈치에 피가 쫙 퍼지는 고통의 느낌이 든다.

서 있는 뒤꿈치는 도마 위에서 10센티미터 정도 떨어져 떠 있다가 서서히 내 체중의 무게 때문에 뒤꿈치가 내려와 도마에 살이 닿는다.

피가 찌릿찌릿 돌고 있는 느낌과 스트레칭 효과를 체험한다. 걷지는 못해도 경사에 서 있는 연습인 셈이다. 서 있지 못하더라도 일부러 서 있는 기분이라도 주기 위해, 종아리와 뒤꿈치 스트레칭을 위해 나는 계속 전진을 한다. 반복, 또 반복이었다.

이렇게 2개월의 시간이 또 흘러 3년 8개월째가 되었다.
고무줄 없이 가구와 책상을 잡고 일어서는 연습을 한다. 서 있는 연습을 해보고 싶어 에너지를 써야 하고 움직여야 하는데, 이동하는 과정들과 고통의 시간 속에서 계속 산을 넘다가 하나를 발견한다.

'내가 산을 넘기는 넘었어. 모르고 있었던 거야.'
엄마는 내가 이러는 것을 보신 적이 없다. 내가 운동하는 모습을 잘 보여드리지 않았다. 방에서 혼자 운동을 했으니 아실 수가 없었다.

일어섰다가 벽에 기대고 있었는데 힘없이 옆으로 쓰러졌다. 182cm의 거구가 침대 모서리 부분을 등지고 쓰러진다. 거대한 빌딩이 옆으로 눕는다.

내 등 쪽의 척추 부분이 모서리를 사정없이 몸무게로 짓누르면서 긁어 내려가자 빌딩이 부서지지는 않고 쓰러져 버린다.

집안 식구 누구에게도 말할 수가 없었다. 새벽 2시에 엄마를 깨우고 싶지도 않았다. 옆으로 쓰러진 나는 눈물이 핑 돌아 눈물을 흘리고 말았다. 가구 모서리가 척추를 뚫고 몸속으로 들어오는 줄 알았다. 그렇게 한참을 옆으로 누워 있었다. 그러다 잠이 든 모양이었다.

아침에 눈을 떠보니 방에 텔레비전은 계속 켜져 있었고, 나는 침대 옆에 눕혀져 있다. 등을 만져보니 얼얼하고 땡땡했다. 부었다는 것은 알 수 있었고, 땀을 많이 흘려 푹 젖은 면티가 아직도 마르지 않았다. 조심스럽게 움직여보며 몸을 체크한다. 척추가 부러지지는 않았다, 안도의 한숨을 내쉰다. 다행이다.

마비 환자의 부상은 심각하게 위험하다. 다치면 회복할 때까지 더 긴 시간을 싸워야 한다. 내가 큰 실수를 한 것이다. 보호자가 보고 있는 눈앞에서 행동해야 했는데, 아무런 대처도 하지 못할 행동을 했기 때문이다. 이건 위험천만한 행동이었다.

엄마가 아침밥을 먹자고 방문을 두드리셨다. 기어가서 방문을 열어드렸다. 엄마는 내 등을 보시더니 갑자기 울음을 터뜨리셨다.

"엄마 왜 울어?"

엄마는 대답 대신 되물으셨다.

"너 어제 뭐 했어?"

"그냥 TV 봤는데?"

"그게 아니야. 너 어제 뭘 하긴 했어."

"아니, 나 한 거 없어."

"너의 등과 엉덩이까지 온통 피로 젖어 있어. 아직 마르지도 않았고."

알고 보니 식은땀이 아니라 피였다. 피를 많이 흘려서 갑자기 잠이 쏟아졌던 것 같았다. 졸려서 잠에 빠진 것이 아니라 피를 많이 흘려 잠들었다는 것을 알았다. 정말 위험했다는 사실에 두 번 다시 미친 짓은 하지 말자고 다짐했다. 이후로 안전조치 없이 돌발 행동이나 충동으로 과감한 운동을 하지는 않는다.

엄마는 재빨리 피에 젖은 면티를 벗기시고 등이 얼마나 찢어졌는지 확인을 하신다. 제법 많이 찢어진 것 같은데, 감각이 없었다. 그나마 꿰매야 할 정도는 아니었다. 길게 상처가 났지만, 병원에 갈 수도 없었다. 엄마가 흉터 연고와 소독약을 사 와서 등을 치료해 주셨다. 나는 이런 멍청한 짓 하나 때문에 딱지가 생길 때까지 2주 이상 엎어져서 잠을 자야 했다.

다시 보기로 <미안하다 사랑한다> 드라마를 앉아서 보며, 일어나고 싶은 욕망을 가지고 발로 책장을 미는 연습을 한다. 드라마 한 편이 끝나면 45분 연습이 끝났구나, 하고 '하체 운동 끝' 하면서 팔로는 벽을 밀어주고 다음 편 드라마를 시청했다. 드라마 12부작도 이렇게 매일 반복 연습을 하면서 봤다. '미국드라마'도 얼마나 많이 봤는지 모른다. 드라마 보면서 운동을 했는지, 운동하면서 드라마 봤는지 잘 모르겠다.

나는 장롱의 이불을 총동원하고 베개까지 가져와 주변을 에워싸고 또 다시 일어나기 연습을 해본다. 전보다는 덜 힘들었다. 주변에 의자까지 여러 개를 놓고 방어막을 만들어 쓰러져도 내가 걸칠 수 있게 했다. 혹여나 발목이나 발가락이 부러질 수도 있으므로 최대한 많이 걸쳐 놓아야 했다. 또 다시 부상을 당할 수는 없었다.

엄마 좀 그만 우시게 하고, 기쁨을 드리고 싶었다. 이렇게 다짐하며 이 재활 연습에만 3년 11개월째까지 3개월 더 매달렸다. 또 한 번 쓰러졌지만, 이불과 의자가 나를 막아주었다. 보험 들고 운동한 기분이랄까. 내가 왜 이 방법을 몰랐을까 생각했다.

엄마가 나를 올려다보셨다

계절은 저 혼자 잘도 흘렀다. 병상 3년을 훌쩍 넘어 하반기를 지나 4년째를 향하고 있다. 어느 날 나는 보호 장비 없이 책상과 벽을 잡고 일어난 다음 엄마를 힘차게 불렀다.

"엄마 잠깐 작은 방으로 와 봐!!"

항상 나를 내려다보시던 엄마가 눈을 위로 뜨고 나를 쳐다보셨다. 그동안 내가 바닥에만 있었으니 날 내려다보시는 게 당연했다.

하지만 이날은 엄마가 나를 위로 쳐다보셨다. 당연히 내 키가 더 크니까. 엄마는 소리를 지르셨다.

"야, 너 일어났어?"

엄마를 또 울렸다. 나도 속으로 울었다.

"그동안 너무 고생 많았어."

엄마가 나에게 말씀하셨다. 하지만 나는 알고 있다. 아직 산을 완전히 넘지는 못했다는 것을. 그나마 그렇게라도 보여드림으로써 엄마에게 기쁨을 선사한 셈이었다. 이렇게 할 수 있는 모습만으로도 많은 발전이 아닌가. 앞으로도 넘어야 할 산이 여러 묶음, 산 넘어 산이라는 사실이 진짜 먼 나라 딴 세상 별나라 이야기 같다.

나는 사각 책상 지팡이를 인터넷으로 주문해서 집에서 연습할 다음 계획을 세운다. 의자 위에 내가 앉아 있고 의자 앞에 사각 지팡이를 두었다. 나는 지팡이를 짚고 의자에서 일어나는 연습을 했다. 바닥에서 바로 일어날 수는 없었다. 의자까지 기어 올라간 다음에 앉아서 일어나는 연습을 했다.

연습은 거의 똑같다. 종일 이것만 연습하는 것이다. 운동 시작하기 전에 항상 스트레칭도 했다. 운동의 꽃은 확실히 스트레칭이다. 그런 다음 재활 운동이다. 양쪽 인생을 살아 보니 재활 운동이 일반 운동보다 10배는 더 힘들다. 이것도 다 경험이다.

경험해본 사람들은 말할 수 있고 느낄 수 있다.

일어나면 서서 하는 일 중 가장 먼저 해보고 싶은 게 있었다.

소변보는 일이었다. 항상 앉아서 누워서 소변을 보니 굉장히 답답했다. 간신히 화장실에서 오줌 누던 기억을 더듬어보니, 일어서서 소변을 볼 때 변기 속의 물에 떨어지는 오줌 소리가 소나기처럼 들려왔다. 댐을 방류하듯이 시원한 느낌이었다. 몸속의 내장에 빠져나가는 기분이었다. 이걸 보고 듣고 느끼고 싶었다. 아주 시원하게 방출할 때의 느낌은 모든 찌꺼기가 씻겨 내려가는 기분이랄까.

그렇게 재활에 매달리고 있던 어느 날, 누나에게 얘기했다.

"누나, 지팡이 두 개만 사다 줘."

지팡이를 양손에 잡고 마루를 걸어 다니는 연습을 상상했다. 나는 이렇게 이미지 트레이닝을 미리 해버렸다. 그리고는 실제로 지팡이를 짚고 2개월 지나 3개월 넘게 걷는 연습을 하게 되었다. 그리고 가방 안에다가 페트병을 담아 병에 물을 조금씩 더해 무게를 늘린 후 걷는 연습을 하게 되었다.

이 방법도 많은 고민과 연구 끝에 나온 결과다. 온몸에 힘을 내리기 위해서는 물병을 이용해야겠다고 생각했다. 이것 또한 시간이 흘러 다섯 개까지 물통에 물을 담게 되었다. 1.5리터씩이니 어마어마한 기록이다. 그런데 이렇게 다섯 병을 몸에 매고는 다녀도 나는 뛰지 못하고 점프도 하지 못했다. 고장 난 부위가 많기 때문이다. 신발 벗는 신발장 앞에서 나는 사각 지팡이를 짚고 한 칸씩 올라갔다 내려갔다 올라갔다 내려갔다 반복한다.

아침부터 저녁 해가 질 때까지 내 모든 운동 방식은 월-화-수-목-금 매일 9시간씩의 운동은 기본이 되어 버렸다. 3시간씩 세 가지, 스트레칭과 근력 운동과 걷기 운동을 했다.

3시간 운동 안에서는 30분 운동, 30분 휴식. 3시간 묶음 운동 후에는 추가 30분 휴식. 이걸 하루에 세 번 반복하는 것이다.

3시간 30분씩 3묶음…나는 이걸 3-3-3 운동이라고 내가 명명하고 내 몸에 맞는 재활 운동이라고 정리를 했다. 토요일 일요일 주말은 휴식을 취했다. 직장인만 월요병이 있는 게 아니라 재활 운동을 하는 나 역시 돌아오는 월요일이 두렵기도 했다.

나에게는 정말 힘든 운동이었다. 몸이 정상일 때는 30분~40분 운동에 10분 휴식하는 방식으로 운동을 했는데, 재활 운동은 그게 아니다. 아침 9시에 시작하면 저녁 9시에 끝이 났다. 옷은 2벌 또는 3벌을 갈아입는다.

이렇게 해서 여기까지 왔다. 이가 갈리는 연습이었다.

지나치게 피로가 쌓이면 운동을 멈췄다. 정말 중요한 부분이다. 스트레스가 있으면 그날은 반드시 쉰다. 스트레스가 몸에 가장 안 좋다는 것을 알고 있었다. 처음부터 지금까지 내가 시작했던 모든 운동은 내가 내 몸에 맞도록 만들었던 방법이고, 내 체질에 맞도록 조정하는 과정을 거쳤다.

엄마가 이런 모습을 보시면서 이런 말을 하셨다.

"네가 참 독한 새끼다."

당연하다. 나는 그때 결정을 했다. 자살보다는 끝장을 보기로 내 목숨은 생각보다 질기다.

소중하다.

헬스장 다니려고 누나네로

봄, 여름, 가을…겨울, 또 시간이 4년을 훌쩍 지나 봄으로 흐른다.

내 몸에 자신감이 생겨서 누나네 집 앞 헬스장에서 운동하고 싶다고 얘기했다. 좋아졌다는 뜻과 함께 자신감이 생겨 말한 것이다. 지금까지 몸 상태는 밀면 넘어지고, 대중교통도 혼자 이용할 수 없었으며, 보호자가 항상 옆에 있어야 했다.

　병원에서 재활을 하게 되면 치료비가 너무 많이 들어서 감당할 수 없기에 나는 이런 결정을 한다. 누나네 집에서 석 달간 지내기로 한다. 헬스장도 석 달 치를 끊었다. 나는 헬스장 갈 때 누나와 같이 걸어갔다. 지팡이를 들고 아주 천천히…. 헬스장을 방문할 때는 너무 창피해서 아침 일찍 갔다. 6시 반에 누나가 잡아주면서 걸어가 헬스장에 도착하면 누나에게 말했다.

　"9시에 나 데리러 와."

　사람들 눈을 피하려고 일부러 일찍 가는데, 웃기는 게 아침에도 사람은 참 많았다. 나는 헬스장 입구의 계단부터 힘들어했다. 계단을 한 칸 한 칸 천천히 올라갔다. 내가 지난날 헬스장에서 운동했던 기억이 났다. 하지만 지금 내 몸은 어색했다. 나는 그 헬스장에서 9시까지 운동하고 누나가 데리러 오면 같이 계단을 내려갔다. 이런 식으로 싼값에 재활을 할 수 있었다.

　누나네 집에 살면서 조카들과도 재미있게 놀았다. 같이 오락도 하고 간식도 같이 먹고 내가 괴롭혀 울기도 했다. 못난 삼촌이 몸이 안 좋으니 간혹 성질을 부리기도 했다. 돌이켜 생각해 보니 참 미안했다. 나를 위한 일이라 운동은 진짜 열심히 했다. 누나네 집에서도 나태하게 지내지는 않았다. 누나네 집에 온 이유가 헬스장에 다니기 위해서였고, 내 몸을 위해 악착같이 운동을 했다.

　운동 기구는 크게 무게를 늘릴 수가 없었다. 고작 한 장이었다. 핀으로 꽂는 무게 한 장이 나에게는 마치 10장 이상의 무게였다. 하체, 상체운동 모두 골고루 했다. 자전거도 굴렸다. 나에겐 위험해서 러닝머신은 하지 못했다. 그래도 석 달 동안 많은 운동을 해나가면서 몸속 어딘가가 좋아질 거라고 믿고 있었다. 눈으로 보기에는 그렇게 큰 변화가 없었지만, 내구성은 좋아질 거라고 굳게 믿고 있었다.

할머니가 돌아가셨다.

헬스장 다니려고 누나네로 간 지 두 달 남짓 지났을 때였다.

누나에게 돌아가셨다는 말을 듣고, 할머니를 마지막으로 보았을 때 하셨던 말씀이 떠올랐다.

"마지막으로 사오는 소고기니까 이거 먹고 꼭 일어나야 한다."

"왜 마지막이라고 하시는데요?"

"널 마지막으로 보는 거니까."

마치 돌아가실 준비라도 하시는 것 같은 느낌을 받았다. 그러고 나서 몇 달 안 돼 돌아가셨다. 기분이 울적했다. 죄송스럽고…어떻게 해야 할지 모르겠다. 오래도록 손자를 기다려주실 수 없다는 건 나도 알고 있다.

내가 일어나는 걸 보셨어야 하는데, 할머니의 부음을 들은 날, 나는 잠을 이루지 못했다.

"광희는 너희 집에 그대로 있으라고 해. 장례식장에는 오지 말고."

엄마는 누나에게 이렇게 얘기하셨다고 한다.

그래서 나에게 잘해 주셨던 할머니가 세상을 떠났는데도 나는 누나네 집을 지키기로 한다. 다음날은 운동도 나가지 않았다. 우울했다. 기분이 안 좋으면 운동을 하지 않았다. 그 사이 3일장의 기간이 끝나고 조용히 일주일이 지났다.

나는 언젠가 일어나서 사회생활을 하게 된다면 가장 먼저 할머니 산소와 아버지 산소를 다녀올 거라고 다짐했다.

예정했던 3개월이 되기 전에 나는 집으로 돌아갈 준비를 했다. 엄마가 너무 오래 있는 것 아니냐고도 하셨고, 누나네 집이지만 솔직히 민폐라는 생각도 들었기 때문이다. 누나와 매형이 언쟁하는 것을 듣기도 했고, 그럴 땐 조카들이 어쩔 줄 몰라 내 눈치를 보는 것 같았다. 그래서 이쯤 되면 집으로 돌아가는 게 옳다고 판단했다.

집으로 돌아가서도 재활운동은 매일 반복 연습을 했다. 반복된 재활운동이 아니라도 나는 오류와 잘잘못을 찾아냈다. 때로는 재활운동이 너무 앞서간다는 판단도 했다.

생활 속에서 재활에 도움이 되는 일이나 행동도 자주 찾아내 연습했다. 걸레로 바닥도 닦아보고, 바닥에 앉아 목욕도 해보고, 빨래도 해본다. 어쨌건 생활 속에서 재활운동을 하는 것은 정말 좋았다.

이제는 안방에서 작은방까지는 지팡이를 짚고 편하게 이동할 수 있었다. 때로는 벽만 잡고 걸어 다녔다. 나는 외발 지팡이를 주문했다. 바로 외발 지팡이로 갔다가 더 많은 연습을 하게 된다. 집안에서 재활 연습한 시간만 대략 쳐도 거의 3년쯤 되었다.

재활 운동 중에서도 계단 연습은 정말 어렵고 힘들다. 한 번 구르면 끝이다. 어디가 부러질지도 모르겠다. 그래서 나는 되감기로 운동을 한다. 신발장 앞에 있는 계단 하나를 올라갔다 내려갔다 반복하는 것이다.

마침내, 이제는 나갈 준비

　이렇게 전신마비로 쓰러져 2년을 병상에서 꼼짝없이 누워 지냈고, 병상을 떨치고 일어나기까지 재활에만 3년이 걸렸다. 물론 쓰러지기 전처럼 온전하게 회복이 된 상태는 아니었다.
　어쨌건 스물일곱 청년의 나이로 쓰러져 절망의 터널 속을 헤매다 5년을 꽉 채워 서른두 살 어른이 된 아이의 몸으로, 나약해진 육체로 겨우 걸음마를 하면서 나는 이제 나갈 준비를 하게 된다. 25평의 집안에만 있던 내가 이제 일어나 바깥세상에 홀로 나갈 준비를 하는 것이다.
　내가 스스로 판단한다면 대략 35%쯤 몸이 회복인 것 같았다. 살짝 두렵다. 나는 밖으로 나가기 위해 반복해서 연습하지만, 세상 밖으로 나가기가 쉽지 않다는 것을 잘 알고 있었다. 너무 많이 부족하니까 어떻게 해야 할지 모르겠다. 밖에서의 상황과 집안에서의 상황은 차원이 다르다. 일단 집 밖으로 나가기 위해 그동안 널브러져 있던 내 인생이 이제 눈앞에 다가온다. 이렇게 기쁠 수가 있을까?
　너무 기분이 좋아서 나는 오랫동안 싸워왔던 내 몸과 이야기도 해보고, 웃어보기도 하고, 울어보기도 했다. 땀도 흘리고, 피도 보고, 고통으로만 가득 찼던 내 인생을 돌아보게 된다. 서 있는 연습을 하다가 옆으로 쓰러져 등이 찢어져 흘린 피가 물 컵으로 두 잔 정도였던가? 한 번은 일어서지를 못해 엄지발가락에 내성 발톱까지 생겼고, 일어나기 위해서는 양쪽 발톱을 뽑고 꿰매야 했다. 내 엄지발가락이 고생했다.
　의사 선생님은 한쪽부터 뽑고 한 달 뒤에 나머지를 뽑자고 했지만, 내가 고집을 부려 양쪽을 뽑고는 아파서 잠 한숨 못 잤던 고통스러운 기억도 생생하게 떠오른다.

커피포트를 엎고 사타구니에 물집이 26개나 생겼던 일도 있었다.

이런 도전과 고통의 순간들을 집 밖으로 나간다는 사실이 흡수해 버린다. 별의 별짓을 다 했던 내 노력은 이제 과거가 되었고, 되돌아볼 것도 없이 나는 앞날을 향해 공격적으로 돌격해야만 했다. 어느 것 하나 준비된 게 없다. 급하기만 하고, 하루하루 걱정만 점점 커진다. 일어나면 남들보다 당연히 뒤처져 있다.

'일어선들 100프로가 아니잖아? 정상적인 사람에 비하면 고작 30프로에도 못 미치는데, 이젠 뭘 해 먹고 살아가야 하나?'

걱정만 태산이다. 취직자리도 없는데 어디서부터 손대야 할지 도무지 알 수가 없다. 지팡이로 마루에서 마무리 연습을 하고, 나는 드디어 홀로 밖에 나가본다.

밖은 공기부터가 틀렸다. 뒤에서 엄마가 나를 바라보신다. 나는 첫 계단부터 조심스럽게 계단 옆의 손잡이를 잡은 채 오른쪽은 지팡이를 짚고 내려간다. 아주 천천히…. 손의 악력도 없고, 몸은 모래성 같았다.

'동서남북 조심조심 안전안전.'

이렇게 외면서 계단 5개를 내려간다. 한 계단을 내려갈 때마다 등에 사람을 업고 있는 것 같은 무게가 느껴진다. 물통 가방을 메고 걸었던 기억이 쉽게 사라진다. 현실은 더욱 더 무겁다. 모든 것이 불안하다. 계단 5개를 조심스럽게 내려가 잠시 쉬었다.

엄마는 계속 저 멀리서 구경을 하셨다. 머릿속으로 새가 태어나 깃털이 생겨 날갯짓을 하다가 하늘로 난다는 생각을 하는데, 현실은 공룡이 날갯짓을 하는 것 같다. 상상 트레이닝과 현실 트레이닝은 너무 다르다.

하하하. 웃음이 나오면서 무섭다. 현실에서는 10프로도 못 써먹는 느낌이다. 지난 시간이 너무 아깝다. 아직도 멀었다는 것이다. 슬프다. 얼마나

먼 산을 넘어야 할지 한 계단, 한 계단이 1년, 2년 지나가는 것 같았다.
 마지막 계단을 내려갈 때쯤 엄마가 뒤에서 박수를 쳐주셨다. 나는 이제 한 박자 쉬고 천천히 걷기 시작했다.
 말이 쉽지 환자에게 한 사람을 업고 그렇게 걸어보라고 한다면 얼마나 힘든지 알 것이다. 나는 그렇게 대략 15분 정도 동네 한 바퀴를 살짝 돌았다. 그리고 재빨리 집으로 돌아왔다. 혼자 이렇게 바깥에서 움직이는 두려움이 얼마나 큰지 환자들은 알 수 있을 것이다.
 15분 동안의 동네 한 바퀴가 마치 15시간을 운동하는 기분이었다. 상대적으로 내 몸을 나는 감당하지 못했다. 고작 10분의 1 정도뿐이었다. 내 몸을 이기려면 10분의 9가 더 필요했다. 아직 넘어야 할 산이 아홉 묶음이나 남았다는 것이다.
 나는 집에 와서 곰곰이 생각했다.
 "광희야, 어땠어? 바깥에 나가 보니 기분이 어때?"
 엄마가 물으셨고, 나는 대답했다.
 "생각보다 너무 두려워요. 연습을 더 많이 해야겠네요."
 이로써 나는 바깥세상에 나가는 첫 도전을 시작했다.
 이날 나는 잠을 너무 잘 잤다.
 '15분 외출! 언젠가 15시간 서 있는 날이 올 거야~!'
 나는 이렇게 속으로 외친다.
 이런 식으로 또 몇 달 동안 집 밖을 돌았다. 그 범위를 넓혀 점점 더 크게 돌아다녔다. 나는 그때 동네를 돌다가 우연히 엄청나게 큰 피트니스센터를 발견했다. 나는 1년치 계약을 하고 거기서 열심히 운동하기 시작한다.
 피트니스센터에서는 대략 6시간 정도 3-3-3 운동을 했다. 나는 3시간에 한 번씩 옷을 갈아입었다. 하루에 두 번씩 갈아입는 꼴이었다. 운동의 마지막 마무리는 6층에서 1층까지 하루에 10번, 63빌딩을 오르내린다는 생각으로 월요일부터 금요일까지 운동을 반복하였다.

아주 가벼운 무게로 헬스 운동을 4시간 하고, 나머지 2시간 30분 정도는 계단 운동으로 마무리했다.

계단 운동을 할 때는 계단에 불이 꺼져 있었고, 계단에서 다음 계단으로 내려갈 때 한 층을 내려가려면 천장 LED 불빛이 켜져 있었다. 그리고 3~4초 후에 꺼졌다. 그렇게 2시간 반 동안 10번을 왕복하면서 불이 켜졌다 꺼질 때마다 영상화면이 바뀌듯이 내 지난날의 각오와 추억들, 힘들었던 시절이 정말 주마등처럼 지나간다.

'보통 사람들이 지금 내가 하는 경험을 언제 해볼까?'

나는 이런 식으로 대략 10개월 정도 운동을 했다. 불 꺼진 계단에서 쓸쓸히 걸어 올라가고 내려오며 많은 시간을 보낸다. 내 등에 건장한 사람 두 명을 업은 것처럼 한 계단 한 계단 등산하듯이 올라간다. 계단을 오를 때마다 하체는 유리가 갈라지듯 충격이 온다.

좌우 대칭도 맞지 않고, 뒤뚱뒤뚱 체중을 앞으로 보내며 쓰러지듯이 계단 손잡이를 잡고 전진 또 전진한다. 몸 상태가 양쪽 모두 똑같지 않았다. 몸속의 신경을 모르기 때문에 좌우가 똑같은 힘을 내지는 못했다.

땀이 얼굴을 지나고 턱밑을 거쳐 발등까지 떨어진다. 내가 지나간 계단은 땀방울로 눅눅하게 젖어든다. 내가 걸어 올라간 건물 계단의 온도가 따뜻하다. 내가 지나간 부분들은 모두 공기가 따뜻하다.

집 밖으로 나오면 모든 것이 끝날 줄 알았다가 뜻대로 되지 않는 내 모습을 지켜워하기도 했다. 피트니스센터에서도 내가 몸이 불편한 건 알고 있었다. 그래서 굳이 직접적인 말이나 대화는 없었다. 나는 그냥 묵묵히 내 숙제와 과거를 풀어냈다. 이 숙제는 치료제가 없다. 반드시 내가 풀 수 있을 뿐, 누구도 도와주지는 않는다. 치료제는 내 몸속에 숨어 있었다.

호기심, 다시 세상 속으로

나는 재활 치료를 하면서 하루에 당근 12개와 꽁치 통조림 한 통을 먹었다. 살면서 당근과 꽁치를 그때 가장 많이 먹었을 것이다. 운동하고 집에 와서 당근 12개를 닦은 다음 믹서에 갈아 즙을 내서 원액을 세 번 나누어 먹었다. 꽁치는 냄비에 덜어 간장과 설탕을 넣고 조려 먹었다. 얼마나 많이 갈아 먹었던지 믹서도 주황색으로 착색이 되었다.

내가 10개월을 다녔을 무렵 피트니스센터는 부도가 났다. 10개월을 찍어서 그나마 다행이었다. 바로 지난달에 가입한 사람은 이게 끝이다. 정말 안타깝다. 피트니스센터 전화는 난리가 났다. 사람들은 부도 이후 받을 수 있는 돈을 계산했지만, 대표를 만나기는 굉장히 힘들었다. 피트니스 분야에서는 굉장히 유명한 체인점인데, 인천에서는 예상치 못했던 결과였나 보다.

피트니스센터 회원인 양숙 누나와 알게 되었다. 그냥 부도 피해자인 회원들끼리 만나다보니 얼굴을 익혀 친해진 사이였다. 양숙 누나는 단아하고 착한 사람이다. 지금도 연락하면서 지내는데, 가끔 밥을 함께 먹거나 커피를 함께 마신다.

어느 날, 피트니스센터 대표와 회원들이 만났다. 남은 2개월분은 날린 셈 치고 크게 화를 내지는 않았다. 나는 아주 부드럽게 얘기했지만, 흥분하고 따지거나 언성을 높이며 소리를 지르는 사람도 많았다. 대표는 나의 피해금액도 목록에 넣어 주었다. 그냥 속으로 '탱큐!'라고 생각했다. 분명 받지 못한 사람도 많았을 것이다. 내가 부드럽게 얘기해서 그랬는지 2개월분을 환불해준 것 같았다.

나는 다른 헬스 피트니스센터를 찾아보기로 했다. 갑자기 빈 시간들이 생겨 먹고살 궁리도 해보았다. 스무 살 때 아버지가 돌아가시고 아르바이트를 하던 시절에 알았던 한 살 아래 동생이 지금 뭐하나 알아보니 구제품

샵을 한다고 해서 양숙 누나와 함께 구경을 가기도 했다.

나는 구제품 샵은 반대하는 입장이었다. 남이 입던 옷을 상품이라고 가져와 지하상가에서 파는 게 이해가 가질 않았다. 그 동생은 본인이 처음 차리는 가게라 애정을 가지고 있었다. 나는 동묘시장에서 마구잡이 떨이로 파는 곳이 더 장사가 잘 될 거라고 생각했는데, 자기 가게니까 본인 마음대로 하겠지 싶었다.

그 동생은 이것저것 많이 알아보다가 시간이 흘러 부평지하상가에 가게 한 칸을 잡고 구제품 옷 장사를 시작했다. 그런데 웃기는 게 본인이 옷을 잘 팔지는 못했다. 구상만 그럴 듯하고 실전은 약했다. 온라인 판매를 한다고 하더니 온라인에는 신경도 안 쓰고 있었다.

무엇이든 철판 깔고 하는 게 장사 아닌가. 내가 어쩌다 지하상가에 놀러 가면 내가 옷을 더 잘 팔았다. 어떨 때는 내가 가게도 봐줬다. 서울로 물건을 받으러 가기도 했는데, 옷을 구해오는 것도 좀 특이했다.

지하상가에 연예인처럼 별나게 차려입은 남녀가 몇 명이나 지나간다고 특이한 옷만 가져왔고, 팔지도 못하는 그것을 내가 가게 주인보다 더 잘 팔다니 신통방통했다. 내가 손님에게 말도 더 잘 걸었다. 이렇게 하다가는 망할 것 같았는데, 월세가 밀리기 시작하더니 결국 간신히 1년을 넘기고는 접었다. 그래서 남은 돈으로 나랑 같이 펍이나 하자고 권유했다.

소울펍(Soul Pub)을 열다

나는 그 동생과 함께 부평의 3층 건물에서 13년째 하고 있는 만화방이 복덕방에 나와 접수하기로 한다. 알고 보니 만화방 주인이 나가고 건물주가 운영하고 있었다. 인터넷에 올라온 이 가게를 발견하고 부동산 소개업자를 만나 3층에 올라가보니 건물주가 만화방의 위층인 4층에서 3층 열쇠를 손에 들고 내려왔다.

문을 열어보니 만화책으로 꽉 찬 칸막이에 옛날 다방에나 있을 법한 소파가 즐비했다. 난로처럼 생긴 선풍기가 여러 대 있고, 에어컨 1대, 카운터, 커피 자동판매기, 누추한 주방, 그리고 작은 화장실…진짜 10년은 훌쩍 지난 것처럼 보인다. 요즘은 아이들도 컴퓨터를 많이 하지, 만화책을 잘 안 본다. 그래서 닫혀 있고, 전 주인은 그냥 나간 것 같았다.

그때가 2012년이었고 당시 33평에 80만 원인데, 100만 원 넘게 받고 싶다고 했다. 시세보다 너무 싸다는 것이었다. 나는 건물주가 아버지와 동갑이라는 것을 알았다. 그래서 솔직하게 내 처지를 싹 다 얘기하며, 모든 게 어렵다고 사정을 설명했다. 건물주의 나이가 아버지와 동갑이라고 말을 붙이자, 지팡이를 짚은 나를 쳐다보며 물었다.

"어디 몸이 아파요?"

나는 그동안의 내 이야기를 전해드렸다. 건물주는 안타깝다고 하시며 2,000만 원 보증금에 90만 원으로 세를 조정해 주셨다. 나는 감사하다고 인사를 드렸다. 가게 계약을 하는 동안, 그 동생은 뒷짐을 지고 구경만 했다. 자신감의 결여일까, 지하상가 구제품 샵이 발리니까 이렇게 멀뚱멀뚱 바라보는 건지도 모르겠다.

쓰러졌다 일어나서 처음으로 차리는 내 가게였다. 철거 팀을 불러 최대한 저렴한 비용으로 철거해 달라고 부탁했다. 책장만 99개가 나왔고, 만화책은 3만 5천 권이 나왔다.

"책값 좀 받아주면 좋겠는데?"

건물주의 말을 듣고 책방에 알아보니 전문가가 찾아왔다. 전문가는 까치가 주인공인 외인구단 시리즈를 으뜸으로 쳤다. 책들을 모두 둘러보고는 감정가 70만 원을 쳐주었다. 몇몇 작품을 빼고는 그냥 종이 값만 쳐주는 셈이란다. 나는 그 돈을 건물주에게 넘겨주고 건물주는 에어컨을 선물로 주었다. 지금 있는 것을 그대로 쓰라고 하셨다. 감사했다.

다방 의자와 칸막이를 싹 다 치우니 철거 화물차로 여섯 차나 되었다. 기존 설비를 빼내고, 내가 실내디자인을 했다. 흑백 컨셉으로 회색 벽돌에 천장에는 레일을 깔았다. 큰 미러볼과 진열장 네온등을 깔아 차가우면서 따뜻한 분위기를 조성했다.

가게 이름은 '소울펍(Soul Pub)!'
거래처에서 '서울펍'이라고 하면, 나는 '소울펍'이라고 굳이 고쳐주면서 반복하여 알려줬다. 계약하고 철거하고 공사하는 동안 엄마는 모르셨다. 속이고 했던 셈이다.

나는 재활 치료도 잠시 잊었다. 먹고 사는 것도 중요하니까. 나는 지팡이를 짚고 3층을 걸어서 올라 다니며 공사에 조금이라도 도움이 되라고 빗자루로 청소라도 해주곤 했다. 그런 일이 나에겐 간접적으로 재활 치료 효과도 있는 셈이었다.

공사하다가 반장이 돈을 요구했다. 추가로 전기 증설 비용을 달라는 것이다. 짜증이 났다. 금액이 어느 정도면 된다고 했던 말과는 달리 자꾸만 돈이 들어간다. 살짝 믿을 수도 없다. 이래서 처음 보는 사람 믿을 사람인지 알 수 없다. 동생은 공사 반장이 돈을 요구하면 날 쳐다보곤 했다. 모든 게 짜증이 났다.

나는 2군데서 대출도 받았다. 여유자금이 필요해서 어쩔 수 없으니 그 동생에게도 알아보라고 했다. 시작은 좋은데 자꾸만 엇갈리는 일이 일어난다. 또 한 번은 공사하다 거의 끝나갈 때쯤 당구대까지 넣었는데 구청에서 검사가 나왔다. 소방검사도 실시했다. 구청에서는 업태 용도변경에 대해 이야기하며 가게를 차릴 수 없다고 했다.

'와, 이건 무슨 미친 소리인가?'

가능한 업태로는 음료도 못 판다고 했다.
이유인즉 정화조 용량 초과라는 것이다. '뭐야, 이게? 이런 게 다 있냐?'라는 표정으로 쳐다보며 이유를 물었다.
"1층 고기집, 2층 노래방, 3층 펍, 4층 가정집인 경우, 용량 초과니까 업종을 변경하세요."
"그럼 뭐가 가능해요?"
"당구장이나 피씨방은 가능해요."
억울했다. 이런 걸 모르고 시작했던 것이다. 이미 자금이 들어갔는데 후진할 수는 없고, 정말 고민이었다. 이런 일로 제동이 걸리니까 멍청했구나 하는 생각이 든다. 구청에 가서 작업반장과 함께 담당 공무원에게 따졌지만, 똑같은 소리로 안 되는 이유만 반복한다. 마무리 공사를 잠시 중단한 채 건물주에게 이런 사정을 이야기했다.
"정화조가 작아서 술장사는 못 한대요."
건물주도 의아해하며 걱정하는 눈치였다. 나는 작업반장과 함께 열한 번이나 구청에 돌격하여 따져 물었다.
"먹고살려고 하는데 이래도 되는 거요? 누가 가게 와서 똥만 싸대고 가겠어요? 정화조가 똥으로 폭발하는 거 본 적 있어요?"
똥은 못 누도록 소변기만 두겠다고 해도 요지부동으로 먹히질 않았다. 현실적으로 3층 펍에 똥만 싸려고 다니는 것도 아니고, 정화조 용량이 문제라면 똥을 자주 푸겠다고 말해도 소용이 없었다. 정말 우리 공무원들이 이렇게 일을 잘하는구나 하는 생각에 허탈한 웃음만 나왔다. 구청에서 나오면서도 묘안이 없을까 하고 머리에 쥐가 나도록 아이디어를 짜냈다.
"아예 3층에 정화조를 만들어 버리면 어때요? 그러면 되겠어요?"
작업반장에게 물었더니 한참 생각하다가 입을 떼었다.
"가능할 것 같은데요."

갑자기 생각난 아이디어가 현실로 될 줄은 몰랐다.

건물 3층에 정화조를 설치하다

건물 3층에 정화조를 설치할 수 있는 업체를 찾아서 상의하기 시작했다. 처음엔 솔직히 내가 생각해봐도 황당한 계획이었다.
주변에서는 말이 되느냐고 펄쩍 뛰는 사람도 있었고, 냄새난다고 걱정하는 말도 있었다. 나는 최면을 걸듯이 '냄새 안 난다.'에 승부를 걸고 3층에 정화조를 설치하기로 했다.
"사장님이 정화조 공사비를 부담해주세요. 정화조 때문에 장사 못 한다고 해서 내부 공사도 중지했습니다. 정화조만 있으면 3층에서도 어떤 업종이든 영업이 가능하니까 건물 가격도 올라갈 겁니다."
건물주에게 3층 정화조의 이점을 설명했고, 확답을 기다렸다. 건물주는 며칠 고민하는 눈치더니 겨우 승낙을 했다. 조건부로.
"공사비를 낼 테니 각서를 쓸 수 있겠어요?"
"장사를 해야 하니까, 무조건 각서를 쓰지요."
일념으로 '돌격 앞으로!' 했던 셈이다. 건물주가 불러주는 대로 무조건 적고는 사인을 한 다음 지장도 찍었다. 각서를 쓴 다음 곧바로 업체를 불러 3층에 정화조를 만들기로 했다.
정화조 설치 업체의 설명으로는 H빔 2개를 기둥 쪽에 걸치고 그 위에 시멘트로 정사각형의 정화조를 만들 계획인데, 무게는 충분히 버틴다고 자신만만해 했다. 어쨌거나 진행하고 보니 멋있는 계획이라는 생각이 들었다.
창문을 뽑고 크레인을 이용하여 시멘트와 재료, 장비들을 옮긴 다음 공사가 시작되었다. 나는 일찌감치 나가서 매일 아침 여섯 시부터 정화조 공사가 진행되는 것을 지켜보았다.

"매일 새벽같이 어디로 나가니?"

엄마가 궁금한 눈치로 물으셨지만, 나는 대답 대신 슬며시 웃음을 보이고는 그냥 집 밖으로 나가곤 했다.

현장에서 내가 이해하기 어려운 일은 정화조를 커다란 플라스틱 물통 같은 것으로 올릴 줄 알았는데 백 퍼센트 시멘트와 철근으로만 만든다는 사실이었다. 그야말로 신통방통한 미스터리였다. 시멘트가 갈라질 것 같은데, 특수약품이 있어서 혼합하면 금도 안 가고 방수까지 된다는 것이다. 나는 그저 믿거니 하면서 공사를 지켜보고 청소나 도와주는 수밖에 없었다.

큰 통에 시멘트를 부어놓고 물을 혼합하여 약도 집어넣고 방수액까지 첨가하여 골고루 섞기 시작했다. 이미 거푸집을 만들어 그 안에 철근으로 튼튼하게 정사각형을 조립해 두었고, 거푸집 안으로 시멘트를 부어넣었다. 진동 봉으로 여기저기 골고루 쑤셔서 기포(氣泡)를 빼낸 다음 기다리면 된다고 했다. 공사 기간은 2주간이었고, 완전히 마를 때까지 기다렸다.

정화조가 마르는 동안 나는 잠시 쉴 수 있었고, 쉬는 동안 잠시나마 운동을 했다. 재활 운동도 밀리니까 몸에 알이 배기는 게 느껴졌다. 시멘트가 마르는 동안 바닥은 시멘트에서 나온 물로 흥건히 젖었다. 물은 쓰레받기로 퍼서 버렸다. 마침내 시멘트는 딱딱하게 굳었고, 간단히 정리를 하였다. 정화조 위에는 맨홀 뚜껑을 설치했고, 실리콘으로 맨홀 테두리 라인의 구멍을 꼼꼼하게 막았다. 정말 냄새가 나지 않을 것 같았고, 굉장히 튼튼했다. 내가 그 위에 올라가도 진동조차 울리지 않았다. 그런 다음 건물주에게 보여 주었다.

"이렇게 정화조가 완공되면 장사할 수 있겠어요?"

건물주가 나한테 물었다.

"그럼요. 이제는 얼마든지 장사할 수 있어요. 확실합니다."

"그러면 장사 잘해서 돈 많이 벌어요."

정화조 검사가 끝나고 나는 소방 검사를 준비하였다. 가게에서 별개로 큰 화재가 날 게 없어서 소방검사도 특별한 내용은 없었다. 기본적인 소방 시설, 온도감지기, 완강기, 소방용품들을 배치하고 검사가 마무리되었다. 그제야 세무서에 가서 사업자등록을 할 수가 있었다.

임대계약을 하고 나서도 제법 오랜 시간이 걸려 사업자등록증을 받았다. 그리고 이것저것 준비를 했다. 장식용 부품들, 의자와 테이블들을 사왔다. 장사는 정말 돈이 많이 든다. 구멍가게 하나 하는데도 여기저기 미처 예상하지 못했던 것까지 계속 돈이 들어간다. 나는 이제 돈이 거의 바닥났다. 그래서 보험 건으로 대출을 더 받았다. 앞으로 돈을 더 많이 벌어야겠다는 생각이 들었다. 장사꾼들이 돈을 벌 때까지는 빚을 안고 장사한다는 게 맞는 말이다.

간판도 들어오고 위생 교육 받는 것도 미리 준비했다. 요리와 안주는 내가 주방장을 했기 때문에 굳이 배울 필요는 없고, 이미 준비되어 있는 상태였다. 술과 주방의 거래처는 내가 과거에 술집에서 일했기 때문에 빠삭하게 알았다. 그릇, 식기 등 주방 제품들도 하나하나 꼼꼼하게 알아보고 마련했다. 모든 게 준비가 되었다. 술도 들어오고 간판 불도 들어왔다. 이제 장사만 시작하면 된다.

드디어 '소울펍' 오픈!

심심풀이로 다트 연습하다 드디어 첫 손님

나는 쓰러졌다가 일어났기 때문에 그 근처에 아는 친구들이라곤 없었다. 가게 오픈하고 첫날, 하루 종일 기다려 보았다. 손님은 오지 않았다. 그냥 조용했다. 음악 소리만 들렸다. 같이 일하는 동생이 걱정을 했다. 나가서 전단지라도 돌리며 홍보를 해야 되는데 몸이 불편해서 전단지 돌리기가 너무 힘들었다. 나는 지팡이를 짚고 다녔기 때문에 지나가는 사람 발걸음을 따라갈 수가 없었다. 동생은 그런 걸 하지 못한다. 숫기가 없는 것이다.

그렇게 자정이 될 때까지 여섯 시간이 흘러도 파리 한 마리 들어오지 않았다. 내 주변 사람과 친지들에게 가게를 오픈한다는 말은 입 밖에도 내지 않았다. 놀지도 않고 재활운동만 열심히 하고 다닌다고 이야기했다.

새벽 2시쯤 마감 준비를 하였다. 나는 화를 내기는커녕 그냥 웃기만 했다. 그리고 내일을 기약했다. 그렇게 마감을 하고 조용히, 아주 조용히 웃으면서 집에 돌아갔다. 집으로 가면서 나는 '내일이면 한 테이블 정도는 오겠지.'라고 생각했다.

이튿날 역시 가게 문을 열고, 음악을 틀어놓고, 간판의 불을 켜고 손님을 맞이할 준비를 했다. 가게엔 인테리어로 설치한 다트기계가 있어서 심심하면 던지곤 했다. 포켓볼도 치고 맥주도 한두 잔 마셔보았다. 어제와 같은 현상이었다. 나는 또 웃고 나가면서 마감을 했다.

사흘째 오픈 준비를 했다. 이렇게 또 하루를 준비해 보았다. 동생은 손님이 없을까 봐 자꾸 걱정을 했다. 그래도 나는 걱정 말라고 웃었다. 이런 것부터 마인드가 확실히 다르다. 옷 가게를 말아 먹었으니 얼마나 불안할까. 나는 무서울 게 없다고 했다. 하늘의 뜻이라고 얘기했다.

낮에 자고 밤에 일하는 것으로 이제 생활이 바뀐다. 나도 살짝, 아주 살짝은 걱정이 되었다. 사흘 동안 매출이 0원이니까 당연히 걱정을 하지 않을 수는 없다. 나도 사람이니깐.

사흘째 저녁 9시에 어떤 남자가 문을 열고 들어왔다. 혼자였다. 외모로 봐서는 40대 초반이었다. 그 사람 입에서 첫 마디가 떨어졌다.

"여기 만화방 아닙니까?"

그 말을 듣고 나는 웃었다. 만화방 손님이 첫 손님으로 왔던 것이다. 나는 그래도 신중하게 응대했다.

"여기 있던 만화방이 술집으로 바뀌었습니다."
"아, 그래요?"

그는 조용히 계단을 내려갔다. 그렇게 반가웠던 손님은 그렇게 조용히 사라지고, 핸드폰 시계는 10시 30분을 가리켰다.

금세였다. 한 시간이 빨리도 지나갔다. 10분쯤 지나 10시 45분경 여자 두 명이 들어왔다. 나는 약간 당황했다. 일단 "어서 오세요. 들어오십시오." 하고 창가 쪽으로 앉혔다. 메뉴판이 나가고 주문을 기다렸다. 첫 주문은 맥주 2000cc와 나쵸치즈.

잊을 수가 없다. 첫 손님, 첫 주문, 그리고 시간까지. 이렇게 모든 걸 기억한다. 그리하여 그 손님 이후로 손님이 조금씩 들어오기 시작했다. 나는 손님의 이름과 직업을 외우기 시작했다. 아마도 전신마비로 누워 있을 당시, 관상을 잘 보는 능력이 나에게 생긴 것 같았다. 얼굴 모습과 목소리로 사람을 빨리 판단할 수 있었다. 성향과 스타일 등 모든 게 싹 다 보였다.

한 달 보름 안에 가게는 만석이 되었다. 신기하게 엘리베이터도 없는 곳인데 입소문을 타면서 사람들이 자주 방문하기 시작했다. 그 후로 손님과 동생들 이름 175명 정도를 직업과 성격, 스타일과 함께 외웠다. 처음에 쩔쩔매던 매상은 조금씩 단계적으로 올라갔다.

소문과 손님, 꼬리에 꼬리를 물다

그때쯤인가, 아이폰이 처음 출시되었다. 나는 핸드폰 교체할 사람들을 손님들끼리 서로 연결해주었고, 신발 얘기를 하면 신발매장에서 장사하는 동생을 연결해주었다. 그 동생들은 내가 직업과 이름을 외웠기 때문에 나에게 좋은 소개와 도움들을 받았다. 그래서 그 친구들과 동생들이 다시 한 번 내 가게를 찾아주고 얼굴을 보러 와주곤 했다.

손님들끼리 서로 소개하는 일은 계속 이어져 갔다. 그 후 외국인들까지도 방문하여 외국인들을 많이 알게 되었는데, 그들은 대개 한국에서 영어 선생이나 학원 선생으로 활동하고 있었다. 고맙게도 끼리끼리 계속 연결되어 처음 보는 손님도 얘기를 듣고 찾아왔다.

소문은 점점 퍼져 나가서 아는 동생들도 점점 많아지기 시작했다. 나는 내 가게에서 핸드폰 50대를 팔았고, 개인적으로 기름 값만 받았다.

이윤은 챙기지 않았는데, 그 이유는 내가 이런 것으로 부자가 될 일은 아니었기 때문이다.

그렇게 계속 꼬리에 꼬리를 물다 보니 나에게 이것저것 물어보기 시작했다. 이제는 동생들이 사적인 문젯거리까지 나한테 질문했다. 너무 너무 고마웠다. 나는 동생들의 사연을 듣고 도와줄 수 있는 일이라면 최대한 도와주곤 했다.

한때 외국인들이 많이 와서 좋았지만, 거꾸로 한국 손님들은 서서 먹는 외국인들의 문화가 싫어서 나갈 때도 많았다. 외국인들은 서서 술을 마시는 스탠딩 문화가 아예 자리 잡혀 있었던 것이다. 그럴 때는 한국 손님들에게 미안하다고 사과하면서 다시 와 달라고 부탁했다.

"아니에요, 괜찮아요. 장사하세요. 다음에 올게요."

이렇게 말하고 나서 3시간 후에 다시 오는 손님들도 종종 있었다. 점점 인맥이 넓혀져 지하상가 동생들도 오기 시작했다. 지하상가의 피어싱, 옷 가게, 신발 가게, 액세서리 장사에 종사하는 동생들이 많이 오기 시작했고, 그 동생들은 분위기가 너무 좋다고 했다. 동생들은 내가 몸이 불편한 것을 알고 있어서 주문한 것을 천천히 갖다 줘도 뭐라고 하지 않았다. 오히려 "조심하세요."라는 말을 자주 하곤 했다. 그렇게 석 달이 흘러 매상도 살짝 오르기 시작했다. 번 돈으로는 무조건 대출금을 갚아 나갔다.

그 무렵 비보이 동생들이 가게를 방문하기 시작했다.

첫 만남은 깊은 인연이 되었다. 첫 만남부터 웃기는 동생이 있었다. 관상과 목소리를 들어보니 나중엔 충분히 자기 입에 풀칠을 하고 살 놈으로 보였다. 비보이 동생들이 먹고 살기 힘들다고 하소연했다. 그래서 나는 여러 가지 내 인생 이야기들을 들려주었다.

비보이 동생들이 주문한 술은 데킬라였다. 데킬라는 소금과 커피를 안주로 먹는 독한 양주다. 동생들은 여기가 삼차라고 했다. 세 사람이 왔는데 이름이 대원, 진욱, 정민이라고 했다. 진욱이라는 동생은 며칠 후에 군에 간다고 했다. 그래서 술을 많이 먹었던 것 같다. 진욱이는 남자화장실 소변기에서 토했다. 서비스로 안주 하나를 주겠다고 하니 대원이는 버터구이 오징어를 달라고 했다. 다 먹고 나가는 길에 진욱이는 계단에다 또 토했다. 나는 마감을 하고 집에 돌아갈 준비를 했다. 집에 가려고 1층으로 내려가 창가 쪽을 보니 그 동생들이 나를 보고 인사를 하면서 물었다.

"우리는 한 잔 더 마시려고 하는데, 형도 같이 드실래요?"

"나는 너무 피곤해서 안 되겠네. 졸리니까 오늘은 집에 빨리 가야겠어."

그렇게 만난 동생들은 또 다시 가게를 방문했다. 다시 방문했을 때는 당연히 이름을 물어보고 외웠다. 그 이후로 가게는 동생들의 아지트가 되었다 그래서 더 많은 비보이 동생들이 방문하기 시작하였다.

소문이 나면서 주변의 펍에서도 가게를 방문했다. 경쟁심리 때문에 가게가 어떻게 돌아가는지 보려고 오는 것일 테지만, 나의 무기는 바로 인간성 아닌가. 그들도 진심으로 응접했다.

찾아오는 모든 비보이 동생들에게 밥은 먹었냐고 물어봐서 같이 밥을 먹기도 했다. 동생들은 그렇게 대해주는 나에게 너무 고마워했다. 때로는 주말 알바 일자리를 비보이 동생들에게 제공하였다. 그리고 대원이에게는 1일 사장님을 맡겨 재료비만 빼고 수익금을 주기도 했다.

"형 덕분에 참 좋은 경험 했어요."
대원이의 말에 진심이 묻어났다.

나도 운전할 수 있다

나는 운전면허증이 있었다. 이제는 차를 타고 싶었다. 전신마비 이후 나는 운전이 가능할까 고민을 많이 했다. 그래서 운전면허 학원에 가서 도로주행 연수 등록을 한 다음 강사에게 사연을 얘기하고 몸 상태를 설명했다. 조수석에도 엑셀과 브레이크가 있어서 나는 강사에게 의지하고 5일 동안 5시간 도로 주행 연수를 받았다.

몇 년 만에 운전을 하니 긴장이 되었다. 강사를 조수석에 앉히고 운전대를 잡았다. 엔진 시동을 걸기 전에 등판에서 식은땀이 흘렀다. 걱정 말라는 강사의 말에 나는 시동을 걸었다. 그리고 운전을 시작하였다. 장내 기능 코스를 먼저 주행해 보았더니 감각은 아직 살아 있었다.

'역시 몸으로 해봐야 감각을 느낄 수 있구나.'

나는 기능 코스를 한 바퀴를 돌고 나서 도로 바깥으로 나갔다. 뭔가 다른 어색한 느낌. 양쪽 발목에 마비가 남아 있어서 나는 무릎을 높이 들고 발로 밟는 방식으로 엑셀을 밟기 시작했다. 보통은 발목을 들었다 놨다 하지만, 나는 발목이 움직이지 않기 때문에 무릎을 들고 내려서 엑셀을 밟는다. 나는 이 연습을 하려고 했던 것이다.

미리 상상으로 이미지 트레이닝은 해왔다.

무릎을 들고 내려서 엑셀을 밟는 연습…이게 가능할지 어떨지 너무 테스트해 보고 싶었던 것이다. 나는 앞차와의 거리 유지도 잘했고, 사고도 나지 않았고, 연습은 잘 진행되었다.

5일 동안의 교육이 끝나고 나는 자신감을 얻었다. 아는 동생 중에 다운이라는 동생은 외제차를 좋아하는데, 미니쿠퍼를 끌고 다녔다. 나도 미니쿠퍼를 너무 타 보고 싶어서 바로 미니쿠퍼를 계약했다. 미니쿠퍼를 탔는데 생각보다 너무 빠르고 차가 너무 잘 나갔다. 차를 좋아하는 다운이가 미니쿠퍼를 잘 골라주었다.

"비싼 브렘보 브레이크가 장착되어 있는 옵션까지 아주 좋은 선택이야."
나는 다운이에게 시원하게 말했다.

다운이네 삼촌이 자동차 사업을 하셔서 대출받고 매달 원금과 이자를 내는 할부 약정도 걸고 미니쿠퍼를 대구에서 가져왔다. 대구에서 올 때는 다운이가 운전을 했다. 다운이는 마음껏 밟고 드라이빙을 했다. 성능 테스트를 한 것이다. 차가 힘이 좋고, 대만족이었다.

그리하여 우리는 파란색 미니쿠퍼를 끌고 다니게 되었다. 나는 가고 싶은 곳이 너무 많았다. 미니쿠퍼가 가고 싶은 곳이면 어디든지 데려다 줄 것이라고 생각했다. 택시 타고, 전철 타고 힘들었던 내 몸을 이제 이 차가 마당발 역할을 하며 내가 가고 싶은 곳이면 어디든지 데려다 줄 것이라고 생각하니 온몸에 짜릿한 전율이 흘렀다.

"형, 미니쿠퍼 끌고 같이 놀러 갈래요? 강원도 쪽에 비보이 행사가 있는데…."

차를 뽑고 나서 대원이가 운을 떼었다. 나는 그동안 거의 쉬지 못했다. 그래서 '이참에 한 번 가볼까, 장거리를 내가 직접 한 번 뛰어볼까?' 하고 도전하기로 하였다. 대원이에게 주소를 받고, 내비게이션 찍고, 기름 채우고, 새벽에 밟았다. 첫 고속도로 진입에 가슴이 두근거린다. 나는 규정 속도를 지켰다. 살짝 무서웠기 때문에 속도를 낼 수가 없었다.

'쫄보?'
나는 혼자 생각하며 웃었다.

가게 마감을 하고 새벽에 출발해서 아침에 무사히 강원도 쪽에 도착했다. 역시 다운이의 차를 보는 감각이 남달랐다. 다운이는 자신의 앞날에 대해 차 쪽으로 전향하기로 한다. 인천 출신이지만 차에 대한 남다른 감각으로 자동차 전문가가 될 거라 생각한다. 예상대로 다운이는 그 후 벤츠 자동차에 입사하여 열심히 일하게 된다. 멋지다.

강원도에 도착해서 '생동감' 비보이들이 묵는 대원이네 숙소를 찾아냈다. 숙소는 1층 조립식 집이었고, 방문을 두드리니 대원이가 눈을 비비며 마중을 나와 웃음으로 반겼다.

"반가워요, 형. 장난으로 말했는데, 진짜 오셨네요."

대원이와 식사를 같이하고 오후 공연도 보았다. 대원이는 귀여운 동생이자 생각이 많은 동생이었다. 나에게는 깍듯이 하고 내 인생 스토리에 감동을 받았다면서 주변 사람들에게 "여기 이 분이 인간 승리를 보여주는 사람입니다." 하고 자랑도 한다. 꼬박꼬박 '우리 형'이라는 호칭도 쓴다. 나는 가게에서 '생동감' 동생들을 아르바이트로 써주기도 했다. 평소에 행사가 계속 연결되는 것이 아니라서 생활비라도 조금 벌 수 있도록 살짝 도와주는 셈이다. 때로는 담뱃값도 주고, 밥은 내가 먹을 때 항상 챙겨주며, 주말에는 술도 먹여가면서 일을 시켰다.

'술인들 얼마나 먹고 싶겠나.' 하는 생각으로 주말엔 술을 마시게 했다. 동생들은 황당하게 나를 보면서 되묻곤 했다.

"형, 이렇게 일해도 돼요?"

"괜찮아, 주말이니까 마시면서 해도 돼."

동생들은 이런 나를 좋아했다. 상상 밖이라는 듯, 특이한 형으로 보는 눈치였다. 이렇게 내가 운영하는 가게는 정말 자유스러웠다. 심지어 다른 가게 알바도 내 가게에서 일하고 싶어 했다. 이렇게 해주는 나에게 대원이는 항상 감사하다고 했다.

강원도에서는 동생들 공연도 보고 맛있는 저녁 시간도 보내고 해변에서 돗자리 깔고 술도 마셨다. 내가 챙겨간 양주와 물 담배를 보고 동생들은 놀라는 눈치였다. 양주와 물 담배에다 해변에 돗자리 깔고 놀기 위한 준비는 끝났다. 우리는 재미있는 대화를 나누고 물 담배를 피우면서 양주를 마시기 시작했다. 많은 사람들이 구경을 하면서 지나갔다. 대원이는 편의점에서 양초 4개를 사오더니 종이컵에 끼우고 우리 돗자리의 모서리 네 군데에 하나씩 박았다.

"이렇게 해야 분위기가 좋지요."

대원이의 말처럼 네 모서리의 모래밭에 촛불을 심으니 정말 분위기가 좋았다. 깜깜한 백사장의 돗자리 모서리에 종이컵 촛불 네 개가 등대처럼 환하게 불빛을 내보내고 있었다. 그 가운데서 물 담배를 피우는 우리 입에서는 연기가 모락모락 피어나고 있었다. 지나가는 사람들마다 이 장면을 부러워했다. 같이 합석하고 싶어 하는 눈빛이었다.

"같이 드실래요?"

우리는 여자들끼리 지나가면 장난삼아 말을 건넸다. 그러면 여자 분들도 사양하지는 않았다. 같이 합석하고 맛있는 안주로 술도 마시고 물 담배도 피우고 대화도 나눴다.

"어디서 오셨어요?"

이렇게 묻는 것이 가장 기본적인 첫 멘트였다. 그렇게 재미있게 수다를 떨고 놀다가 보니 어느새 수평선 쪽으로 동이 틀 무렵이었다. 저마다 '새해에는 더 좋은 일이 생기기를, 앞으로 더 열심히 무엇인가를 할 수 있기를' 다짐하며 숙소로 돌아가 잘 준비를 했다. 그리고 대여섯 시간 잠을 잔 다음 아쉬움과 함께 다시 인천으로 복귀를 했다.

강원도에서 돌아오자마자 가게 물건 확인하여 사입(仕入)하고, 평상시와 마찬가지의 일상으로 돌아왔다. 재활운동도 다시 시작했다. 나는 고무줄 운동을 중요시했다. 지나친 무게로 몸에 스트레스를 주기 싫었고, 내 몸은 의사보다 내가 더 잘 알고 있었기 때문이다.

의사도 내 몸속을 나만큼 이해하지 못한다. 나는 다시 담배도 피웠다. 힘든 일들이 생길 때 한 개비씩 피우다가 한 갑을 피울 때도 있었다. 피곤하고 힘들 때나 스트레스 때문에 '나도 모르게 손이 가요.'라고 표현할 수 있다. 지금은 끊으려고 하는 중이다.

홀로서기를 시작한다.

동업하던 동생은 독립을 하게되었다. 스테이크에 와인을 판매하는 푸드 트럭을 운영한다고 들었다. 겨울에는 엄청 힘들 텐데 하는 생각이 들었다. 트럭의 단점은 여름과 겨울이 정말 힘들다는 것. 푸드 트럭은 내가 먼저 경험해본 선배지만, 현실은 생각과 다르다.

"혹시 그때 그 오빠가 오빠였어요?"

나는 계속 장사하면서 더 많은 동생들을 만났다. 고객의 폭이 넓어져 동생들이 더 많이 생겼다.

외국유학을 다녀온 자인이라는 여동생을 만나게 되었다. 성격이 밝고 개성이 있으며 혼혈인같은 외모를 가졌다. 영어도 엄청 잘했다. 알고 보니 그 여동생은 나와 인연이 있는 사이였다. 내가 군에 가기 전 젊었을 때 부개여고 앞에서 푸드 트럭을 할 때 나를 알았던 것이다.

내가 언젠가 "여고 앞에서 또띠아를 팔았지."라고 했더니, "혹시 그때 그 오빠가 오빠였어요?"라고 되물었다. 그래서 "그게 바로 나였어."라고 하니 놀라는 눈치였다.

"그래서 여기까지 왔어요?"

"그래, 어쩌다 여기까지 왔네."

우리는 마주보고 웃었다.

"많이 컸네. 벌써 성인이 되어서 내 가게에 놀러 오다니, 너희들의 성장판을 책임졌던 사람이 바로 나야."

내가 이렇게 말장난을 쳤고, 동생은 "이럴 수가~!"라고 응수했다.

그 후 자인이는 학교를 다니면서 주말이면 우리 가게에서 일을 했다. 그렇게 한 가족이 되어 같이 일했다. 또 한 명의 기억나는 손님은 독일에서 공부를 하는 한국유학생인데, 외국 이름이 케이티라고 했다. 바에 앉아 있는 그녀에게 처음 말을 건넨 날, 케이티가 갑자기 한 펑펑 울기 시작했다.

"남자친구가 엄청 아파서 누워 있네요?"

나도 모르게 불쑥 던진 말이었다. 그러자 케이티가 "그래요."라고 대답하면서 펑펑 울었다. 나는 보이는 대로 말했는데, 딱 들어맞았던 것이다. 나는 그 날 이후 절대 사람의 관상을 보고 보는 대로 말하지 않고 속으로 삭였다. 이런 말이 왜 자동으로 튀어나오는지, 아팠을 때 이후로 관상을 보게 되었지만 때론 실수로 내뱉게 된다.

이런 인연으로 케이티를 달래면서 내 스토리를 들려주었고, 우리는 친해져서 오빠 동생처럼 지내게 되었다. 친한 동생들과는 내 가게에서 밥도 먹고, 갈 데 없으면 술도 같이 마시면서 주저리주저리 이야기를 풀어내는 등 재미있는 시간을 보냈다.

이렇게 시간이 흘러 계절이 한 바퀴 돌자 가게는 동생들의 아지트가 된다. 이런저런 이야기가 꼬리에 꼬리를 물자 동생들의 방문도 늘어나고 소문도 유명하게 퍼졌다.

"광희 형은 인간성이 좋아. 가족처럼 생각해 주거든."

동생들이 이렇게 전파하며 칭찬을 아끼지 않았다.

그래 열심히 진실한 마음으로 대하니 모두가 나에게 친근하게 다가오는 것이다. 아지트라는 개념이 생겨 내가 입에 풀칠도 하고, 때로는 도와주거나 도움을 받기도 하고 너무 좋다. 이런 게 행복이 아닐까. 이런 추억과 더불어 동생들이 찾아와 기분이 좋았다.

이런 좋은 시간도 잠시, 불현듯 사건사고가 따라온다. 예고 없이 가게에서 싸움이 났는데, 외국인과 한국인 사이의 싸움이었다. 양쪽 다 내 눈치를 보더니 밖으로 나가서 싸운다.

나도 화나면 한 성깔 하는 편이라 밖으로 따라 나갔다. 키가 크고 몸의 밸런스가 좋은 외국인이 주먹으로 코를 한 방 크게 치자, 맞은 동생이 코를 움켜잡고 허리를 숙인다. 코를 막았던 손가락 사이로 코피가 마구 쏟아졌다. 코피가 폭포수처럼 쏟아져 턱밑으로 바닥으로 줄줄이 흐른다. 마치 내가 병원에 있을 때 목의 호스가 터지듯이….

생각보다 사태가 심각했고, 외국인은 도망쳐 버렸다. 그 동생은 코가 부러진 것 같았다. 나중에 경찰이 와서 나에게 외국인의 신상 정보를 물었다. 나는 이름만 알지, 아무 것도 모른다고 했다. 내가 관여할 수 없는 일이다. 가게 밖에서 싸움이 나면 내 관할이 아니다. 모르쇠하고 경찰이 할 일이라고 생각했다.

경찰이 다른 일로도 찾아온 적이 있었다. 그때는 진짜 황당했다. 동생친구가 내 가게에서 핸드폰을 잃어버렸고 카메라에도 찍혔다. 다른 손님이 본인 것인 줄 알고 충전한 핸드폰을 가져가 버린 것이었다. 핸드폰 주인이 경찰 간부 딸이라고 했는지, 경찰 간부가 아버지 친구였는지는 기억이 가물가물하다.

경찰수사대 7명이 찾아왔다. 이건 좀 스케일이 크다. 핸드폰 하나 때문에 경찰 7명이 007 가방까지 들고 출동했던 것이다. 대단했다.

나는 출근할 때 입구에서 경찰을 만났는데, 내가 좀 쫄보처럼 쫄았던 것 같다. 꼭 이렇게 까지, 한두 명도 아니고 7명씩이나 찾아와야 하나? 역시 경찰 간부의 빽은 대단하다 싶었다.

007 가방을 들고 있는 경찰이 나에게 묻는다.

"핸드폰 가져간 사람 몰라요?"

경찰 7명이 핸드폰 가져간 사람의 카메라 영상을 검사하고, 문의 손잡이와 계단 손잡이를 분석하고, 지문을 확보하고, 만졌던 모든 물건에서 지문을 찾는다고 솜방망이로 톡톡 두드리거나 스티커로 떼어갔다. 유리문과 계단 손잡이를 특별히 더 조사했다. 나중에 연락이 왔는데 지문들이 너무 겹쳐서 못 찾았다고 한다.

'일반 사람들이 핸드폰 잃어버렸다고 하면 저렇게 해주나?'

한숨만 나왔다. 건물주가 지나가는 길에 경찰 7명이 설치는 것을 보고 황당하다는 듯이 나에게 물었다.

"뭐야, 왜 그래?"

"살인사건 아니에요."

등판에 '과학수사'라는 옷을 입고 오니 오해받을 만하지. 이게 바로 있는 놈, 없는 놈 차이란 것이다. 빽이 두둑해야 혜택을 본다. 나는 '흙수저'에다 능력 없는 놈이라서 "맘대로 조사하시고 궁금한 것 있으면 얼마든지 물어봐주세요."라고 했다. 그 후 아무런 연락도 없었다.

경찰이 찾아온 적이 또 있었다. 새벽 두 시쯤, 손님이 신고를 했던 것이다. 그 손님은 가게에서 술 마시고 다른 손님들 다 나갈 때까지 남아 있었다. 느낌이 쌔~ 했다.

처음에는 일행과 함께 왔고, 혼자 남아 칵테일 한 잔 추가로 시켰고, 혼자서 핸드폰을 들여다보고 있었다. 지금까지 먹은 것은 칵테일 세 잔과 나쵸들, 추가로 한 잔 더 시키며 내 눈치를 본다.

뭔가 이상하다 싶었는데, 경찰 두 명이 가게 문을 열고 출동한다.

'이건 뭐지?'

내가 문으로 들어서는 경찰에게 물었다.

"혹시 지하 1층 찾으러 오신 거 아니에요?"

지하는 바였다. 손님이 깽판을 친 줄 알고 출동한 줄 알았다.

"아니오, 여기 3층에 왔소."

경찰의 대답에 나는 "손님 한 분과 나 혼자인데, 여기는 아무 일 없어요."라고 했다. 나는 속으로 '아, 젠장 3층이라니? 도대체 이 상황은 뭐지?' 하고 꿍얼거렸다.

짧은 순간 내가 모르는 뭔가가 지나갔나 싶었다. 근데 여기서 혼자 있던 손님에 의해 대반전이 일어났다.

"신고는 내가 했어요."

경찰이 "여기서 신고했다."고 하자, 혼자 남은 손님이 갑자기 "저기요!" 하며 손을 들고 말했던 것이다.

나와 경찰 두 명이 그 손님을 향해서 고개를 돌렸다. 대반전의 영화 한 장면이 생각났다. <식스센스> <유즈얼 서스펙트> 같은 영화…. 자기가 신고를 했다고 손을 들었던 손님이 뭐라고 신고를 했는지 궁금했다. '뭐라고 할까?' 하고 귀가 쫑긋해진다. 음악을 껐다. 더 자세히 듣고 싶었다.

'자 뭐라고 신고했는지 들어보자.'

그 손님이 입을 뗀다.

"제가 미성년자입니다."

나는 망치로 뒤통수를 '쎄게~' 한 대 얻어맞은 느낌이었다. 이때쯤 뉴스에서 가짜 신분증에 고의적인 신고가 있다고 나오기 시작했는데 이것이 유행인 모양이었다. 당한 사람이 한두 명도 아니었다.

'저 자식 뭐야? 아까 주말 알바가 분명히 신분증 검사 했다고 했는데? 내가 검사했냐고 물어봤고 검사했다는 대답까지 들었는데, 이게 뭘까?'

순간적으로 아까의 영상들이 지나간다. '이건 꿈이야. 꿈일 거야.' 전신마비 이후 이런 일까지 당해야 한다는 생각이 들자 괴로웠다.

어쨌건 이건 현실이다.

"같이 서에 좀 갑시다."

경찰의 말에 '내가 왜 가야 되지? 내가 잘못한 게 뭔데?' 어이가 없어 명하니 정신 줄을 잡지 못한 채 경찰을 쳐다보기만 했다. 미성년자 손님이 술 마셨다고 신고가 들어가서 경찰이 출동했다. 나는 당황하여 신분증 검사 했다고 주장하지만, 경찰서로 일단 같이 가자고 한다.

그 손님, 아니 그놈과 나는 따로따로 경찰차를 탔다. 가게는 대충 마감하고 정리했다. 내가 때릴까 봐 따로 태운 것 같았다. 경찰서에 도착했다. 신분증 제출하고 조사받았다. 그놈 부모가 왔다. 나는 그냥 쳐다볼 수밖에 없었다. 처벌을 내린단다. 그래 그냥 받아들였다.

이때부터, 어쩜 그 전부터인 것 같다. 미성년자들이 악의적으로 술을 마시고 그 업장을 신고한다는 것이 이런 사건들이었다. 유행이라나.

어떤 가게는 몇 번을 당했다고 한다. 상대방 가게에 미성년자를 일부러 보내는 경우도 있단다. 술 마시게 하고 신고해서 이웃 영업장을 문 닫게 하는 수법이 성행했다.

양아치 새끼들은 돈 받고도 한다고 들었다. 세상이 참 웃기게 돌아간다. 상대방이 잘 된다고 해코지하기 위해 고의로 사건을 만들어 신고를 해대는 세상이 제 정신인가.

우리 가게는 그런 경우가 아니고, 그놈이 돈이 없어서 신고를 한 것 같았다. 조사받고 마신 양만큼 돈을 받았다. 부모가 돈을 줬다. 나는 둘 다 패주고 싶었다. 나에게 이런 짓을 하다니 짜증만 났다. 부모는 나에게 아무 말도 없이 자식새끼만 데리고 나갔다.

나는 계속 더 남아서 조사를 받았고, 과정들을 줄줄이 얘기했다. 나는 주말 알바 비보이 중에 닉네임이 '빱'인 민호 에게 새벽에 전화를 걸어 민호와 통화를 했다.

"아까 상황에서 민쯩 검사 확실하게 했지?"

내가 물었다. 민호는 갑자기 말을 더듬었다.

"내가 민쯩 검사 시켰는데 확실히 했지?"

이 말에 민호가 더듬는 바람에 나도 불안했다.

"했어, 안 했어?"

이러니 말을 더 떠듬거린다. 나는 한숨을 쉬었다.

"너 안 했지? 내가 하라고 했잖아. 네가 나에게 걸어와서 했다고 하여 나는 또 그걸 철석같이 믿었고."

나는 화가 난 목소리로 새벽에 경찰서에서 민호와 통화했다. 나는 결과를 예측했다. 경찰에서는 처벌받아야 한다고 했다. 재범이 아닌 초범이라 벌금이 예상된다고도 했다. 어떻게 처벌을 피할 수 있는 방법도 없으니까 내일 얘기하자고 했다.

경찰 쪽에서는 본인이 본인을 신고하는 이런 경우가 드물다면서 의아해 했다. 나도 처음 본다고 응수했다. 그리고 나서 신분증 확인이 끝나자 벌금 용지 하나가 집에 갈 거라고 했다. 벌금 아니면 영업정지 15일 중에서 선택하라고 해서 나는 벌금을 선택했다.

다음날 민호가 가게로 찾아왔다.

"너 왜 내가 시켰는데 그렇게 하지 않았냐?"

민호는 말없이 고개를 숙이며 기어드는 목소리로 대답했다.

"미성년자가 아닌 줄 알고 육안으로 보이는 대로 판단했어요."

이 부분에서 나에게 많이 혼났다.

"형이 시키는 대로 했어야지. 네가 판단하지 말라고 했잖아. 업주가 민쯩 검사하라고 전달하고 확인까지 했는데, 그대로 안 하면 일하는 사람 책임이잖아?"

　민호는 잘못을 인정하고, 이후로도 나와 같이 열심히 일했다. 민호는 일만큼은 빨리빨리 농땡이도 부리지 않고 열심히 하는 스타일이었다. 그렇게 민호는 열심히 일하면서 사회생활의 모르는 부분도 경험으로 배웠다. 나도 세상 돌아가는 걸 배운 셈이었다.

　재미있는 세상, 참 잘 배웠다고나 할까.

　"앞으로 이런 일이 또 생기겠냐?"

　민호와 나의 관계도 이전보다 더 돈독해져서 서로 신뢰를 더 쌓을 수 있었던 기회였다. 그렇게 시간이 흘러 빚은 다 갚았다. 민호도 홀가분해져서 함께 마주보며 웃었다.

다섯째마당 **양궁과 다트로 세상과 소통하기**

불편해도 도전할 수 있다

동생들 생일이 되면 나는 선물도 챙겨주고 원하는 음악도 틀어주며 춤추고 난리를 쳤다. 이런 게 추억이 담긴 시간이었다. 나는 취미로 가게에 있는 다트에 매달리기 시작했다. 다트를 하다가 양궁도 시작했다.

개인 다트가 없었던 때라 장비 가격이 싼 하우스다트, 가게에서 막 던지는 다트로 연습하고 낮에는 양궁도 연습했다. 재활 겸 내가 할 수 있는 스포츠를 찾기 위해서였다.

다트는 몸이 자유롭지 못한 나에게는 아주 매력적이었다. 그냥 다트 판에 다트를 던지기만 하면 되니까 쉽게 흥미를 가질 수 있었다.

재미 삼아 하우스다트로 계속 던지다, 다트를 잘하는 재명이라는 후배로부터 제대로 다트를 해보라고 추천을 받았다.

"네가 열 번 이상 나에게 추천한다면 다트를 제대로 시작해볼게."

그랬는데 진짜 10개월에 걸쳐 재명이가 열 번 나를 도끼로 찍는 바람에 나는 다트를 시작하게 되었다.

개인 다트 장비까지 구입하는 것을 포함하는 조건이었다.

나는 다트 비용 138,000원 정도를 질러버렸다. 가방과 케이스까지 싹 다 풀 세트로 구매했다. 다트는 맨 앞부터 팁, 배럴, 샤프트, 플라이트 대충 네 가지 부분으로 나누어진다. 새로운 물건을 가지게 되면 더 만져보고 더 쳐다보게 된다. 그래야 애정이 생기는 법이다.

양궁도 가게에서 번 돈으로 해외 사이트에서 경매로 구매했다. 활은 신체, 신장, 팔 길이, 파워를 따져서 구매해야 한다. 사양이 전부 다르고 부분 조립과 결합 부품도 있다는 것이다. 양궁은 2년 반 정도 했다. 처음에는 인터넷으로 검색해서 어디서 할 수 있는지 알아보았다.

양궁 활동을 하는 동호회들이 있었다. 검색해보니 인천에는 계양양궁장이 있는데, 비장애인은 출입할 수 없고, 장애인 선수만 출입 허용이었다. 나는 복지카드를 가지고 있으니까 장애인 부문에서 인천 소속으로 양궁을 하려고 했다. 장애인 형님들이 있었는데 그 형님들이 나에게 양궁에 대해 브리핑을 잘해 주었다.

양궁에 대한 지식이 전혀 없었기 때문에 알려주고 설명해주는데도 나에게는 4차원 같은 새로운 분야였다. '그냥 당기고 쏘면 되겠지.' 하고 생각했는데, 생각하는 것과 직접 해보는 것은 정말 천지차이였다.

나의 활은 컴파운드용 활이었다. 활 양쪽 끝에 도르래 같은 롤러가 있다. 활의 현이 어느 정도까지 당겨지고 양쪽 끝 도르래 롤러가 회전하면서 한계점까지 돌아가면 아주 살짝 덜컹 거리면서 멈춘다. 덜컹거린 후 활의 현을 당기는 힘은 조금 줄어든다. 그래서 도르래 롤러가 넘어갈 때까지 당기는 것이다. 정면을 보며 당기면서 렌즈 조준까지 같이 한다. 그리고 목표물에 고정시키고 현에는 격발기 후크로 당겨 스위치를 누르면 현을 놓아주는 형태로 격발하게 된다. 그 속도는 일반 활보다 빠르다.

컴파운드 활은 사냥용 활로 미국에서 쓰고 있는 품목이었다.

한국 양궁이 세계 제패를 밥 먹듯이 하니까 컴파운드 종목이 추가되던 것이다. 종주국이 외국이라고 보면 되겠지만, 한국은 컴파운드도 엄청 잘한다. 역시 한국이다.

해외 배송을 통해 컴파운드 활이 도착했다. 받아서 뜯어보니 간지가 좔좔 흘렀다. 무조건 쏘고 싶어지는 활이다. 나는 이것을 들고 양궁 동호회가 활성화된 자이언트 쪽으로 방문했다. 분해되어서 왔기 때문에 새로운 현과 부분 부품들을 튜닝하고 경기를 할 수 있는 조건으로 내 신체구조에 맞게 세팅을 하고 연습 겸 당겨 쏴보았다. 활이 도착하기 전까지는 장애인 선수의 활을 빌려서 연습하고 있었다. 내가 팔이 더 길어서 해외에서 배송을 받은 물건이 더 잘 맞았다.

빌린 활로 연습할 때는 첫날 이후 다음날 온몸에 알이 배겼다. 팔도 더 아파서 내 팔로는 다트 던질 힘도 없었다. 알이 풀릴 때까지 빌린 컴파운드 활로 열나게 당겼다. 운동도 되고 칼로리 소모도 있었다. 경기 방식은 남자 기준으로 30미터, 50미터, 70미터, 90미터였다. 세계대회는 50미터였던 것으로 기억한다.

거리 변동이 생기면 활의 렌즈거리 이동이 생긴다. 그래야 활을 당기면서 더 멀리 쏠 수가 있다. 그리고 걷는 연습도 하게 된다. 확실히 전신 운동을 할 수 있었다. 반면에 위험하기도 했다. 살상이 가능하기 때문에 사람이 죽을 수도 있었다. 활을 쏠 때는 항상 주변인들의 안전을 확인하고 쏜다. 활을 쏘는 나도 다칠 수 있다. 자기 화살로 자기 손등을 쏘는 경우도 있고 여러 가지 사고도 있을 수 있다.

하우스 토너먼트에서 우승하다

나는 낮에 활을 쏘고는 가게로 돌아와 장사를 하면서 다트도 하고 재활 운동까지 했다. 다트는 우리 가게 손님이나 알바랑 놀면서 던졌던 그 정도의 다트였다.

활로 어깨를 심하게 다쳐서 주사도 맞고 시위를 당기지 못하면 다트를 더 던지기도 했다. 가벼우니깐 부담 없이 던졌던 것이다. 어느 날 하우스 토너먼트에 도전해보라고 후배가 추천했다. 하우스 토너먼트는 다트기계가 설치된 업장에서 자체적으로 주최하는 대회를 의미한다.

"알겠어. 언제야?"

내가 묻자 주말이라고 날짜를 알려주기에 연습하고 처음 하우스 토너먼트에 출전했다. 주안 쪽의 술집이었는데 2층에서 한다고 주소를 알려줘서 그날이 되어 찾아갔다. 나는 지팡이를 짚고 창피해서 혼자는 못 가고 우리 가게 알바랑 같이 갔다. 낮 3시쯤 시작한다고 했다.

가게 문을 열고 들어가 보니 유니폼을 입은 얼추 6명 정도가 다트를 연습으로 던지고 있었다.

'유니폼 입은 걸 보니 쟤네는 다트 선수인가?'

속으로 이렇게 생각했다. '주눅은 들지 말아야지.' 하면서도 어딘지 내가 위축되고 창피해서 저쪽 멀리 테이블에 쭈그려 있었다. 시간이 갈수록 점점 더 많은 사람들이 들어왔다.

'뭔가 좀 이상하네? 나만 이런 걸 모르고 살았나?'

이런 느낌이 들었다. 후배를 만났다. 후배는 주안의 2층 맥주집 사장과 친한 사이였다. 평소부터 서로 잘 알고 지내는 사이 같았다. 우리 알바 동생 기승이의 얼굴을 쳐다보며 물었다.

"쟤네는 선수냐? 왜 유니폼 같은 옷을 입고 있는 거지?"

"저 사람들 동호회일 걸요."

기승이가 이야기해 주었다. 나는 속으로 '뭐야, 다트 때문에 동호회까지 만드나? 신기하네. 다트 때문에 만난다고? 신기해.' 몇 번이나 중얼거렸다. 나도 몇 번 연습 삼아 던져보고, 기승이도 연습을 했다.

사람들이 다 모이자 출석 호명을 했고, 우리도 대답을 했다. 출석을 확인한 다음 경기 시작 준비를 했다. 각자 성적 레벨을 제출하고 기다렸다. 주안 맥주 사장님네 알바랑 나랑 같은 팀이고, 기승이는 사장님네 팀이었다. 우리는 우연이라 치더라도 이렇게 엇갈려 편이 될 줄은 몰랐다. 각자 짝이 정해지고 얼굴을 확인한 다음 인사를 나누었다.

경기가 시작되었다. 나는 평소대로 던졌다. 생각보다 잘 되었다. 평소처럼 평타를 쳤다. 만족했다. 내 파트너도 못지않게 잘했다. 운동을 해서 몸도 건강했다. 우리는 계속 복식 더블즈 로 번갈아가면서 던졌다. 사실 나는 규칙(룰, Rule)도 잘 몰랐다. 전략도 없고 시키는 대로 던지기만 했다. 그런데도 잘 들어갔다.

원하는 방향으로 가까이 모여 던지고, 잘 던졌고, 우리 팀은 계속 이기면서 쭉쭉 치고 올라갔다.

경기 방식은 501(점수 0점 만들기)과 크리켓(땅따먹기, 포인트로 승부). 그러자 우리는 결승에 도착한다. 첫 번째 참석에 결승이라니, 느낌이 좋았다. 은둔 다트를 하던 나는 대회는 커녕 다른 다트샵을 돌아다녀 보지도 못했지만, 이미 다른 다트인들은 여기저기 많이 돌아다녔다.

나는 그냥 그늘 속의 은둔 형이었고, 남들과는 잘 만나지도 못했다. 우리 동네에서 가까운 동생들만 만났고, 제대로 활동은 하지 못했던 것이다. 그래서 어색하고 이상하게 보이는 데다 한마디로 세상 돌아가는 것을 모르고 뒤처진 촌놈이었다.

'이런 세상이구나. 동호회가 활동적으로 움직이는 세상이란 말이지. 재미있다.'

이런 생각을 하면서 나는 결승전 준비를 했고, 결승이 시작되었다. 주안 사장이 사회를 보았다.

결승전이 시작된 후에도 나는 하던 대로 했다. 다들 벌벌 떠는 것 같았지만, 나는 그런 게 없었다. 약간의 미동과 불편함 정도였다.

다트는 역전의 기회가 자주 온다. 상대방이 강하다면 기회는 줄어든다. 무조건 양쪽이 한 번씩 던지기 때문에 기회는 공평하다. 그래서 긴장감도 오는 것이다. 손에 땀도 났고 옷에다 닦기 시작했다. 긴장감이 맴돌고 게임은 거의 끝나간다.

내가 던진 다트로 마무리가 되었다. 우리가 우승했다. 사람들이 축하해 주었다. 그러고 보니 그렇게 반가워하지는 않는 눈치였다. 우승 상금을 받고 우리 동네로 돌아왔다.

며칠 후에 들은 얘기인데, 내가 레이팅 레벨을 속였다고 한다는 것이다. 나는 속이는 것 자체를 이해하지 못하고, "그게 뭔데?"라고 거꾸로 질문을 던졌다. 항의가 들어와 후배는 본인이 증인이라고, 믿으라고 하면서 대변해주었다고 한다. 한 마디로 나는 의심을 받았던 것이다.

'하우스 토너먼트에 처음 나온 사람이 어떻게 저렇게 잘 던져 우승을 하냐?'는 게 의심의 요지였다. 나는 속으로 '니들이 나보다 고생을 더 해봤냐? 이 정도 보상으로는 아직 한참 멀었다.'라고 외쳤다.

겉으로는 그냥 웃어 넘겼지만. '그런 건 할 줄도 모른다.'고 전한 다음 나는 평상시처럼 일을 했다.

그날 오후 다른 동네에서도 시합을 한다는 기승이의 말을 듣고 참가했다. 이번 시합은 개인전이었다. 나는 기승이와 함께 접수하여 참가하고 또 우승을 했다. 나중에 속여서 참가했다는 얘기가 또 나왔다. '아오!' 자꾸만 헛소리가 들려 속이 상했다. 그래도 두 번 연속으로 우승을 해서 만족할 만했기 때문에 기승이에게 웃으면서 용돈을 주고 나는 '쿨'하게 다시 가게로 돌아와 일을 했다.

이렇게 나는 다트를 양궁과 비슷하게 시작한다. 여러 가지를 해보니 재미있었다. 다트는 옆으로 서서 던지니까 발 옆날과 무릎이 아팠고, 양궁 연습으로 어깨가 찢어지게 아팠다. 내 몸은 보통 사람과 다르니 더 괴로웠다. 어깨의 아픔이 가라앉으면 다시 양궁을 했고, 다트도 발이 아팠지만 조금씩 자주 던졌다.

지현우 선생님과 만나 다트 교육 약속하다

시간이 흘러 다트를 해도 아픔이 없다.

그 무렵 가게의 손님이신 지현우 선생님이 개인 다트를 들고 왔다. 두원공업고등학교 선생님으로 다트를 좋아하는 분이었다.

나이는 나와 비슷했고 가게에 혼자 찾아와서 잭 다니엘 한 잔 시키고 혼자 다트 연습을 하곤 했다.

"시합 한 번 해볼까요? 연습 삼아."

나는 이런 제안을 흔쾌히 받아주고 게임을 해보았다. 지현우 선생님은 레벨이 나보다 높고, 나는 좀 아래였다. 게임을 시작하자 나는 생각보다 다트가 너무 잘 되었고, 내가 몇 판을 이겼다. 지현우 선생님이 말했다.

"감각이 좋으시네요?"

"순전히 운이지요. 그냥저냥 던지는 겁니다."

지현우 선생님이 권유하는 대로 게임을 몇 판 더했다. 게임이 끝나고 나의 레벨은 더 높이 올라갔다.

"축하드려요."

이런 말을 듣는 게 무척 어색했다.

"내일 또 올 테니 다시 시합도 하고 트레이닝도 하지요."

지현우 선생님은 그 주에만 다섯 번을 방문했다. 나는 다트 때문에 찾아오는 것을 신기하게 바라보았다. 다섯 번 방문하는 동안 거의 내가 이겼다. 나의 레벨이 지현우 선생님보다 한 칸 더 위로 올라갔다. 그분이 날 보고 웃으면서 이야기한다.

"신기하네요. 이렇게 레벨이 오르는 것은 처음 봐요."

다섯 번 방문하는 동안 다섯 칸 레벨을 올렸다. 마지막 날은 나에게 잭 다니엘 한 잔을 사주면서 이야기했다.

"트레이닝을 참 재미지게 했습니다."

표현도 이렇게 재미있었던 지현우 선생님은 나를 다트 세계의 표면으로 나오게 해준 장본인이었다. 보석 발굴이라는 말에 어울릴 성싶다.

"조광희 사장님은 숨은 재주가 있어요. 감각이 뛰어납니다."

이런 칭찬까지 했다. 내가 다트 성적의 레벨을 올릴 때 직접 목격한 사람이 바로 지현우 선생님이다. 우리는 테이블에 앉아 대화를 나누면서 지 선생님은 나에게 좋은 정보를 알려 주었고, 나는 지난날 살아온 이야기와 함께 지팡이를 짚고 다니는 이유, 몸이 불편한 이유 등도 나름대로 설명했다.

"조광희 사장님은 얼마 후면 진짜 거물이 될 겁니다. 이야기 듣고 감동했어요. 유명해지면 모른 척하지는 맙시다."

내 이야기를 들은 지 선생님이 이렇게 말했고, 나는 장난스럽게 웃으며 응수했다.

"거물이 아니라 대물이 될 겁니다."

지현우 선생님은 다트가 여러 개 더 있다고 했다. 중고라도 내가 사고 싶다고 하여 얼마간 돈을 지불하고 지 선생님이 쓰던 것을 샀다. 그것으로 좀 더 집중하여 다트 연습을 할 수 있었고, 이런 약속도 했다.

"행여 유명해지기라도 한다면 학교로 찾아가서 선생님과 함께 학생들에게 다트 교육을 하는 날이 올 수도 있겠지요."

"조 사장님은 나중에 진짜 유명한 사람이 될 거예요."

나는 거기서 멈추지 않고 조금씩 실력을 쌓아 나갔다.

양궁도 병행하면서 하루하루를 정말 바쁘게 지냈다.

양궁대회에도 참가했다. 나는 장애인 전국체전에서 3등까지 성적을 내기도 했다. 그날 바람과 돌풍에 안개가 끼고 비까지 내려서 천재지변이 나를 도와준 셈이었다. 양궁은 날씨, 습도, 바람의 방향을 잘 분석해야 한다. 실력은 거의 밑에서 3번째였지만, 양궁에서도 배울 게 많았다.

이런저런 소리가 들려도 영양가 있는 소리만 걸러서 들었다. 쓸 데 없는 소리는 간섭이 귀찮아 한 쪽 귀로 듣고 다른 쪽 귀로 흘려버리면서 필요한 말만 들으면 되는 것이다.
 양궁은 실력자들이 많아 순위변동이 별로 없다. 정말 돌덩이처럼 잘 변하지 않는다. 내가 작심하고 시간을 투자해도 5년 이상 걸릴 것 같았다. 내가 매일 쏘는 것도 아니고, 그들도 놀지는 않을 테니 말이다. 그냥 취미 삼아 해야겠다고 판단했다.
 '넘사벽'이라고 하던가. 넘을 수 없는 4차원의 벽, 그런 게 있을까 싶지만 실제로 경기장에서 붙어보면 돌덩이 같은 실력이다. 당연히 내가 지긴 했지만 배운 것도 있었다.
 활을 당겼을 때 심하게 집중할수록 활이 진동을 하면서 움직인다. 그리고 하루살이처럼 오락가락 원을 그리며 돈다. 경력은 무시하기 어렵다고, 상위권 선수들은 그런 움직임이 없다.
 내 몸속의 신경에 문제가 있어 더 움직일 테지만, 고정이 안 된다. 그래서 연습을 하는 것인데, 연습할 때는 덜 떨다가도 시합 경기에서는 더 심하게 원을 그려 팔을 지탱하기 어렵다.
 그래서 리듬을 가지고 쏴봤다. 그냥 모르겠다, 막 던져도 좋다는 생각으로 쏘는 것이었다. 전국체전에 인천 소속으로 참가해서도 리듬 템포만 기억하며 마구 쏘아댄 것 같다.
 기다리거나 신중하게 행동하는 모습도 없이 쏘았다.
 바람이 불어도 깃발조차 체크하지 않았다. 바람이 불든 말든 생각 없이 쏴줘야 개운했다. 어차피 내가 일등이 아니니까 원 없이 개운하게 쏘아대자는 마인드였다. 실제 경기에서도 내가 가장 빨리 쏘고 가장 먼저 활을 내려두는 편이었다.
 평소에 연습 때의 습관도 빨리 쏘는 편이었다. 전국체전이나 선수권 대회에 출전하여 포인트 경기가 있을 때는 지방에도 내려가서 모텔을 잡고 경기하는 일도 자주 있었다.

경험을 쌓기 위해 일부러도 참가했다. 장애인들은 특히 더 연습을 많이 한다. 본받을 게 많았다. 열정이 있으니까 저러는구나 생각했다. 1년분 포인트를 모으면 아시안게임이나 올림픽 선수로 출전할 수도 있다. 물론 상위 몇 명만 순차로 뽑는다. 나는 아직 햇병아리였다. 이 순간을 즐기기나 해야지 하는 생각으로 참가만 했다.

서울에서 어울림 한마당에도 출전해서 2등을 하고 진공청소기를 상품으로 땄다. 상위권 선수들이 불참했던 경기다. 해마다 기업이 협찬하는 대회도 몇 개가 있었다. 그런 대회에 간간이 출전도 하고, 돌아와서는 다트도 하면서 한 해를 보냈다.

한 번은 다트 플레이어가 가게로 나를 방문했다. 만나보고 싶어 찾아왔다는 것이다. 문을 열고 들어와서 나에게 인사를 한 다음 첫 마디가 한 판 붙자는 것이었다.

"다트 매치 한 판 해보고 싶습니다."
"다트 때문에 오셨어요?"

내가 되물었더니 그렇다고 한다. 알고 보니 그는 나보다 한 살 위였고, 바로 옆 가게에서 장사하는 사람이었다. 자신의 가게 안에도 다트기계가 있다는 것이다. 그가 찾아온 이유를 듣고는 솔직히 놀랐다.

"사장님이 다트 잘한다고 해서 찾아왔는데, 진짜인지 아닌지 너무 궁금했거든요."
"다트가 뭐라고 이런 것 때문에 찾아왔어요?"
"사장님 실력이 너무 궁금하잖아요. 얼굴도 보고 인사도 할 겸 겸사겸사 왔어요. 이 동네에서 다트로는 내가 짱인 줄 알았는데, 나보다 한 단계 위라는 소문을 들었거든요."

나는 여전히 속으로 '이 사람들이 내가 취미로 하는 다트 실력에 왜 이렇게 목을 매지? 그냥 취미일 뿐인데.' 하고 생각했다. 어쨌거나 서로 간단히 통성명을 하고 술 한 잔에 다트를 붙어보기로 했다. 나는 솔직히 은둔 다트라서 게임 방식조차 잘 몰랐다.

"매치로 붙읍시다."

"그게 무슨 소립니까?"

"01 게임과 크리켓(땅따먹기) 두 게임을 한 번에 이어서 붙자는 겁니다."

서로 1대 1이면 연장전 선공을 결정한 다음 01을 초이스할 것인지, 크리켓으로 할 것인지 결정하는 것이었다. 선후 결정은 각각 한 발씩 던져서 중심 쪽에 가장 가까운 사람이 선을 차지하고, 후가 게임을 선택한다. 모든 게임은 선이 가장 중요하다.

게임 비용은 01 게임 천원, 크리켓 천오백 원, 이천오백 원이었다. 내가 그 사람에게 말했다.

"일부러 날 찾아오셨으니깐 내가 삼천 원을 기계에 넣었습니다."

"매치게임이니까 이천 원만 넣으시면 되죠."

그동안 나는 천 원, 천오백 원, 이천오백 원씩 넣고, 오백 원을 버리곤 했다.

"사장님이 아직 많이 해보지도 못한 데다 교류가 없다고 생각해서 일어난 거지요."

그 사람이 웃으면서 말했다. '난 뭐지?' 이런 생각만 들었다. 그런 다음 우리는 게임을 붙어보았다. 그 사람이 나에게 아슬아슬하게 두 게임을 이겼다. 게임이 끝나고 그가 말했다.

"사장님은 가짜가 아니라 진짜 실력이 있네요. 하여튼 이렇게 만나서 반가우니까 우리 가게에 와서 술 한 잔 합시다."

"예, 바로 옆이니까 찾아가겠습니다."

며칠 후 가게로 찾아가서 인사를 하고, 그 사람이 주문한 회를 안주로 소주를 마시면서 대화를 나누었다.

"몸이 편찮으신가 봐요?"

그가 묻기에 내 이야기를 해주었다.

"지나다니면서 지팡이 짚고 다니는 사장님을 자주 봤습니다. 이렇게 인연이 될 줄은 몰랐는데, 알게 되어서 기쁩니다."

알고 보니 주안 맥주집 사장과도 아는 사이였다. 우연히 주안 맥주집 사장이 내가 그 사람 가게에 있을 때 방문했던 것이다. 나와도 통성명을 하면서 주안 사장이 말했다.

"제 이름은 명헌이고 제가 동생입니다."

주안 사장이 술자리에 합석했다. 재명이를 포함하여 이들끼리 이미 알고 지내는 사이였고, 활발하게 다트 교류를 한다고 했다. 나는 은둔 다트도 살짝 매력이 있는 것 같았다.

'고수가 되면 더 멋지겠지. 언젠가는 그렇게 될 거야. 조광희가 다트 챔피언이 될 거야.'

나는 예언하듯이 마음속으로 다짐했다.

그렇게 서로 알고 지내면서 나는 은둔에서 벗어나 주안 맥주집 사장의 동호회에 가입하여 활동하고 싶었다.

다트 동호회에 가입하다

하우스 토너먼트에서 처음 우승하던 곳의 동호회가 갑자기 생각나서 주안에 찾아가 물어보았다. 가게 문을 열고 들어가니 사장은 핸드폰만 들여다보고 있었다. 나는 그 앞에 앉아 날 쳐다볼 때까지 마주 쳐다보았다. 십분이 흘렀는데도 핸드폰만 들여다보고 있었다. 언제 쳐다보나 했더니 한참 만에야 앞을 보다가 놀라는 눈치였다.

"무슨 일이세요?"

"사장님의 동호회에 가입하고 싶은데 조건이 뭐예요?"
"회원들에게 찬반을 묻는데, 단체 방에서 투표를 해요."
"그럼 사장님이 신청 좀 해주세요. 결과는 기다려보겠습니다."
그렇게 하고 다시 부평으로 돌아왔다. 며칠 후 연락이 와서 "가입 축하드립니다."라고 했다. 그렇게 동호회에 가입하고 일요일 점심 때 동호회원들과 예약한 곳에 모여 인사를 나누고 통성명을 하면서 백숙을 먹었다.

회원 중에 제약회사 다니는 기찬이라는 동생이 나에게 잘해줬다. 기찬이는 지금도 나에게 여러 가지 비타민과 파스를 사주고 있다. 나에게 자주 연락을 해주고 응원해주는 그가 항상 고맙다.

양궁과 다트를 할 때 몸이 뻐근하면 자주 파스를 붙이는데, 그런 것까지 챙겨주는 마음이 고마운 것이다. 지금도 파스는 상비약인데 늘 여유분이 있어서 고맙고 감사하다.

밥도 자주 사는데, 내가 사주려고 하면 항상 먼저 계산해 버린다. 내가 해주고 싶어도 "괜찮다."는 답변만 돌아오기 일쑤다.

동호회원들과는 다트뿐만 아니라 계절이 바뀔 때 같이 계곡에 놀러 가서 고기를 구워 먹기도 하는 등 시간이 갈수록 더욱 친분을 쌓아 나갔다.

전국체전 이후 양궁은 접고 다트에만 도전

　나는 양궁 때문에 다트 쪽의 큰 대회에는 나갈 기회가 없었다. 그래서 한 번은 날 잡아서 연중 가장 큰 다트 대회를 구경하러 갔다. 그 대회는 금요일부터 일요일까지 사흘간 진행되고, 다른 나라 선수들도 참가하는 대회였다. 아시아에서 다트는 일본이 압도적으로 우세하고, 한국은 일본에 비해 약세였다.
　대회 종목은 개인전, 더블전, 트리오, 단체전 등 여러 종류였다. 전국의 다트 플레이어들이 많이 참가하고, 경기장의 수용인원도 많았다. 나는 일요일에 구경을 갔는데, 인천 출신 참가자들도 많았다. 내가 아는 사람들은 대개 다트 대회 참가가 나보다 몇 년 앞서고 입상 경험도 있었다. 그 사람들은 상위권에서 활동하고 있었고, 후배와 다른 선수 동생은 인천에서 최고 레벨이라고 했다. 동생들도 상위권에서 활동하고 있었다.
　토요일 더블전은 내가 아는 사람과 후배, 일요일은 그 사람과 다른 후배, 이렇게 미리 짜놓고 참가를 했다. 내 주변 사람들은 처음 만날 때보다 더 열심히 해서 상위 그룹에서 활동하고 있었고, 나는 그 아래 아래 등급 정도로 상위권에는 끼어들 수 없는 실력이었다.
　나는 뒤에 멀찌감치 떨어져 경기하는 모습들을 지켜보았다. 특정 다트 기계 회사가 주최하는 대회라서 나는 아무 것도 모른다. 양궁도 복잡한데 이런 건 신경도 안 썼다. 여러 경기를 지켜보면서 일본 선수들과 외국 선수들이 참 잘한다고 느꼈다. 이미 다트를 생활화하고 있는 느낌이었다. 일본 여자선수들은 더 멋있었다. 다트를 하는 일본 사람들은 연예인 같았다.
　인천 출신의 참가자가 일본 사람들과 외국인들에게 밀리고 있었다. 인천 사람과 다른 후배 선수들의 어깨가 축 처지고 얼굴의 표정이 좋지 않았다. 나는 화가 나서 인천 사람에게 이런 말을 던졌다.

"내가 맥스 상위권까지 실력을 올려놓고 뭔가 보여줄게."

그러자 그 사람이 웃었다.

"난 진짜인데, 왜 웃어요?"

"그래, 올려놓고 그때 만납시다."

나는 그때부터 준비를 했다. 아무도 모르게 나 혼자 연구하고 테스트했다. 파트너가 되려면 어느 정도 영향력을 갖고 퍼포먼스를 보여줘야 나를 인정해줄 것이다.

나는 나만의 트레이닝을 했다. 나는 나름대로 연구를 시작했다.

'어떻게 해야 다트를 잘할 수 있을까?'

다트와 함께 양궁도 연구하면서 두 종목을 동시에 활동영역으로 삼았다. 양궁 쪽에서는 전남에서 나에게 이적하라고 말을 건넸다. 전남으로 간다면 먹고 잘 수 있는 집과 월급을 주겠다고 했다. 전남으로 내려와서 양궁을 하라는 것이다. 인천에도 좋은 형들이 있었는데, 몇 명은 성격이 좋지 않아 짜증이 나게 하니까 전남으로 소속만 옮기고 인천에서 양궁 활동을 했다.

나는 동시에 다트 성적도 올리기 시작했다.

둘 다 성적 포인트가 오르기 시작했다. 한 번은 일요일에 다트 대회 나갔다고 징계를 먹었다. 어깨가 아파 양궁의 현을 당기지 못했는데, 다트 대회 구경을 갔다는 고자질 바람에 징계를 먹고 다트에 조금 더 투자를 했다. 징계를 먹었으니 할 게 없어서 다트를 파보는 것이었다. 다트 성적이 점점 더 올라가서 나도 상위권에서 뛸 수 있을 정도의 실력이 되었다. 그리고 마침내 예상보다 더 빨리 내가 인천에서 최고 레벨에 오른다.

여기서부터 소문이 나기 시작한다.

"그 봐요. 조광희 사장님은 된다고 했잖아요. 근데 너무 치고 올라가는 거 아닌가요?"
지현우 선생님이 기뻐하며 이렇게 말했다.
"그냥 저도 모르게 이렇게까지 왔네요."
이렇게 대답하면서 나름의 뿌듯함을 느꼈다.

몇 달 후 양궁 징계가 풀렸다.
전국체전이 있어서 양궁도 연습하면서 단체전 연습도 하라는 전달을 받고 연습에 집중했다. 연습에 집중하면서 쏟아 붓는 시간이 헛되지 않도록 해보자고 생각했다. 전국체전의 장애인 양궁 개인전이 끝나고 단체전을 준비했다. 단체전은 희망이 있다면서 나에게 특별히 연습 좀 해달라는 요청이 떨어져 어깨를 다쳐가면서도 연습 시간을 늘렸다.
대회 하루 전 내 차를 끌고 지방까지 4시간 운전을 하고 내려가 현장에서 연습을 하였다. 경기 당일 단체전이 시작되었다. 한 팀당 세 선수가 번갈아가며 활을 쏘는 시스템으로 경기를 시작 한 지 얼마나 되었을까. 우리 팀의 한 선수가 상대방 표적지에 쐈다는 이야기가 들렸다.
상대 표적지에 쏘면 점수는 빵점! 하~~한숨만 쏟아졌다.
'지금까지 뭐 했니, 광희야?'
마음속에 이런 외침이 메아리쳤다.
'나 여기서 뭐 했냐? 어깨도 아픈데 여기까지만 하고 이제는 정리하는 것이 좋겠다.'
이런 생각만 들었다. 그야말로 한순간에 도루묵이 되었다. 희망이 보이는 단체전 메달을 그 한 방에 날려 버린 셈이었다. 그래도 나는 평타보다 점수가 높게 나왔다. 세 명 중에 내 점수가 가장 높았다.
'그래 실수는 누구나 있다. 하지만 이건 아니잖아? 남의 표적지에 왜 쏴?

뭐 한 거야? 그동안 고생이 다 물거품이 되어버렸네, 지방까지 내려와서 메달을 차버린 거잖아.'

나는 짐을 챙겨 차에 실어 버리고 전남 팀장에게 인사를 했다.

"먼저 올라가 보겠습니다."

전남 팀장은 나에게 잘해주었다. 그냥 고맙다. 올라가는 차 안에서 많은 생각을 했다.

"그래, 아쉽긴 해도 훈련 잘 받고 왔다."

이렇게 혼자 소리치며 인천으로 올라왔다.

이제 선수해도 되겠다

전국체전 양궁의 실패를 계기로 다트에 투자하자고 다짐했다.

주변에서도 나에게 다트 쪽에 신경을 더 써보라고 했다. 사실 몸이 불편하니까 다트도 버겁고 힘들었다. 은근히 에너지 소비도 있었다. 집중하다 보니 칼로리가 소모되는 것도 느꼈다. 쉽사리 높은 장벽을 넘어가기는 힘들었다. 나도 연습하는 방법을 찾아낸다면 가능하다고 판단하여 집중의 삼매경에 빠진다.

많은 연습을 하다 보니 살짝 중독성이 생기기도 한다. 원하는 방향대로 들어가지 않으면 더 많은 연습을 하고 던진다는 것이다. 불편하고 아픈 몸으로 비장애인들과 붙을 수밖에 없는데, 때로는 다른 장애인 분들을 보기도 했다. 실력은 별로였지만, 장애를 무릅쓰고 도전하는 모습에 마음속으로 박수를 쳤다.

연습을 반복하며 나는 계속 실력을 만들고 다듬질을 했다. 궁금한 게 있어도 누군가에게 물어보지도 못했고, 혼자 열심히 파고 또 파고 계속 팠다. 발바닥이 아프고 무릎도 터질 것처럼 아팠지만 내가 선택했으니 계속 밀고 나가면서 던지고 뽑고 궁금해서 생각하고 원인을 분석하고 종종 새로운 발견이라도 하게 되면 그날은 시간을 더 투자해서 던졌다.

그런데 하루만 지나면 어제 그렇게 잘 맞던 것이 사라지고, 어제는 잘 되었는데 오늘은 왜 안 될까 하는 궁금증으로 연구 삼매경에 빠져 혼자 해결하는 방법까지 찾아내기도 했다.

다트를 던지고 뽑는 과정의 왕복운동과 집중을 하는 것이 재활에 큰 도움이 되었다. 스트레스가 쌓이면 다트로 풀기도 하였다. 손에도 마비가 남아있어 자주 다트를 떨어뜨렸지만, 스트레스를 풀기 위한 도구였고 화풀이용으로 쓸 데도 있었다.

연습을 통해 굳은 손가락도 잡는 힘이 생겨 다트를 떨어뜨리는 일이 점점 줄어들 때는 왜 그렇게 기분이 좋던지 미친 듯이 더욱 더 던지게 되었다. 나는 아픈 어깨로 다트를 본격적으로 시작하고 주변 사람들이 나보고 이렇게 말했다.

"그 정도 실력이면 대회 나가도 될 것 같다. 이제 선수해도 되겠다."

그래서 다트 팀의 선수로 추천을 받고, 잠시 그 팀에 합류하여 병아리 선수로 활동을 시작하면서 다가오는 대회에 출전할 준비를 했다. 드디어 대회장을 찾아 나를 테스트해볼 기회를 잡은 셈이었다.

마침내 다트 대회에 출전했다.

나도 남들처럼 대회장에서 워밍업을 시작했다. 경기 시작은 오전 11시, 연습이 끝나고 나도 준비를 시작했다. 나의 첫 게임이 점점 다가온다. 갑자기 심장이 두근거린다. 안 하던 긴장을 하기 시작했다. 양궁을 할 때도 긴장했지만, 다트는 은근히 더 긴장되었다.

첫 경기를 시작하는데 기억나는 것은 겁나게 안 들어가 통제력을 잃을 정도였다는 것. 기억도 안 날 정도니 '이렇게 끝나나?' 싶었다. 경기 결과 첫 게임은 2대 0으로 박살났다. 열나게 떨다가 힘 조절도 해보지 못하고 심장이 쿵쾅쿵쾅, 그것으로 끝~! 몸도 긴장되고, 얼굴 표정도 어둡게 굳어졌다.

'내가 방금 뭐 한 거지?'

젠장, 두 번째 경기를 기다렸다.

'이번엔 이러지 말아야지. 내가 해온 게 있는데, 연습한 대로 나와야 한다, 광희야.'

그랬다가 시작하자마자 박살이 났다. 나는 동네 호구였다.

'아, 미치겠다.'

아는 사람이 지나가다 묻는다.

"어떻게 되어 가?"

"여기는 모두 나보다 잘하는 선수들만 있는 겁니까?"

"네가 더 잘할 걸?"

그렇다면 내가 못하고 있는 건지, 다른 선수들이 잘하는 것인지 알 수가 없다. 내 귀는 물속에 잠겨 있는 느낌이다. 얼굴이 화끈거리고 나만 쳐다보는 것 같고 모든 게 어색하기만 했다. 두 번째 게임도 압도적으로 졌다.

세 번째 경기를 기다렸다.

세 번째부터 속이 점점 느글느글해졌다. 힘도 빠지고 나른했다.

당연히 졌다. 집중해도 안 되고, 모든 게 엇박자였다. 이성을 잃을 정도로 화만 났다.

'몸도 병신인데 여기서 병신 퍼포먼스나 하고 뭐 하는 거지?'

혼자 속으로 욕만 해댔다.

마지막 한 경기 남았다. 이 게임에서 나는 살짝 몸이 풀리기 시작했다. 내가 2대 0으로 이겼다. 전체 경기 1승 3패로 본선 진출은 하지 못했다. 주변에서 잘한다고 했는데, 이런 내가 개망신. 동네 한 바퀴 똥개 훈련하고 왔다. 휴~ 한숨만 나온다.

그렇게 참패의 쓴맛을 보고 지인의 경기를 구경했다. 나보다 1년을 먼저 뛴 지인의 경기가 궁금했다. 나는 나만의 노하우로 지인의 경기를 지켜보았다. 내가 무엇이 문제인지, 이날 경기의 전체 흐름들을 살펴보고 분위기와 느낌들을 분석했다. 기술과 방법은 서로 다르다.

지인은 8강까지 올라갔다. 부럽다. 쭉쭉 위로 올라갔다. 조사해보니 다트 쪽에도 유명한 선수들이 있었다. 나와는 안면도 없지만 말로 듣고 눈으로 현장에서 직접 보기도 했다. 눈여겨봐뒀다. 내가 비록 오늘은 수직 낙하로 떨어졌지만 꼭 저 선수들을 잡을 준비를 해놔야겠다고 미리 다짐했다. 나는 앞날을 미리 예언하고 행동하는 스타일이었다. 오늘의 패배에 대해 주변 사람들에게 물어보았다.

"내가 뭐가 문제야?"
"네가 처음 나와서 그렇고, 경험도 없었잖아."
"내가 이 정도 레벨인데 저 사람들도 나만큼의 레벨이야?"
"아니, 네가 더 높아."

나는 첫 출전에서 개망신을 당하고 가게로 돌아와 분석을 해보았다. 다트 연습은 일단 중단했다. 내 문제를 분석해야 시작할 수 있다고 판단했다.
'내 문제는 뭘까?'
이런 주제로 골똘히 생각해봤다. 이틀 사흘이 지나갔다. 그래도 다트는 안 만졌다. 문제에 봉착했는데 해결하지 못하면 발전 없이 멈출 수밖에 없다는 건 당연한 일이다. 더 이상 질 이유가 없다. 문제를 해결할 때까지 나의 문제를 오늘도 연구하고 내일도 연구했다.

해외 다트 영상도 찾아보았다. 영상에서 답을 찾자는 것이 아니라 분위기라도 보자는 것이다. 나는 동영상을 보는 스타일이 아니었다. 문제가 생기면 해법을 찾기 위해서 잠시 보는 것이었다. 그 안에 해답이 있는 것이 아니라 머리를 식히는 관찰이라고 할 수 있겠다.

머리를 식히는 건지, 뭔가를 찾는 건지 하루 종일 일하면서도 '내가 대회장에서 왜 그랬지?' 하는 생각에만 매달렸다. 문제를 해결하지 못했으니 잠도 오지 않는다. 대신 해결해줄 사람도 없고. 이런 막막함으로 술이나 한 잔 마시고 집으로 들어간다.

다음날 출근하면서 '아유~ 씨!' 하고 다트를 다트 보드에 집어던졌다.

'한 발은 가운데 들어가네. 아, 짜증나.'

육두문자가 술술 나온다.

이렇게 일주일 이상 고민에 빠진다. 일요일에 팀 회식이 있다고 했다. 지인들과 팀원들에게 인사나 할 겸 밥 먹으러 갔다. 식당에서 모여 정식으로 "잘 부탁합니다." 하며 인사를 하고, 식사하면서 팀원들의 얼굴을 확인했다. 그런데 이상한 게 나와는 코드가 다를 것 같다는 느낌이 들었다. 팀원들의 나이와 경력들을 들어보니 쟁쟁했다.

나는 병아리 경력, 실력은 상위권에서 답보 상태였다. 팀에서 자체적으로 평가전도 했다. 나는 그렇게 좋은 성적이 나오지는 않았다. 이유는 계속 분석을 하고 있었기 때문에 찾을 때까지 크게 쏟아 붓지는 않았다. 오직 돌파구를 찾을 때, 그때만을 기다렸다.

그 다음 달에 다트 기계회사 10주년 기념 더블전 대회가 있었다. 나는 그 대회를 준비했다. 빨리 해법을 찾고 더블전에 나가야 하는데 걱정만 쌓였다. 나의 심리와 행동 버릇들도 곰곰이 생각해보고 운동도 해보았다.

시간은 금방 간다. 대회가 거의 다가오고 연습을 시작했다. 지인들도 내 가게에 와서 나랑 연습을 하고 나에게 붙을 강자들, 결승에 진출할 예상 후보들에 대해서도 얘기해주었다. 나는 상대방들을 모르고, 정보도 없다. 주의할 점 역시 알려주었다.

내가 남들보다 강하다고 생각하기 때문에 굳이 그런 정보는 나에게 큰 효과가 없고, 오히려 약자들이 매달리는 방법 같다는 생각이지만 좋은 정보라면 귀담아 들어야 한다. 저번 첫 대회 예선에서 탈락한 것에 대해서는 여전히 이해가 되지 않았다.

나름대로 정리하여 나의 문제점들을 조금씩 알게 되었다.

상대를 얕잡아 보았고, 힘 조절도 제대로 하지 못했고, 통제를 모르고 덤볐던 것이다. 100퍼센트 찾지는 못했지만 조금은 알 것 같았다. 나는 지인과 다트 파트너가 된다.

드디어 대회는 다음날로 다가왔다. 인천 동생들인 민섭이랑 지인 파트너가 나와 거의 같이 움직였다. 헬스 트레이너인 민섭이는 몸도 좋고 나에게 항상 예의를 갖추는 놈이다. 몇 년을 보아도 나에게 싫은 표정 한 번 없고, 언행(言行)은 변함이 없다. 먼 거리는 항상 민섭이가 나를 태워주며 도와주고 잘 챙겨 주었다.

오전 9시쯤 만나서 같이 밥을 먹고 민섭이 차로 지인까지 셋이 홍대로 출발하였다. 홍대에서 경기를 하는데 차 안에서 살짝 긴장이 되더니 금방 도착했다. 주차를 하고 경기장으로 가서 짐을 내려두고 다트기계 앞에서 몸을 풀었다.

"더블전 시작하기 전에 내가 이상한 짓 하면 이야기해줘요."

나는 파트너에게 이렇게 주문했다. 침착해야 할 상황에서 흥분하여 오버하지 않기 위해서였다. 워밍업을 위한 연습 다트가 끝나고 주변을 둘러보니 사람들이 실내에 꽉 차 있었다. 오프닝을 하면서 보니 쟁쟁한 사람들이 다 모인 것 같았다. 예선전 조를 배정받고, 조별로 사람들을 확인했다.

나는 실전형이라서 경기 시작 전의 집중을 최고로 생각한다. 연습량 만으로는 최고의 능력이 나온다고 생각하지 않고, 오히려 실전 감각이 중요하다고 생각하며 들이대는 것으로 시작한다. 분위기도 중요했다. 저번처럼 어색한 분위기로 내가 망가지는 행동을 하지 말자고 다짐하며 첫 경기에 파트너와 함께 들어갔다.

파트너가 퍼스트를 맡고 내가 세컨드였다. 내가 뒷받침해야 한다는 압박감으로 어깨가 무겁다. 상대방과 인사를 나누고 첫 경기를 시작하는데, 심장이 두근거린다. 더블전 복식전이지만, 개인전도 각각 한 게임씩 있었다. 파트너는 실력이 좋았다. 내 차례에 나도 보통 정도였다.

"걱정 말고 던지세요. 내가 커버 칠 게요."

파트너의 말에 나는 마음을 내려놓고 내 스타일대로 던지기 시작했다. 나도 점점 상승기류를 타기 시작해서 첫 경기는 이겼다. 비록 몸이 불편한 장애인 신분으로 비장애인과 경기를 하지만, 눈치 볼 것 없이 과감하게 계속 다트 중앙에 꽂아 넣었다.

"이제 실력이 나오는 것 같네요."

지인 파트너와 민섭이가 이구동성으로 응원을 해주었다.

나는 경기에 더욱 집중해 나갔다.

예선은 한 판을 지고 조 2위로 올라갔다. 더블전에서 번갈아 던질 때는 더욱 파이팅을 하였다. 호흡이 잘 맞아야 하므로 파이팅은 중요했다. 예선이 끝나고 본선 경기에 들어갔다. 우리는 더블전을 퍼펙트로 던져 경기를 끝냈다. 사람들의 탄성이 절로 터져 나왔다.

내가 원했던 경기가 이런 것이었다. 칭찬도 들었다. 점점 강해진다는 소리에 나는 더욱 탄력을 받는다. 나를 궁금하게 여기는 사람들이 내 주변 사람들과 파트너에게 질문을 던졌다.

"저 사람 도대체 누구야? 어디서 왔어?"

이런 상승세로 예선과 본선을 넘어 4강으로 향한다. 여기서 한 번 더 이긴다면 결승이다. 나는 더욱 더 집중을 했다. 그리고 결국 4강도 이겨내서 결승까지 진출했다. 당시 나는 몽롱한 상태에서 경기를 한 것 같았다. 또 물에 잠겨 있는 듯싶은 느낌이 들었다. 이 기분이 참 묘한 느낌이다.

잠시 휴식 후 결승 준비를 했다.

작전 회의에서 순서를 정하고, 개인전에는 어떻게 출전할지 미리 짰다. 잠시 화장실도 다녀오고 손도 닦고 음료수도 마시고 다트도 정비하고 결승 경기에 나갈 준비를 했다. 순서를 제출하고 드디어 결승 경기에 임했다.

결승은 이긴 레그 수가 많은 쪽이 이긴다. 개인전과 더블전이 혼합된 방식이었다. 우리는 더블전을 한 레그 이기고, 상대편은 개인전 01 경기를 따갔다. 나는 크리켓 경기였다. 1대 1 상황이라 나의 경기로 승패가 결정이 난다. 내가 이기면 우승, 지면 2위다. 참, 이런 상황이 올 줄 알았다. 어차피 올 수 있는 상황이니 빨리 맞이하고 싶었다.

못 보던 얼굴이라며 다트 기계회사 쪽 선수가 결승에 올라왔다. 나에게 말을 많이 걸었다.

"어디서 왔어요? 뭐 하시는 분이세요?"

웃으면서 묻는 말이지만 나는 눈치가 빠르다. 자꾸만 말을 거는 까닭은 내가 집중을 하지 못하게 하려는 의도도 있었다. 나는 "네, 네." 하고 겉으로 웃으며 받아주고 대답하지만, 머릿속은 다트 쪽으로만 집중하고 있었다. 이제는 나도 하수가 아니다. 이미 준비된 고수라는 것이다.

'나를 얕잡아보고 있네.'

이렇게 생각하면서도 웃으며 맞장구쳐 주었다.

경기 전 모든 선수가 여섯 발의 다트를 던지면 바로 경기가 시작된다. 상대방 선수 두 명 중 한 명이 나랑 붙는 선수였다. 연습 여섯 발을 던지고 시작하는데, 나는 세 발만 던진 상태였다. 그런 상태로 계속 나에게 말을 걸어와서 나는 속으로 '내가 한 번 더 던져야 하는데 그냥 구렁이 담 넘어가듯이 깔아뭉개려고 하네.'라고 생각했다. '한 번 더 던지겠다.'고 말한 다음 나머지 연습 세 발을 더 던졌다.

나도 나름 노련해서 이런 시도에는 속지 않는다. 양궁에서도 경기전 연습 횟수는 공평하게 주어진다. '내가 여기서 훼방을 당할 수야 없지.'라고 생각하며 남은 연습 횟수를 던지고 경기 시작하자고 신호를 보냈다.

이미 상대방들 소문을 들어서 미리 준비했던 것이다. 훼방으로 혼을 빼놓거나 괜히 이것저것 말을 걸거나 뒤에서 기침을 해댄다는 걸 들어서 알고 있었다. 흔한 말 중에 얼치기 같은 애였으면 당했을 테고, 제대로 집중하지 못하게 한 다음 바로 경기에 들어갔겠지.

'내가 양궁 쏘다가 다트로 온 사람인데, 이 따위 방해공작에 당할까. 얕잡아보다 너희가 큰 코 다친다.'

이미 마음속으로 준비는 되어 있었다. 처음 본 사람들이지만 소문도 들어보고, 경험도 해보니 '이 바닥이 이런 거야?' 할 정도로 웃겼다. 하지만 나에게는 당연히 먹히질 않는다.

지난번 대회 이후 한 달 동안 내가 마인드컨트롤에 문제가 있었다는 걸 알았기에 굳이 저런 훼방에 당하지는 않는다.

경기가 시작되자 집중력을 쏟아 부었다. 크리켓에서는 미친 듯이 점수를 냈다. 내가 압도적으로 불도저처럼 밀어붙였다. 상대방 선수가 당황하는 사이, 나는 확인 사살까지 해버렸다. 점수도 이미 오버할 정도로 폭격기처럼 쏟아버렸고, 순간 더 심하게 조져 버리려고 던지려던 찰나, 뒤에서 지인이 나에게 '이제 그만~해!'라고 친근하게 사인을 보냈다.

물론 지인의 표정과 눈빛은 미소로 가득했다. '이겼으니깐 확인 사살은 하지 마' 하는 뜻이었다.

반대로 나는 훼방에 대해 너무 집중한 나머지 폭격을 했다는 사실조차 실감나지 않았다. 너무 과도한 집중이었던 셈이다.

경기는 압도적으로 승리하여 내 경기로 우승을 차지했다.

'이럴 수가!'

속이 후련했다. 만세였다. 기뻤다. 데뷔전은 예선에서 탈락하고, 다음 달 경기에서는 우승! 이번 우승 이후로는 국내의 더블전 경기가 사라졌다.(삭제) 파트너는 나에게 "죽을 때까지 더블전 파트너 합시다."라고 했다.

나는 웃어넘겼지만, 속으로는 '앞으로 내가 더 강해지면 나를 못 이길 것이다.'라고 생각했다.

우승을 하자 전국의 많은 선수들이 나의 정체에 대해 궁금하게 여기는 듯했다.

"유튜브를 통해서 형 경기 검색할 수 있어요. 축하해요."

경기를 본 동생들의 축하 메시지들이 왔다. 이번 우승으로 나의 존재감을 알리게 되어 나는 다트에 좀 더 관심을 가지게 된다.

개인전 1위를 차지하다

다음번 개인전 대회에서는 3위를 했는데, 그런 대로 만족스러웠다. 첫 개인전 3위라고 주변에서 축하를 해줬다. 지방에서도 대회가 열렸고, 더러 참석했다.

우승은 민석이 동생이 했다. 키도 크고 마른 체형으로, 나보다 더 많이 던지는 연습벌레로 연습량이 엄청나다. 착하고 욕도 하지 않고 배울 게 참 많다. 대회에서도 민석이와 종종 붙었고, 내가 많이 졌다.

양궁과 다트를 같이 하니까 어깨도 아프고 많이 피곤했다. 가게에서 장사까지 하니까 피로가 누적되기도 했다.

엄마 집에서도 혼자 독립하여 나왔다. 빌라의 월세 투 룸이었다. 빨래도 내가 하고, 음식도 내가 만들어 먹지 절대로 시켜먹지 않는다. 생활 속에서 재활운동을 하는 것이었다. 내가 직접 움직인다는 것은 정말 중요했다.

이후 나는 다트에 하루 2시간 이상 투자한 적이 거의 없다. 1시간 이하라도 충분했다. 이미 궤도에 오른 실력에 무리하게 연습을 하면 폼이 망가지기 마련이다. 기본으로 4시간씩은 했던 양궁에서는 점점 멀어진다. 나는 소속된 다트 팀에서도 입지가 오르기 시작했다. 대략 상위권 8위 안에 진입해 있었다. 늦여름에 첫 대회를 나가서 겨울까지 8위 안에 진입한 것은 대성공이었다.

군산에서 열린 대회에서는 개인전 1위를 차지한다. 급성장이었다. 나의 리듬이 순탄하게 탄력도 받았다. 소속 팀원들이 몇 명 남아서 결승전을 응원해 주었다.

"광희 너 사고 칠 것 같은데?"

"더 많은 사고를 칠 준비가 되어 있습니다."

팀장 형님의 말에 기분 좋게 대꾸했다. 군산에서 올라오는 길에 팀장 형님이 대게를 사줬다. 일행은 팀장 형님과 지인, 같은 팀의 동생, 그리고 나까지 넷이었다. 팀의 동생과는 아직 친하지는 않아서 그냥 형 동생 하는 사이였다. 그 동생도 다트 경력이 암모나이트 급이었다. 착한 데다 남에게 피해를 주지도 않고, 항상 중립을 지키는 편이다. 시간이 지나면 친해질 거라는 생각이 들었다.

"대게 잘 먹었습니다."

겉치레 감사 인사가 아니라 대게는 정말 맛있었다. 일행과 인사를 나누고 헤어져 인천으로 올라갔다. 우승을 하면 잠이 참 잘 온다. 피곤한 지방 경기를 마치고 뿌듯한 기분으로 침대에 누워 곱게 잠을 청한다.

이렇게 하다 보니 점점 유명해졌다.

강원도 원주 쪽에서 소속 팀에 행사 의뢰가 들어왔다. 거의 10명이 넘는 팀원들 가운데 행사에 가겠다는 사람이 없었다. 단체문자를 확인한 나는 아무도 안 가니까 내가 가주겠다고 했다. 팀장 형님과 직원, 그리고 나까지 셋이 갔다. 물론 나도 가게 문 닫고 가는 것이었다.
"팀이라면서 너무 개인주의 아닙니까? 내가 들어온 지 얼마나 되었다고 겨우 나 하나라니 실망입니다. 몸도 안 좋은 나도 가게 문 닫고 가는데…"
팀장 형님에게 이렇게 말했다. 나는 표현에서 망설임이 거의 없는 편이다. 이렇게 강원도로 출발했고, 이름이 원국이라는 강원도 쪽 담당 관계자가 우리를 맞이해 주었다. 나로서는 첫 행사라 기억에 남는다. 샵에 들어가 가게 구경을 하고 나자 먹을 것과 마실 것 등 여러 가지 음식들도 챙겨주었는데, 회와 딱새우, 대게까지 나왔다. 감사하게 생각했다.
나를 궁금해 하는 다트 플레이어들과도 만났다. 좋은 시간을 보내고 다시 복귀했다.
팀장 형님네 가게에서 이런저런 대화를 나누다가 내가 물어봤다.
"형님, 질문이 있는데요. 저의 성장성과 미래를 어떻게 보세요?"
"너는 한국에서 엄청 유명한 선수가 될 거야. 네가 유명해지면 당연히 외국 사람들도 알게 될 테고."
"아, 그렇게 생각하세요? 형님이 저를 어떻게 바라보고 계시는지 궁금했거든요."
"그럼 너는 너 자신을 어떻게 생각해?"
이번에는 거꾸로 팀장 형님이 나에게 물었다.
"저도 그렇게 될 거라고 믿어요."
함께 차 한 잔 마시고 나는 집으로 돌아갔다. 돌아가는 차 안에서 나는 최고가 될 거라는 예감이 실현되는 미래를 떠올릴 수 있었다.
'모든 일이 시나리오대로 가고 있는 거야. 내 생각이 틀림없어.'
일종의 자기최면이자 다짐이었다.
집으로 운전해가는 동안 왼손으로 핸들을 꽉 잡고, 오른손으로는 다트 던지는 흉내를 내보면서 속으로 중얼거린다.

'다른 다트 선수들도 이렇게 할까? 나만 이러는 건가?'

나의 롤 모델은 맥그리거

이때쯤 나는 UFC 경기도 좋아하기 시작했다.

어릴 때부터 봐왔는데, 나는 맥그리거 팬이었다. 챔피언이 되기 전의 모습부터 좋아했다. 그는 나랑 비슷한 성향으로 보였다. 맥그리거는 그야말로 챔피언이 되기 위해 죽기 살기로 경기를 했다. 그는 나와 비슷한 위치, 비슷한 순위라고 할 수 있어서 그를 좋아하는지도 모르겠다.

맥그리거는 도발도 잘했다. 나는 그가 하는 모든 퍼포먼스를 이해했다. 그는 똑똑했다. 나는 이미 그가 자신의 머리에서 나오는 대본대로 가고 있다는 것을 알아챘다. 나도 내 머릿속의 시나리오대로 가고 있었다. 시기와 진도도 비슷했다. 그래서 나의 카톡 사진도 맥그리거였다. 준비된 도발, 그리고 뒤를 받쳐주는 공격력과 현란한 언변, 그것들의 조화가 중요했다. 특히 기본적인 기술은 본능적 감각이 살아있었다. 이런 조화의 측면에서 그는 나의 롤 모델이었다. 다트 잘하는 세계 챔피언이 나의 우상은 아니었다. 우상이자 롤 모델은 맥그리거였다.

'그가 곧 나다.'

그는 이렇게 나의 롤 모델로 지정되어 있어야 했다. 나는 프리스타일 다트였고, 맥그리거 역시 주특기 종목은 없고 프리스타일을 고수했다. 퍼포먼스 역시 실전 전투용이었다. 그가 자기 나라에서 배관공으로 일했고, 겨우 16만 원의 보조금으로 생계를 유지했다는 정보를 보았다. 나도 이런 놈이라는 것이다.

'두고 봐라. 싹 다 밀어서 부숴 버릴 것이다.'

시간이 흘러 나는 다트에 조금 더 집중하기로 하고 양궁은 그만두게 되었다.

단체생활 속의 다른 생각

내 인생 스토리의 시나리오가 내 생각대로 돌아가는 것 같았다. 신기했다. 나는 전쟁터로 나가더라도 방패, 칼, 갑옷 다 필요 없다. 무조건 싸우면 된다는 마인드였다. 계산기 같은 마인드가 싫었고, 내가 새로운 변화를 원하면 언제든지 싸울 준비가 되어 있다는 마인드가 필요 했다. 한 마디로 장군이라면 무기를 탓하지 말자는 생각이었다. 무기가 없더라도 전장을 비집고 나아갈 수 있다고 생각했다.

결코 어려움은 없다. 나는 병아리 선수 시절부터 사고방식에서 다른 선수들과는 많이 남다르다고 생각했다. 여러 모로 사고방식이 달라서 단체생활에 어려움이 많았던 나는 고민 끝에 팀을 떠나기로 한다.

이제부터 나는 무소속으로 외톨이였다.

무덤덤했다. 대회에 출전하여 팀장 형님을 만나기라도 하면 늘 이렇게 묻곤 했다.

"광희야, 다시 돌아오면 안 되겠니?"

그러면 나는 이렇게 대답한다.

"형님은 좋은데 전체적으로 뭐랄까 제가 적응을 하지 못해요. 그래서 못 가겠어요. 그냥 뭔가 이상해요."

항상 만나면 팀장 형님에게는 미안하다는 생각이 들었고, 그러면 팀장 형님도 나를 안타깝게 바라보곤 했다. 우연히 스쳐 지나가도 팀장 형님께는 깍듯이 인사를 한다. 내가 성적을 올려 소속팀의 이름값을 조금은 올려놓기도 했다. 내가 손대면 손해는 보지 않는다는 생활신조는 가지고 있었다. 나로 인해 팀 조직이 발전하도록 한 몫을 해야 한다는 마인드도 있었다.

어쨌거나 팀을 떠난 이후에도 혼자라는 생각에 자극을 받아서 그런지 대회 성적은 계속 중상위권에서 안착을 했다.

나는 옳다고 생각하면 내가 생각하는 대로 실행해야 직성이 풀린다. 눈치를 본다거나 계산을 한다거나 하는 일은 없었다. 이 무렵부터 스포츠계의 약한 선수들을 도와줘야 한다는 마인드도 생기기 시작했다.

혼자 활동하다 보니 도움도 필요했지만, 나는 이쪽 세계에 대한 경험이나 지식이 없어 고충이 많았다. 나 홀로 생활하다 보니 다트에 대해 새롭게 분석하는 버릇이 생겨 혼자 연습하고 분석하고 평가하면서 집중 연구하는 데 집착하는지도 모른다.

재활 치료에 매달릴 당시 내가 만들었던 운동 프로그램과 비교해 보기도 했다. 내가 집에서 재활하던 기억을 더듬으며 다트 연습과 비교함으로써 나의 실력을 좀 더 향상시키는 계기가 되었을지도 모르겠다.

재활 운동과 다트 연습을 접목시키는 이런 훈련들이 계속 축적되어 더 높은 차원의 집중과 마인드 컨트롤로 이어졌고, 다트에서도 새로운 시작의 본보기가 되었다고 생각한다. 그렇게 어렵지도 않았고, 그렇게 복잡하지도 않았다.

방송의 위력, <세상에 이런 일이?>

나의 예언과 약속, 그리고 방송 출연

어느 날, 우리 가게의 알바 동생들을 한 자리에 모아놓고 심심풀이로 입을 털기 시작했다.

"내가 말이다…형이 말이다."

표정은 나름 심오했다.

"내가 TV에도 출연하고, 챔피언도 먹을 거야."

호언장담을 했다.

알바 동생들은 '뭐야, 이 사람이?' 하는 표정으로 나를 쳐다보았다.

"너희들 지금 나를 우습게보고 있는 거지? 두고 봐, 조광희를. 내가 핵직구 돌풍 혁신을 일으킨다. 그러면 모든 방송사에서 나를 찾을 것이고, 점점 더 유명해진다. 그리고 다트 챔피언도 3년은 기본으로 한다."

언성을 높여가며 썰을 풀었다. 알바 동생들 중에 경민이라는 녀석이 약 올리듯이 대꾸를 했고, 다른 녀석들의 반응도 비슷했다.

"네네, 다 하세요. 사장님이 싹 다 하세요."

그래서 잔뜩 약이 오른 것처럼 맞장구치듯 이렇게 말했다.

"너희들 지금 웃지? 두고 보자, 내가 해낸다. 나중에 광고도 들어올 거다."

내심 기대하는 바를 알바 동생들 앞에서 노가리 삼아 이렇게 털어놓았던 셈인데, 실제로 두 달쯤 후에 전화가 걸려 왔다.

"SBS <세상에 이런 일이> 작가입니다. 조광희 선생님 취재하고 싶은데 방송 출연이 가능하신지요?"

"가능합니다. 얼마든지 출연하지요."

내가 바로 응하자 작가가 말했다.

"조광희 선생님에 대해서는, 전신마비로 입원하셨다가 고생 끝에 재활에 성공하여 다트 선수로 활동하시는데, 대단한 실력자라고 들었습니다. 어떻게 살고 계신지, 어떻게 극복하고 있는지, 시청자들도 궁금하게 여기실 테고, 저희도 선생님께서 극복한 사례들이 다른 환자들에게도 힘이 될 거라고 판단해서 연락드렸습니다. 출연을 허락해 주셔서 고맙습니다."

"작가님 원하시는 대로 제가 할 수 있는 일이라면 뭐든지 해보겠습니다."

출연을 승낙하고 나서 나름대로 방송에서 이야기할 스토리를 정리해 봤다. 지난날의 뼈저린 스토리와 소중했던 내 청춘의 모든 것을 솔직하고 적나라하게 선보이겠다는 각오로 준비했다. 내가 여기까지 오는 데 얼마나 힘이 들었는지 모든 걸 보여줄 참이었다. 100퍼센트는 어렵겠지만 나처럼 아픈 사람들에게 도움이 되도록 하겠다고 작가와 약속을 했다.

바로 다음 주부터 미팅을 하고 카메라 피디를 만나게 되었다. 작가와 연출자, 카메라 피디등 방송국 사람들이 내가 혼자 살고 있는 집으로 찾아와 미팅을 했다. 내 스토리들을 꼼꼼하게 받아 적고, 궁금하게 여기는 부분에 대해 질문도 굉장히 많았다.

"다트를 얼마나 잘하시는지, 실력을 보여주는 장면도 필요합니다. 미션도 준비해둔 게 있고, 어머니도 함께 출연하셨으면 좋겠습니다."

엄마가 출연하셔야 한다는 말에 '우리 엄마, 저런 거 못하시는데' 싶어서 살짝 걱정이 앞섰지만, 진솔하면 되는 거지 어떠랴 싶었다.

TARGET 선수로 선발되다

세 시간 정도 방송사 미팅이 끝나고 서울에서 또 연락이 왔다.
"PDK에서 후원 선수 선발전을 하는데, 응시 좀 부탁드립니다."
이런 내용이었다. PDK는 프로페셔널 다트 코리아의 약칭이다.
PDK는 세계 최고의 다트 프로 대회를 주최하는 PDC(Professional Darts Corporation)의 국내 사업 파트너로, 국내에서 다트 대회를 통해 선수를 선발하여 다트인의 꿈의 무대인 PDC 대회에 파견하는 역할을 하는 기업이다. 선수들의 대회 활동에 도움을 주기 위해 선수 후원에도 적극적이다.
"어디서, 어느 브랜드에서 뽑는 겁니까?"
내가 묻자 이렇게 대답해 주었다.
"TARGET에서 남자 선수 한 명을 뽑습니다."
TARGET이라면 필 테일러가 소속된 영국 다트 회사가 아닌가. 필 테일러는 1년에 한 번 있는 PDC 월드 챔피언쉽에서 13회나 우승했던 챔피언이다. 유럽에서도 초 강자이기 때문에 다트를 하는 사람이라면 대개 이 선수가 어떤 존재인지 알고 있었다. 이 번 선발전은 영국회사 TARGET의 최초 국내 후원 선수를 선발하는 것이며, 그 선발과 선수 관리를 PDK가 대행하여 치른다고 한다.
"생각해보고 연락드리겠습니다."
우선 이렇게 대답하고는 다음날 전화를 걸어 응시하겠다고 통화했다. 다음 주 초에 테스트하겠다고 해서 준비를 했다. 방송 촬영과 병행하여 TARGET 선수 테스트 준비를 하고, 시험 당일 서울 홍익대 근처 PDK의 사무실로 향했다.

시험을 보러온 사람들이 엄청 많았다. 응시한 사람이 많아서 이틀 동안에 나누어 테스트하고 선발된 사람을 발표한다고 말했다. 내 순서를 기다리면서 다른 사람들의 실력을 곁눈질했다. 여자도 여러 명 있었다. 알고 보니 여자 선수도 한 명 뽑는다고 했다.

내 순서가 되어 이름을 부르기에 테스트를 시작했다.

챙겨온 다트를 들고 다트의 기본경기인 카운터업(3발씩 8번을 던져 가장 높은 합산 점수를 얻은 선수가 승리)과 크리켓 카운터업(지정된 숫자를 3발씩 8번 던져 합산 점수가 가장 높은 선수가 승리), 그리고 다른 참가자와 1대 1로 대결하는 것이었다.

세 가지 시험에서 나는 모두 다른 응시자들보다 압도적이었다. 각자 기회가 세 번씩이었는데, 나도 뭔가 맘에 안 들어 "다시 할게요." 하니까 나보고는 하지 말라고 했다.

"그 정도면 괜찮은데 그만하셔도 될 것 같습니다."

내가 깔끔하게 던져 압도적이었다고 볼 수 있다. 1대 1 대결도 화끈하게 던졌다. 그렇게 선수 시험 테스트를 마치고 재빨리 인천으로 내려와서 SBS 촬영 세팅 준비를 했다. 날짜는 며칠 후지만, 집 정리를 기본으로 해놓은 상태에서 평소 하던 대로 리얼하게 보여주는 것이 낫다고 생각했다.

녹화 방송 첫날, 카메라가 자연스럽게 따라오자 하던 대로 인사를 했고 대화도 무난하게 했다. 방송국 피디님은 서글서글하고, 일행이 모두 친절해서 좋았다. 하루의 일상을 찍었고, 녹화는 일주일짜리였다. 미션을 위한 장소도 모두 섭외가 되었다. 미션을 위해 안산에 있는 대학교 강당을 빌렸다. 도착해서 세팅하고 준비하는데, 서울에서 연락이 왔다.

"TARGET 선수 시험 테스트에 합격했습니다."

통화를 끝내고 SNS에서 PDK를 검색해 보니 내 사진이 올라오고, TARGET 플레이어 선수로 선발되었다는 공지가 올라와 있었다.

한국 최초의 TARGET 플레이어, 1호 선수로 내가 선발되었다고 TARGET 홈페이지에도 올라왔다. 활동을 지켜보겠고 많은 응원을 부탁한다는 말이 덧붙여져 있었다.

이렇게 나는 PDK 나승흠 대표와 첫 인연을 맺었다.

금상첨화, 방송 미션도 기분 좋게

"기분 좋은 일이 생겨서 미션도 금방 끝낼 것 같습니다."

나는 촬영 준비를 하는 사람들에게 기분 좋게 선수로 선발된 소식을 전하며 말했다.

"보통은 미션이 한 종목당 몇 시간씩 걸리지요. 많이 찍어봐서 다 압니다."

"최대한 그 기록을 깨 드리겠습니다."

"걱정 마세요. 빨리 쉬게 해드리지요. 고생도 많으신데 바로 카메라 돌려 촬영 시작합시다."

첫 번째 미션을 위해 다트기계는 아는 동생이 힘들게 가져왔다. 고마웠다. 바로 세팅이 끝나고 첫 번째 미션의 촬영에 들어갔다. 핸드폰을 다트보드에 고정하고, 핸드폰에 있는 이어폰 구멍에 다트를 던져 꽂는 미션이었다. 기발한 생각이었다. 우연히 미션 얘기를 하다가 동생들이 핸드폰 이어폰 구멍에 다트 꽂아보라고 이야기하던 것이 계기가 되었다.

"웃기는 소리 하지 마. 말이 되는 소리를 좀 해라."

누군가 이렇게 타박하는 소리를 듣고 나는 이거다 싶었다.

"아니야. 가능할 것 같은데?"

내 반응에 피디님도 "해주세요."라고 했다. 이 미션이 획기적이라고 해서 이걸 선택했다. 당연히 해본 적도 없었다. 삼성노트 핸드폰을 다트보드 중앙에 고정시켜 놓고 미션을 시작했다. 핸드폰에 이어폰을 꼽을 때처럼 '뚝' 소리가 날 때까지 꼽아야 하기 때문에 힘들었다. 던지면 자꾸 튕겼다. 분명히 적중했는데 계속 튕겨져 나간다. 속이 터진다. 왔다갔다 반복했다. 계속 허리를 수구려 바닥에 떨어진 다트를 줍는 게 더 힘들었다.

좀 더 집중하고 한 발을 던진다. 핸드폰은 일부러 음악 소리를 틀어놨는데, 음악 소리가 꺼졌다. 이어폰 잭이 핸드폰 구멍으로 들어가면서 음악 소리가 꺼졌고, 미션은 성공했다. 피디님과 연출을 돕는 동생이 소리를 질렀다. 십분 안에 성공했다.

신통방통하게 핸드폰 이어폰 구멍에 내 다트가 예쁘게 꽂혀 있었다. 두 분 다 "대박!"이라고 소리쳤다. 나도 저절로 웃음이 나왔다. 내가 핸드폰 CF를 노린다는 생각으로 던졌지만 정말 미션을 끝낼 줄은 나도 몰랐다.

"다음 미션 준비하죠."

나는 이렇게 말하면서 바로 옆 장소로 옮겼다. 이번엔 연출이 밀어주는 마트용 카트를 타고 다트보드 앞을 지나가면서 보드의 정중앙을 맞추는 것이 미션이었다. 차를 타고 던지는 미션은 7시간 넘게 걸려 성공했다는데, 나는 카트를 타고 던져야 했다 (삭제) 카트를 밀어주는 연출이 지쳐가면서 카드의 속도가 계속 달라졌다. 밀 때마다 긴 한숨소리가 났다. 미안한 마음에 5분 안에 성공하였다..

"할 말이 없네요."

피디님이 놀라면서 말했다.

연출을 돕는 동생에게 한 마디 던졌다.

"내가 고맙지?"

"계속 밀지 않아도 되니 나야 당연히 고맙지요."

그런데 피디님이 손사래를 쳤다.

"다시 해주세요."

"성공했잖아요?"

"너무 빨리 끝나서 아쉽잖아요?"

"그래요? 알겠어요"

연출 돕는 동생이 다시 카트를 밀어서 던졌는데, 더욱 더 정중앙을 맞췄다. 그러자 피디님이 혀를 내두르는 시늉을 하며 말했다.

"됐어요. 할 말이 없습니다. 정말 고수가 맞아요. 몸도 불편하신데 감각이 너무 좋군요."

칭찬을 들으니 기분이 좋았다. 나머지 미션도 빨리 끝내 9시간 예상하던 것을 단축시켜 30분안에 여러 개의 미션을 마쳤다. 미션 촬영을 끝내고 밥을 사주셨는데, 밥을 먹는 식당에서 텔레비전을 보니 <세상에 이런 일이>가 우연찮게 방송에 나왔다.

"저 방송은 내가 한 거요."

피디님은 텔레비전 프로를 반기면서 식사를 하는 동안 슬프고, 재미있고, 즐거운 여러 가지 방송 스토리와 에피소드를 신바람 나게 들려주었다.

"그럼 내가 나가는 방송은 희로애락이겠네요?"

내가 묻자 피디님이 화답했다.

"그런 거지요."

저녁식사 후에 다시 내가 사는 집으로 가서, 집에서도 이것저것 촬영을 하고 나의 스토리를 바탕으로 인터뷰하는 장면도 찍었다.

다음날 아침 일찍부터 서울 쪽 병원에서 촬영을 했다. 나의 몸 상태를 확인하고 체크하는 장면인데, 솔직히 나도 궁금했다. 병원에 도착하여 환자복 입고, 기구로 체크하고, 재활 치료사가 검사를 해주었다. 검사 결과에 대해 이야기하면서 의사가 말했다.

"전신마비 때부터 지금까지 엄청난 고생 끝에 재활하여 이렇게 선수로 활동하고 더욱이 우승까지 할 수 있다는 사실이 정말 놀랍네요."

다른 병원에도 들러서 전기근육검사와 근전도 검사 등 여러 가지 검사

를 했는데, 의사의 소견은 처음 병원과 비슷했다.

"지금 상태는 비장애인과 너무 다릅니다. 나이로 따진다면 70세쯤이라고 할까요? 이런 분이 비장애인과 경기를 하여 1등도 한다니 정말 대단합니다."

고개를 숙이고 이런 소견을 듣자니 많은 생각이 교차한다. 사실 내가 이렇게 힘든 경기를 하는 줄은 아무도 모른다. 의사의 소견을 듣는 것으로 병원에서의 하루 일정을 마무리하고 피디님과 내일 다시 만나기로 했다.

프로페셔널 다트 코리아와 TARGET 선수 계약

후원 계약서를 쓰기 위해 홍대 근처 PDK로 찾아갔다. 다트 용품도 받고 집에 돌아와서 촬영을 한 다음 가게에 출근도 해야 했다. PDK의 나승흠 대표를 만났다. 얼굴 모습으로도 나보다 나이가 어려 보였다. 나에게 친절하게 인사를 하고 계약 내용을 설명하는 표정과 목소리를 들어보니 똑똑하다는 느낌이 들었다.

지녕이라는 여자 직원도 있었다. 대만 사람인데 처음에는 우리말을 너무 잘해서 대만 사람인 줄 몰랐다. 로버트 할리 비슷하게 우리말을 나보다 더 잘하는 사람이었다. 지녕이가 없으면 회사가 힘들 정도로 머리가 비상하다고 했다. 그리고 눈은 선하게 생기고 마음은 약한, 한 마디로 착하고 예쁜 여자인 것 같았다.

나 대표와 지녕은 둘 다 머리가 좋았다. 나 대표는 3개 언어를 능통하게 구사했다. 그리고 신뢰성은 물론 욕도 안 하는 스타일이었다.

내가 보기에도 무지 두꺼운 <람세스>라는 책을 읽었던 것 같다. 일본어 책과 영어 책을 읽는 것도 봤다. 나 대표를 볼 때마다 '그래 책을 읽어야지.' 하는 생각을 하게 된다.

솔직히 나는 지금까지 무엇을 읽어봤는지 기억도 나지 않는다. 그래서 속으로 '똑똑한 사람을 만나야 배울 게 있다.'고 중얼거렸다.

계약에 대한 브리핑을 듣고 사인을 했다.

"좋은 성적이 나오면 소속사로부터 혜택이 있습니다."

이런 말과 함께 TARGET 용품을 마음대로 고르게 해주었다. 용품을 다 고르고 났더니, 유니폼도

방송의 위력, <세상에 이런 일이?> 247

디자인해서 입을 수 있다고 하여 내가 디자인한 대로 지녕이가 컴퓨터로 유니폼을 만들어주었다.

일을 마치고 집으로 돌아오면서 나승흠 대표와는 오랫동안 좋은 관계로 살아갈 것 같다는 생각이 들었다.

다시 준비하고 촬영을 했다. 공원 장면, 길거리 장면, 월미도에서 연속으로 풍선 95개 터뜨리기 등 많은 곳들을 돌며 촬영했다. 가게까지 와서 내가 일하고 있는 장면을 찍고, 가게에서도 미션이 주어졌는데, 이번에도 나는 재빨리 끝냈다.

"이제는 미션 전문 선수라고 해야겠네요."

피디님 말대로 나도 은근히 미션에 재미가 붙었다, 안대를 쓰고 다트보드의 정중앙을 세 번 맞추기도 했다. 자꾸만 더 성장한다는 느낌을 받았다. '알아서 연습이 되네.' 하는, 자연인 같은 느낌이랄까. 역시 나는 프리스타일로 우상인 맥그리거처럼 될 수 있다고 생각했다.

'그렇게 될 수밖에. 나니까, 될 사람은 된다니까.'

이런 마인드였다.

'내가 최고야. 단지 남들보다 살짝 늦게 시작한 거지. 나니깐 믿어봐. 모든 게 시나리오처럼, 대본처럼, 약속처럼 이루어질 거야. 이제는 꿈도 아니야. 내 눈으로 보고 있어. 나는 눈을 뜨고 있고 귀가 열려 있어. 누가 날 이겨? 내가 해낼 거야. 나는 된다, 하면 된다.'

나는 너무 자주 이렇게 속으로 말하며 다짐했다.

'맞다. 조금씩 얼음이 녹는다. 냉동인간이니까 너무 빨리 녹이면 깨진다. 천천히, 늦지 않게, 너무 빠르지도 않게 앞으로 가자.

후진은 없다, 앞으로 돌격!'

이런 것들이 내 신조였다. 재미있다는 생각에 계속 웃음이 나오고, 대회 참가 준비도 했다.

내가 다녔던 피트니스센터에서도 촬영을 했다. 문은 닫았지만 계단 운동을 보여주었다. 11층까지 6세트, 힘들지만 카메라가 나의 뒤를 따라왔다. 집에 가는 장면을 찍으며 공원에서 크게 몇 바퀴 돌고 들어가는 장면도 보여주었다.

일주일 동안의 촬영이 끝났다. 피디님과 연출을 돕는 동생도 고생 많았고, 나도 정말 피곤한 촬영이었다.

"출연료는 일주일 후에 통장으로 입금됩니다."

"방송 날짜는 언제입니까?"

방송 날짜는 내가 출전하는 대회 전날인 금요일이었다.

방송 이틀 전부터 엄마가 여기저기 친척들에게 알리기 시작하셨다. 엄마가 미리미리 동네방네 구석구석 광고를 해주셨던 것이다.

"텔레비전에 우리 광희 나올 거니까 꼭 보세요."

드디어 금요일 저녁, 나도 잔뜩 긴장이 되었다.

나를 아는 동생들도 실시간으로 보겠다는 메시지를 보내왔다. 나는 가게에서 볼까말까 고민하다가 그냥 일을 했다. 내 방송이 끝나자마자 여기저기서 메시지가 많이 왔다. SNS에 인증 샷을 올려주기도 했다. 자고 일어났더니 유명해져 있더라는 시인처럼 나도 바로 유명해졌다. 축하한다는 메시지가 또 한 번 쏟아져 들어왔다. 이 방송은 동남아시아까지 전파를 탔다. 동남아의 다트인들도 나에게 메시지를 보내왔다. 기분이 한껏 부풀어 올랐다. 내일이 대회라 기분 좋게 잠을 잤다.

다음날 대회에 참가한 사람들도 방송을 봤다고 나에게 안부 인사를 했다. 대회에 참가하러 한국에 온 홍콩, 대만, 중국 사람들도 나에게 친근하게 다가와 축하해주었다.

"너를 텔레비전에서 봤다."

똑 같은 말이지만 듣기 좋았다. 나는 대회에서 입상까지 했다. 줄줄이 풀린다는 느낌!

생방송 <아침마당>에도 나와 주세요

대회가 끝난 주에 서울에서 또 전화가 왔다. KBS1 생방송 <아침마당> 작가님이었다. 생방송~! 떨린다. 듣기만 해도 긴장이 되어 닭살이 돋는다.
"출연 가능하십니까?"
나도 모르게 "네, 하겠습니다. 해보겠습니다." 하고 대답한다.
"출연료는 어머니도 출연하신다면 두 분 같이 드릴게요."
그 말에 나는 '엄마도 출연?' 머릿속에서 빵빵 웃음이 터졌다. 웃겼다.
'우리 엄마가 매일 보는 프로그램이 <아침마당>이었는데, 엄마가 나온다고? 이게 무슨 일이지?'
엄마에게 전화를 해서 이 상황들을 알려드렸다. 엄마는 '좋아라!'고 하셨다. 엄마는 <세상에 이런 일이>에도 잠깐 출연하셨고 NG 없이 리얼하게 사실대로 녹화를 하셨다.
엄마는 그때 장난으로 "방송 또 없냐?" 하셨는데, 그렇게 좋아하시는 아침 방송 1위 <아침마당>에 출연하게 되셨다니 좋아서 난리셨다. "언제 시작해?"라고 먼저 김칫국을 드시기까지 했다.
"기다리시면 알아서 스케줄 잡아준답니다."
생각보다 방송의 위력은 대단했고, 좋은 일들이 잇달아 일어났다. 저번 <세상에 이런 일이> 방송이 나가고 길거리에서도 아버지 어머니들이 나를 알아보기 시작했다. 엄마도 시장가시면 난리도 아니라고 하셨다.
첫 방송 출연료가 도착해서 엄마와 신세계 백화점 여성숙녀복코너에 갔다. 엄마 옷을 사드리고 싶었다. 숙녀복코너가 있는 3층에 올라가 한 바퀴를 돌자고 했다.

　직원들이 구경하시라고 말하더니 옆 코너의 직원들과 쑥덕거린다. 엄마가 맘에 드는 옷을 고르시자 옆 코너의 직원이 묻는다.

　"혹시 텔레비전에 나오시지 않았어요?"

　엄마는 환하게 웃으시며 자랑스럽게 되물으셨다.

　"어떻게 아셨어요? 방송 보셨어요?"

　직원들이 저마다 "아드님, 멋지세요." 하고 엄마에게 칭찬을 아끼지 않는다. 엄마는 하늘로 승천하듯 어깨춤이라도 추실 분위기였다.

　"귀한 분 오셨는데 소파에 앉아 천천히 차 한 잔 드세요."

　이렇게 권하는 백화점 직원들로부터 엄마와 나는 백화점 VIP 대접을 받았다. 방송 나가면 이런 것인가. 엄마는 시장에서도 스타로 떠올라 "다 알아본다."고 하셨다.

　엄마는 방송 출연 후로 옷 입는 것도 신경을 쓰셨다. 그래서 여유가 있을 때마다 옷을 사드린다.

　백화점에서도 따뜻한 차 한 잔씩 마시고 옷 두 벌을 골라 사드렸다. 고급 핸드백도 사드렸다. 나는 엄마에게 물어봤다.

　"엄마, 내가 이렇게 될 줄 알았어?"

　"살다 보니 별꼴이다."

　우리 모자는 서로 얼굴을 마주보면서 웃었다.

　"너에게 정말 감사해."

　"아니 내가 뭘 했다고 나에게 감사하셔?"

　"네가 이렇게 이 악물고 일어나서 보란 듯이 네가 죽나, 내가 사냐 해서 악착같이 이겨내는 바람에 이런 호강을 하게 되었으니 너에게 감사할 따름이지."

　엄마의 말씀을 들으니 나도 마음속이 찡하다. 그렇지만 지난 일을 떠올리니 여전히 속상하다. 이렇게 쇼핑을 끝내고 갈비탕으로 저녁식사도 함께 했다. 엄마는 식사 중에도 가방과 옷을 만지작거리셨다. 나이 어린 여성 같았다. 내가 전신마비로 쓰러진 이후 엄마가 겪으셨던 고통을 생각하면 더 좋은 것들로 보답해 드려야 하는데 죄송스러웠다.

<아침마당> 사전 인터뷰를 했다.
날짜는 이미 잡혔다. 작가와 아주 긴 대화를 나누었다.
작가님이 물었다.
"혹시 저와 대화한 내용을 생방송에서 할 수 있어요?"
순간, "네?" 하면서 긴장했다. 속으로는 '아이고, 망했다. 너무 길게 얘기했는데, 이 내용을 생방송으로 끊어지지 않게 말하라고? 우와, 미치겠다.' 하면서도 겉으로는 웃었다.
"이건 A4 용지로 여섯 장 분량은 될 텐데, 큰일 아닙니까?"
정확히 3주 후로 잡힌 생방송이었다. 나는 일단 무식하게 전진 이었다.
"돌격 앞으로 하겠습니다."
피디님의 중간 점검을 받았다. 피디님이 전화를 했는데, 내가 받자마자 "자, 시작하세요." 했다. 바로 시작했는데, 말이 끊기고 더듬거렸다. 싫은 소리로 혼이 났다.
"생방송이니깐 신경 좀 써주세요."
다시 정리해서 연습했다. 다트보다 더 빡세게 반복했다. 생방송 카메라의 빨간불 여러 개가 눈앞에 오락가락했다. 두렵다. 생방송은 은근히 힘들 것 같았다. 연예인들은 정말 대단한 사람들이라는 생각이 들었다. 방송인들은 신기(神氣)가 있다는 말도 이해했다. 며칠 후 피디님의 전화가 또 한 번 걸려왔다. 나는 자고 있다가 일어나 받자마자 바로 시작했다.
"좀만 더 완벽하게 신경을 써주세요."

내가 전화로 말하는 것을 듣고 피디님은 이렇게 말했다.

나는 가게에서 일하면서도 내 스토리를 적어 놓은 종이를 읽고 또 읽었다. 이제는 자동으로 나올 수 있도록 술술 터지게 해야 한다. 생방송 이틀 전에 KBS에서 전화가 왔다.

"하루 전에 어머니와 두 분이 방송국 근처의 호텔에서 주무시고 아침 일찍 방송 준비를 해야 합니다. 호텔은 예약해 놓으니 그쪽으로 가서서 하루 주무십시오."

내가 엄마에게 전해 드리니 "내가 광희 덕분에 별별 호강을 다 누린다."고 하셨다. 출연하기 하루 전, 행장을 챙겨 엄마와 함께 KBS 근처의 그 호텔로 찾아가서 짐을 풀었다. 엄마에게 삼계탕을 사드리면서 말했다.

"엄마, 이거 먹고 한 번 해봐."

"너도 힘내."

호텔로 돌아와 씻고 누워 텔레비전을 보면서 엄마와 얘기를 나누었다.

"엄마, 이상한 얘기는 하지 마. 물어보는 것만 얘기해야 돼."

엄마는 미리 약속한 내용이 아니라 현장에서 바로 대화하기로 되어 있었다.

"너나 잘해."

"엄마, 우리 생방송 전에 오줌 싸고 들어가자."

그렇게 우리 모자는 호텔 방에서 웃으며 대화를 나눴고, 잠도 쉽게 들지 못했다. 잠깐 눈을 붙였나 싶었는데 눈을 뜨니 다음날 아침 6시였다. 시간이 금방 간다는 사형수 맘처럼 시간이 너무 빨리 갔다. '쉬운 일이 아니다. 실수하면 끝난다.' 하는 마음으로 돌격 앞으로, 후진 불가였다. 재빨리 씻고 옷을 갈아입고 바로 옆의 방송국으로 향했다.

아침 바람은 차가웠다. 방송국 안으로 들어가서 신분증 검사를 했는데 통과되면 바리게이트가 올라갔다. 7시부터 대기실에서 메이크업 아티스트들이 화장을 해주었고, 출연자 대기실에 출연자들이 모였다. 사전에 리허설 한 번만 하고, 생방송으로 들어간다고 했다. 한 명씩 검사받고, 나도 검사받았다. 나만 잘했다는 칭찬을 들었다.

그리고 나서 엄마와 함께 스튜디오로 올라갔다. 살짝 떨린다. 커다란 카메라 7대의 빨간불이 돌아가며 우리 쪽을 찍었다. 시작 30분 전 분위기도 어려웠다. 눈앞에 MC들이 왔고 앞 라인에는 어머님들이 빼곡히 의자에 앉으셨다. 어떻게 해야 할지 정말 떨렸다.

'내가 잘하고 끝낼 수 있을까? 이런 상황은 어렵다.'

등에서는 식은땀이 줄줄 흐르고 몽롱해진다.

드디어 생방송 시작!

MC가 인사와 함께 시청자들에게 멘트를 던지며 진행을 시작하였다.

나를 포함한 출연자 다섯 명이 각자의 인생 스토리를 시청자에게 전하고, 시청자는 가장 공감이 가는 출연자에게 ARS 전화 투표하여 이야기 대회의 우승자를 가리는 것이었다.

앞줄에 앉은 아주머니 부대도 사인에 맞춰서 박수도 잘 쳤고, 호응도 좋았다. 총 다섯 명의 출연자들에게 각자 박스 안에서 공을 잡으라고 했다. 내가 4번째 공이었다.

내 기억에 1번은 90세 할머니의 암수술 극복, 2번은 쌍둥이 딸의 아버지가 간암으로 세상 떠난 이야기, 3번은 댄스로 해외 대회에서 입상한 사람, 4번은 나, 5번은 50억 사업부도 후 갯벌에서 조개 캐는 사장님이었다. 자신만의 각별한 스토리들을 술술 꺼내었다. 모든 참가자들의 스토리가 가슴에 와 닿았고 진심이 느껴졌다.

내 순서가 오고 나는 줄줄이 준비한 이야기를 내뱉는다. 그러자 나의 스토리를 들은 앞 라인의 아주머니들이 감탄하고 큰 호응도 해주었다. 그리

고 MC는 바로 엄마와 인터뷰하면서 심정을 묻는다. 엄마는 자연스럽게 떨지도 않고 이야기하셨다.

"광희가 그때는 죽는 줄 알았어요. 밥 수저도 못 들 지경이었는데, 사람 구실이나 할 수 있을까 걱정만 했지요."

엄마는 이런 얘기 저런 얘기 잘도 하셨다.

마지막 5번 출연자까지 이야기가 끝나고 실시간 방송으로 전화 투표가 시작되었다. 음악방송의 전화투표, 그런 것과 똑같은 방법이었다. 전화 집계가 끝나고 바로 결과가 나왔다.

내가 압도적인 표차로 일등을 하였다. 격차가 너무 심할 정도로 일등을 해서 엄마도 웃고 나도 웃었다. 신기했다. 실시간 방송이지만 가수들이 일등 하면 이런 기분인가, 연기대상이 이런 거였구나 싶었다. 완전 똑같은 것은 아니지만 간접적으로 잠시나마 느꼈다. 꿈같은 이야기, 꿈같은 시간이었다.

생방송 일등은 잊을 수 없는 최고의 추억이었다. 촬영이 끝나고 피디님에게 과분한 칭찬까지 들었다.

방송의 위력, <세상에 이런 일이?>

"수고했고, 너무 잘했어요. 아주 만족스럽습니다. 더 유명해질 것입니다."

일등의 보상으로 여행상품권을 받고 엄마와 함께 집으로 돌아가면서 출연료와 상품을 모두 엄마에게 드렸다.

"엄마, 예쁜 옷 사 입어."

엄마의 핸드폰에 불이 났다. 여기저기서 전화가 걸려오자 엄마는 계속 자랑을 하시며, 그 와중에도 "나 잘 나왔어? 이쁘게 나왔어?" 하고 묻는 걸 잊지 않으셨다.

나에게도 축하한다는 메시지가 계속 왔다. 투표했다고 인증 샷도 보내주었고, '압도적 일등이었다.' '멋지게 나왔다.'는 지인들의 인사가 줄을 이었다. 돌아가는 차안에서는 찜질방 사우나가 끝난 것처럼 홀가분했다. 무거웠던 몸이 나른해지면서 흐르던 땀도 뽀송뽀송하게 변했다. 엄마를 집에 모셔다드리고 내 집으로 왔다. 힘든 하루였다.

방송 보고 사방에서 문의전화

오후에는 가게로 출근할 예정이라 집에서 잠시 낮잠을 청했다. 오늘 있었던 일을 생각하며 잠을 청했는데, 십 분이나 지났을까. 지방이라면서 한 통의 전화가 걸려왔다.

"방송 보고 전화 드리게 되었습니다."

"네, 말씀하세요."

"제 아들이 조광희 씨처럼 어느 날 갑자기 몸이 굳어 버렸는데, 의사는 손을 쓸 수가 없다고 합니다."

사정 얘기를 들어보니 나와 비슷한 느낌이었다.

"힘드시겠습니다. 지금 상황은 어떻습니까?"

"별 호전도 없고, 계속 누워만 있습니다. 그저 한숨만 나옵니다."

딱한 사정이었다. 나로서는 말로 위로할 수밖에 없었다.

"더 힘내시고 환자에게 극복할 수 있다는 용기를 좀 불어 넣어주세요, 해보겠다는 의지를 심어주세요."

내가 이야기해줄 수 있는 부분도 한계가 있었다. 나의 스토리를 얘기해 드리고 "아드님도 저처럼 의지를 가지고, 이 악물고 이겨냈으면 좋겠습니다." 하고 전했다.

이 전화 통화 후 사방에서 계속 문의전화가 걸려왔다.

"그런 어려움을 어떻게 극복하셨어요?"

통화 중에도 계속 전화가 걸려오는 소리가 들렸다.

"전화번호는 어떻게 아셨어요?"

"방송국에서 알려주었습니다."

그래서 방송국으로 연락해 보니 나와 통화하고 싶다고 전화번호 알려 달라는 요청이 많이 왔다는 것이다. 낮잠은 포기해야 했다. 전화만 계속 3시간을 받았다. 대개는 비슷한 대답을 할 수밖에 없었다.

"힘내세요. 제가 의사가 아니라서 정확히 판단할 수는 없습니다. 극복의 의지를 도와드릴 수는 있어도, 치료하고 해결하는 문제는 의사와 상의하시는 게 좋겠습니다."

그렇게 통화하다 보니 어느새 출근 시간이었다. 낮잠은 자지 못했지만 그렇게라도 통화를 해서 도와드리는 것이 우선이었다. 얼마나 답답했으면 나에게 문의를 했을까.

　가게로 향하는 발걸음은 가벼웠다. 엄청난 전쟁에서 승리한 듯 후련한 느낌이 들었다. 가게에서 동생들에게 오늘 있었던 일들을 자랑삼아 얘기해주려고 하는데 말문을 막았다.

　"이미 방송 봤어요. SNS로도 캡쳐가 되어 엄청 퍼졌거든요."

　방송이 무섭긴 무섭다. 저번 방송 이후 지나치는 아주머니 아저씨들이 알아보던 일이 떠올랐다. '방송이 사람 만들어주네. 나쁜 짓은 못하겠다. 앞으로는 언행을 조심해야지.' 하는 생각이 들었다.

　예전에는 화가 나면 물불을 안 가렸는데, 이제는 싸우는 일도 귀찮고, 요즘은 좋은 것만 생각한다. 그리고 나처럼 어려움을 겪는 사람들을 많이 도와줘야겠다는 생각도 해본다.

어머니는 너무 강하면서도 한없이 약했다

양궁을 접으니 어깨가 싱싱하다는 느낌을 받는다.

다트 성적도 상위권으로 자리를 잡기 시작한다. 이제는 계속 상위권을 유지하기 위해 좀 더 신경을 써본다.

해외 대회도 많이 참가해 보기로 한다. 대만, 홍콩, 중국 대회에서 1등, 3등, 1등의 성적을 거두어 점점 더 올라가는 추세다.

해외 대회를 다녀오면 기념품과 함께 상을 엄마에게 갖다 드렸다. 엄마는 이럴 때마다 꼭 한 마디씩 하신다.

"아빠가 살아 계셨으면 널 많이 칭찬하셨을 거야."

아버지 이야기가 나오면 그저 고개만 숙여진다.

이렇게 2015년 8월에 우승으로 시작한 성적이 2016년에도 상위권을 유지하고 있었다. 좋은 기분으로 세월을 보내고 있는데 갑자기 다시 한번 청천벽력 같은 일어났다. 엄마가 숨쉬기 힘들다고 하셔서 병원에 갔다.

진단 결과는 폐암이라고 한다.

'빌어먹을 하늘…'

지옥에 떨어진 기분이다. 다이너마이트로 빌딩을 해체하듯 와르르 무너지는 느낌. 더욱이 3기 같다고 했다. '절망'이라는 단어만 생각났다. 영상사진을 보니 호두알 크기의 덩어리가 폐의 맨 아래쪽에 있었다.

"폐암이라면…수술은 가능해요?"

순간 '엄마 오래 못 사시겠구나.' 하는 생각이 들어 의사에게 물었다.

"어떻게 되는 겁니까? 수술은 가능해요?"
"수술할 수 있습니다. 전이만 안 된다면 다행이고요."
의사는 이런 얘기도 했다.
"누구라도 걸릴 수 있으니까 너무 상심하지 마세요."
화만 났다. 욕이라도 퍼붓고 싶었다.
"수술비를 떠나 빨리 조치해 주세요."
이렇게 말하고 돈은 준비하겠다고 했다. 상금으로 탄 돈을 염두에 두고 한 말이었다. 엄마와 나의 표정은 병원에 갈 때와 병원에서 나올 때가 천양지차였다. 조용히 병원에서 빠져나왔다. 수술 날짜는 몇 달 안에 잡아야 했다. 조직검사를 하고, 입원 절차도 들어봐야 했다. 수술하더라도 완쾌까지는 5년이 걸린다고 했다. 암이 얼마나 무서운 병인지 실감했다.
"폐는 한 쪽이 없어도 살지만, 전이를 주의하고 관리, 주기적 치료 등 모든 걸 꼼꼼하게 신경 써야 합니다."
의사의 말이 그렇게 야속할 수가 없었다.
'엄마에게 왜 이런 일이 생기지? 방송에도 같이 출연하여 지난 이야기 하며 웃으셨는데. 속상한다. 왜 이런 일이 생길까?'
<세상에 이런 일이>에 출연할 때 만났던 유용석 피디님도 암에 걸렸다고 한다. 수술한 다음 치료받고 계신다는 것. '어머니 잘 계시냐?'고 하셔서 엄마 병세를 설명하다 나온 이야기였다.
"나도 최근에 암 수술을 했지. 지금은 계속 치료 중이고."
"예, 어머니 수술 잘해드리고 피디님 뵈러 가겠습니다."
"그래, 힘내고 어머니 치료 잘해드려."
"예, 피디님도 힘내십시오."
유용석 피디님은 암을 이겨내고 계셨다. 엄마는 아직 시작도 안 하셨다. 겁만 잔뜩 난다. 괴롭다. 하루 종일 엄마에게 미안하고 죄송스럽다. 평생

내 뒤치다꺼리만 하셨고, 어른이 된 나의 대소변까지 받아내 주셨다. 순간 모두 다 짓이겨 버리고 싶었다. 시련도 시련이지만 이렇게 힘들게 하는 이유가 뭘까? 하루 종일 머릿속에서 빨간불이 오락가락했다. 이유는 모르겠다.

수술 날짜는 빨리 잡았다. 입원해서 조직을 떼어내고 검사를 했다. 나도 병원에서 치료 과정과 수술 준비, 병간호에 대한 브리핑을 들었다.

설명을 들으면서 속으로 다짐을 했다.

'아버지는 못 살렸지만, 세상이 변했으니까 엄마는 살려야 한다. 엄마만은.'

속이 타들어갔다. 가게에서도 일이 손에 잡히지 않는다. 손님이 오든 말든…… 이런 날 나에게 장난치면 죽는 날이다. 건드리면 폭발한다. 동생들도 내 표정을 보고는 엄숙하게 행동을 한다. 안 좋은 일이거니 예상하고 장난을 못 친다. 이렇게 며칠이 지나고 수술 날짜가 잡혔다. 엄마는 대뜸 나에게 이런 얘기를 하셨다.

"엄마는 오래 못 산다. 그러니 만약 엄마가 죽으면 모든 걸 잘 마무리하고 꼭 화장을 해서 나무 밑에다가 뿌려줘."

"그런 말은 왜 해? 빨리 수술이나 받아."

수술은 오전에 시작하여 점심시간을 지나면 끝난다고 했다. 수술실 앞에 앉아 기다렸다. 시간은 느릿느릿 정말 빨리 가지 않는다. 수술실 밖의 대기실에는 다른 보호자들도 있었다. 표정이 한 결 같이 안 좋다. 모두가 조용히 멍한 시선으로 수술실의 자동문만 쳐다본다.

이렇게 기다리는 순간, 엄마에게 잘못했던 일들만 떠올랐다. 진짜 엄마는 고생만 하셨다고 생각하니 속으로 눈물이 왈칵 솟았다. 대회에 나가는 일 따위는 안중에도 없었다.

오랜 기다림 끝에 수술이 끝났다. 수술실 줄입문 위의 불이 파란 색으로 바뀌고 문이 열린다. 엄마는 바퀴달린 침대에 누워 주무시고 계셨다. 입에는 산소 호흡기가 달려 있었다.

"수술은 잘 된 편이고, 폐 뒤쪽의 임파선 쪽도 긁어냈어요."

의사의 말을 듣고 엄마의 병실로 이동하여 엄마가 깨어나시길 기다렸다. 마음속으로 '엄마, 수고하셨어요. 죄송해요, 엄마. 미안해요.' 이렇게 중얼거렸다. 잘난 것도 없고 효자가 아니라서 이런 말을 하는 것 같다. 옆에 앉아 기다리는데, 한참 만에 엄마가 눈을 뜨고 기침을 하신다. 깨어나시는 것이었다. 아빠와 내가 병원생활을 지겹도록 했고, 이제는 또 엄마까지 병원생활을 하신다. 병원 냄새가 지겹다.

"속이 아프고 따갑네. 내 등 좀 봐봐."

환자복을 벗기고 등을 살펴보는데, 상어에게 물린 줄 알았다. 등 쪽의 날개 뼈 주위로 초승달처럼 40센티 가량 찢어진 칼자국에 꿰맨 자국이 선명했다. 그 칼자국은 옆구리까지 길게 이어져 있었고 누가 봐도 큰 수술인 줄 알만 했다. 엄마는 힘든 시간을 이겨내셨다.

"수술 끝나고 방사선 치료와 약물 치료도 받을 것이니 더 힘을 내세요."

의사가 이렇게 당부했다. 나는 엄마 병상 옆의 보호자 침대에서 같이 있었다. 그렇게나 강하셨던 엄마가 이제는 암이라는 병 하나 때문에 아주 연약한 할머니가 되셨다.

왈칵 슬픔이 솟구친다. 나도 덩달아 기운이 빠진다. 이제 이 고비들을 이겨내야 한다. 다만 전이가 되지 않도록 기도하는 수밖에 없다.

"엄마, 힘내요. 얼마든지 이겨낼 수 있어요. 엄마, 나 봐봐. 한때 똥싸개였던 광희가 이렇게 이겨내고 대회에서 우승도 했잖아. 누구에게 인정받으려고 한 게 아니라 나 자신을 위해서, 또 엄마 힘들까 봐 고생시키기 싫어서 이렇게 보란 듯이 해내고 있잖아? 엄마도 나 보면서 힘내요. 나도 엄마 보면서 힘낼게. 엄마 나 잘 되는 거 보셔야 하잖아? 여기서 멈추면 안 돼.

아직 끝나지 않았어. 갈 길이 멀어. 더, 좀 더 해내야 돼."

엄마에게는 이렇게 말했다.

"알겠다. 그래, 누가 이기나 보자."

나도 여기서 멈출 순 없었다. 당장 병원비를 모아야 하고, 케어 비용도 마련해야 한다.

암수술과 케어 비용은 몇 천이 들어간다. 연간 챔피언이 되면 보너스를 준다고 했던 말이 떠오른다. 최대한 노력하겠다는 생각과 더불어 병원비에 대한 부담이 머릿속에서 떠나질 않는다.

"엄마, 힘내고 한 입만 더 먹어."

계속 대회에 참가해서 좋은 성적이 나왔다. 대회마다 상위권에서 1등도 하고, 2등도 하고, 3등도 한다. 엄마는 방사선 치료도 받고 약물도 투여하며 '속이 미식거리고 입맛도 없다.'고 하셨다. 내가 할 수 있는 거라고는 "엄마, 힘내고 한 입만 더 먹어." 하는 말뿐이었다.

계속 치료를 반복하자 엄마의 머리카락들과 온 몸의 털이 다 빠지기 시작하고, 얼굴도 홀쭉해지며 점점 말라가셨다. 머리엔 털모자를 쓰고 계셨다.

여기서는 절대 음식을 거부하면 안 된다. 죽기 살기로 먹어야 한다. 엄마에게 또 한 번 부탁을 드린다.

"엄마, 힘내서 열심히 치료받고 이겨내자. 나 잘 되는 거 봐야 하니까 여기서 멈추면 안 되지. 끝장 보자."

PDK 나승흠 대표에게서 연락이 왔다.

"얘기를 들었는데 도와드릴 거 없어요? 홍삼이라도 보내 드릴까요?"

"병원에서는 암환자에게 홍삼을 먹이지 말라고 하네요."

그랬더니 계좌로 돈으로 보내주었다. 감사하다고, 치료비로 잘 쓰겠다고 했다. 이렇게 날 도와주는 분들이 몇몇은 있다. 당연히 싫어하는 사람도 있다. 다트 쪽에서 나를 안 좋게 보는 사람들도 있다. 내가 오해를 살만한 행동도 했겠지만.

　나는 별로 신경을 쓰지는 않지만, 나중에 때가 되면 내가 알아듣게 일깨워줄 참이다. 그때는 내 속을 알겠지. 나승흠 대표에게 감사하다는 전화를 하고, "엄마 괜찮으시냐?"고 자주 메시지를 보내준 말레이시아의 마틴에게도 감사의 메시지를 보냈다.

여섯째마당 **해외와 해외, 말레이시아와 제주도**

방송의 힘과 해외 진출

해외 대회에 참가하기 시작했다.

처음 참가한 것은 말레이시아 대회였다. 나와 민석이, 그리고 동생들 몇 명이 더 있었다. 말레이시아는 기본으로 영어, 중국어, 말레이어 3개 언어를 썼다. 중국인들도 많았다. 나는 한여름에 갔는데, 우기로 정말 무더웠다. 추워봐야 우리나라 초가을 날씨란다. 더울 때 대처방법이 중요하다는 걸 배운다. 나라마다 기후가 달라서 해외 대회는 그 것만으로도 재미있다.

우리나라에서 열린 대회에 참가했던 말레이시아 사람들을 대회장에서 만났다. 한류가 무섭긴 무섭다. 내가 출연한 방송을 봤다고 나를 알아보는 사람이 많았다. 그냥 대회장에서 지나가는 사람도 나에게 눈인사를 해주었다. 손으로 텔레비전 사각형 모양을 만들고는 '널 봤다.'는 의사표현도 해주었다.

3박4일 대회에 참가하고, 추가로 일주일 정도 더 머무르기로 했다. 나를 만나고 싶어 하는 말레이시아 친구들이 있다고 특별히 초청을 받았다. 중국계의 마틴이라는 말레이시아 친구가 일주일 정도 호텔을 잡아주었다.

"걱정 말고 편하게 쉬세요."

이런 계획은 한 달 전부터 마틴으로부터 메시지로 연락이 와서 대회 참가 후 마틴의 동네에서 쉬기로 하고 여행도 함께하기로 약속된 일이었다. 함께 참가했던 동생들은 대회가 끝나고 다음날 한국으로 돌아가면서 무척 나를 부러워했다.

페낭 섬의 '묻지 마!' 이벤트

나는 일행과 헤어진 다음 마틴을 기다렸고, 그는 금방 약속장소에 자가용을 탄 채 여자 친구까지 데리고 나타났다. 메시지로만 인사하다가 실제로 보고 인사하니 반가웠다. 여자 친구에게도 인사하고 차에 탔다. 마틴과 여친은 자기들끼리는 중국어로 대화했다.

얼마 지나지 않아 고속도로로 들어갔다. 뒷좌석에 타고 가면서 내가 물어봤다. 두 사람은 앞자리에 타고 있었다.

"얼마나 가야 돼? 거리는 얼마나 되지?"

"6시간은 가야 돼. 500km가 넘어."

마틴이 대답했다. 나는 그냥 장난인 줄 알았다. 또 물어봤는데 똑같은 대답이었다. 나는 내 귀가 고장이라도 났나 했다. 그런데 정말이었다. 핸드폰으로 검색했더니 쿠알라룸푸르에서

말레이시아 섬 도시 페낭까지는 500km나 되었다.

차 안에서 웃음이 빵 터졌다.

'이런, 나 팔려가는 건가? 장기 팔리나?'

속으로 이런 말도 안 되는 생각까지 했다. 말레이시아는 정글이 많다. 들은 얘기로는 시체를 정글에 버려도 못 찾는다고 했다.

잔뜩 쫄아서 별별 생각을 다했다. '요놈들이 한 달 전부터 나에게 작업을 친 것이었나? 해가 지면 안 된다. 나 죽는다, 오늘….' 하고 뒷좌석에서 창밖을 보면서도 조바심이 났다.

나는 마틴이 그의 여친과 대화할 때도 통역 어플을 켜놓은 채 대화를 들으며 뒤에서 감시하고 있었다. 내가 할 수 있는 생각이란 고작 '낌새가 이상하거나 잔인한 말이 나온다면 달리는 차에서 문을 열고 탈출하여 바로 고속도로 옆의 정글 속으로 들어간다.'는 탈출 시나리오였다. 이렇게 걱정 반 근심 반 마틴의 차를 타고 어딘 줄도 모르고 갔다.

알고 보니 마틴은 나를 챙겨주는 좋은 친구였다. 중간에 나승흠 대표가 확인했고, 마틴에게도 연락해서 나를 체크해주었다. 정말 똑똑하다. 그럴 땐 꼭 내 형 같이 느껴진다.

'살았다.'

안도의 한숨. 꼼꼼하게 뒤에서 나를 챙겨주고 있었던 것이다. 내가 잘못될까 봐 걱정한 것 같기도 했다. 처음 방문하는 말레이시아에서 정말 먼 섬 도시까지 가니까 걱정이 됐던 모양이다. 실은 나도 '이런 짓을 왜 했을까?' 살짝 걱정했다. 내가 연락이 되지 않는다면 나승흠 대표와 지녕이가 걱정할 것 같았다.

'그냥 여행인가 했는데, 이리 멀 줄이야.'

중간에 휴게소에 들렀다. 소변부터 누고 음료수 사서 마신 다음 다시 출발했다. 한참 지나서 2시간 반쯤 달려갔을 때, 갑자기 먹구름과 장대비를 만났는데, 지금까지 그런 비를 본 적이 없었다. 방금 전까지 쨍쨍하다가 갑자기 먹구름이 끼고 비를 쏟아 붓는 날씨, 말레이시아가 이렇다. 알 수가 없다. 더운 나라라서 그런가. 대야로 쏟아 붓듯 퍼붓는 소나기였다.

자동차가 파도의 몸통 속을 뚫고 지나간다. 직선 차선인데 앞뒤로 다니는 차도 없다. 서핑을 하는 차가 고속도로를 달린다. 그렇게 30분을 달렸고, 비가 멈추었다. 고속도로는 다시 쨍쨍한 햇살이 비추고 어느새 도로는 바짝 말라 있다. 신기한 나라였다. 마틴은 '이런 일은 흔하다.'고 대수롭지 않게 이야기한다.

"얼마나 남았어?"

두 번째 휴게소에 들렀을 때 마틴에게 물었다.

"두 시간 남았어."

한참을 가다가 보니 도시의 건물들이 보이고 큰 다리가 나타난다. 페낭 섬을 연결하는 다리였다.

'오, 다 왔나보다. 이제 안심인가.'

해는 저물고 배도 고프고 피곤하기도 하다. 마틴은 도매점에서 내 후원사인 타겟의 다트 용품을 엄청 많이 샀다. 그리고 근처에서 가장 높은 빌딩인 호텔에 도착했다.

"일단 내려서 짐 풀어놓고 씻은 다음 쉬고 있어."

마틴의 말에 "알겠다. 고맙다."고 하면서 예약된 호텔 13층의 방에 룸 카드를 이용하여 들어갔다. 일본 호텔 스타일이었다.

깔끔하고 깨끗한 룸이었고, 가격도 만만찮을 것 같았다. 나는 방에 들어가 바로 짐을 풀고 샤워를 했다.

"다 씻었으면 내려와서 차에 타."

30분쯤 지나 마틴의 메시지를 받고 내려가 차를 탔다. 내가 타자 자동차는 어딘가로 훌쩍 출발한다. 알고 보니 마틴은 그곳에 직업 운영하는 다트샵이 세 개 정도 있었다. 첫 번째 샵에 들렀다. 샵은 아기자기하게 해놓았고, 샵의 규모를 보니 이 동네에서는 잘 사는 부류인 것 같았다. 사람들이 60~70명 정도로 엄청 많았고, 모두들 반가워해 주었다.

"한국에서 온 TARGET Cho kwang hee oppa입니다."

사회자가 나를 이렇게 소개했다. 조광희 오빠는 나의 SNS 닉네임이다. 내가 온다고 미리 광고를 해놨던지 그들은 모두 박수를 치면서 나를 환영해 주었다. 곧 이어 나의 사인회가 시작되고, 사진도 찍어주었다. 마틴이 사온 TARGET 용품에 내가 사인을 하고, 모인 사람들이 그것들을 구입했다. 초청 경기에도 응했다. 너무 피곤하고 정신이 몽롱해서 게임은 졌다. 그렇게 첫 번째 샵에서 세 시간 정도 행사를 하고 다른 샵으로 이동했다. 이것은 그야말로 '묻지 마' 행사 같았다. 그래도 고마워서 얼마든지 응해줄 수 있었다. 마틴의 샵 세 군데를 다 돌고 나서 늦게야 저녁식사를 시작했다.

"나는 현지 음식을 먹고 싶다. 여기까지 와서 햄버거 종류를 먹는 건 예의가 아니잖아?"

마틴이 그나마 내가 먹을 수 있는 현지 음식들을 골라주었다.

'이 친구, 센스가 있네.'

식사 중에 맥주도 시켜주고 음식도 여러 가지로 배 터지게 시켰다. 노천의 큰 식당인데, 생각보다 운치가 있었다. 길거리엔 오토바이들이 많았고, 한국의 1970년대 같은 분위기였다. 사람들도 소박하고, 노점상 아줌마가 소나기 퍼부을 때 천막에서 떨어지는 물로 설거지를 하는 것이 인상적이었다. 동네 애들은 코를 질질 흘리고, 주인 없는 개들도 많이 돌아다녔다.

"밤늦게 혼자 돌아다니지는 마. 치안은 조금 불안하거든."

마틴이 나에게 당부했다. 그러면서 항상 같이 다니자고 했다.

자정이 지나면 길거리에 사람이 없다. 자동차 안에 가방을 놔두면 차창

유리를 깨고 가져간다고 했다. 그래서 해외여행은 치안 문제도 고려해야 할 성싶다. 우리는 자정이 넘도록 행사를 하다 보니 저녁식사를 마쳤을 때는 새벽 2시였다. 마틴은 나를 호텔로 데려다주고, 내일 연락한다며 돌아갔다.

호텔 현관의 유리문도 닫혀 있었는데, 나를 확인하더니 열어주었다. 방으로 들어가 다시 씻고 잠자리에 누워 내쳐 잠을 잤다. 몹시 피곤했던 모양이다. 다음 날 오후 1시쯤 연락이 왔는데, 마틴은 통화가 되자마자 대뜸 "배고프냐?"고 묻는다. 그렇다고 하자 일정을 얘기해준다.

"빨리 씻고 내려와서 차를 타. 내 친구들이 널 태우고 가서 밥을 먹은 다음 시내 구경 가자고 하네."

나는 새로 본 마틴의 친구들과 인사를 하고 밥을 먹으러 갔다. 이 친구들이 돌아가면서 나를 가이드해주기로 했다면서 우선 인사 겸 같이 만나

방송의 힘과 해외 진출   273

는 것이었다. 다음날은 다른 친구가 올 것이다.
'꼼꼼하게 준비했네.' 하면서 그들을 따랐다. 소박한 동네에서 육개장에 면을 넣고 끓여 파는 음식을 골라먹었다.

다음 행선지는 어촌 마을을 방문하고, 귀신박물관과 오래된 옛집들이 모여 있는 곳으로 갔다. 나름대로 안내에 신경을 써주고 장소를 옮길 때마다 자세히 설명하여 내가 이해할 수 있도록 신경써주었다. 어촌 마을에는 아이스크림 가게가 있었는데 나를 텔레비전에서 봤다고 사장이 아이스크림을 공짜로 주었다. 안내하는 친구들이 깜짝 놀란 표정이었다.
'신기하겠지.'
나는 슬며시 웃음이 나왔다. 멍하니 쳐다보던 한 친구가 갑자기 어깨에 힘을 주면서 아이스크림 가게 사장에게 자기 친구라고 으스대듯 나를 소개하기도 했다.
귀신박물관 매표소 위에는 내 사진도 걸려 있다. 이 친구들이 내가 한국에서 유명한 사람이라고 소개했던 것이다. 매표소 위에 다녀간 연예인들 사진을 걸어두는데, 나도 연예인들처럼 사진까지 걸리게 된 셈이었다. 그렇게 여기저기 돌아다녔고, 카페에 가서 커피도 마셨다. 마침 여자 한 명이 합류했는데, 우리말을 조금 하기에 물어봤다.
"어디서 한국말 배웠어요?"
"그냥 한국이 좋아서 조금씩 공부했어요."
직업은 법률 쪽으로 공부하는 학생이라고 했는데, 내가 하는 농담도 금방 알아듣고 잘 웃었다. 이야기해보니 머리가 엄청 좋은 것 같았는데, 앞으로 판검사가 될 준비를 한다고 했다. 어쩐지 머리가 좋아 우리말을 금방 알아듣고 말레이시아 친구들한테도 바로바로 통역을 해주는 것이었다. 같이 커피를 마시고 다음 장소로 가면서 이 여동생의 말을 들으니 어제 차안에서 마틴과 했던 이야기가 떠올랐다.

말레이시아 올스타 8대 1의 다중 시합

바로 오늘이었다. 페낭에서 다트 가장 잘하는 사람들이 모여서 나와 시합하기로 했는데 그걸 잊고 있다가 이 여동생 덕분에 생각이 났던 것이다. 8대 1의 올스타전으로 여덟 명이 나와 차례대로 경기를 하는 이벤트였다. '광희를 이겨라!' 하는 게임인데, 살짝 부담도 되었다. 이벤트 경기지만 구경꾼도 많이 온다고 했다.

페낭은 섬이고 항아리 상권이라 왁자하게 다트를 한다면 다 구경하러 올 수밖에 없지 싶다. 살짝 쫄면서 시계를 자주 봤다.

지기는 싫고, 개망신도 싫고, 핑계도 싫고, 그러면? '돌격이지 뭐!' 하는 내 스타일대로 준비를 했다.

마틴의 샵 중에서 가장 넓은 매장에서 경기 준비를 했는데, 사람들이 점점 많이 몰려오기 시작했다. 구경꾼이 대략 50명쯤 될까? 나랑 경기 할 선수 8명이 와서 나와 인사를 나누고 몸을 풀기 시작했다. 관객들이 병풍처럼 에워쌌다. 복층으로 2층도 있었다. 몇몇은 난간에 기대서 우리를 구경하고 있었고, 여기저기서 술도 마시기 시작했다. 마틴이 나에게 말했다.
　"피곤하면 술도 한 잔씩 해. 네 꺼다 생각하고 냉장고에서 맘대로 꺼내 먹어도 돼."
　시간이 되어 경기를 시작했다. 첫 경기의 상대는 나와 마찬가지로 긴장하는 눈치였다. 나 역시 집중이 잘 안 되었다. 차분한 마음으로 익숙하게 던지려고 하는데, 생각보다 어려웠다. 어색해지는 것 같아서 다시 몸을 털고 집중하여 다트를 던졌다. 그러자 슬슬 던지는 대로 들어가기 시작했다. 상대방은 진땀을 흘렸다. 나에게 밀려 뒷걸음치는 분위기였다. 나는 이 틈을 잡아 승리를 거머쥐었다.
　다음 선수가 준비 연습을 마치고 또 나와 붙는다. 한 선수 당 25분 잡고 잠깐씩 쉬면 8명이니까 4시간은 충분히 걸린다. 혼자서 8명을 상대하는 이 시간은 정말 힘들다. 그래도 이벤트 행사라서 특별히 힘을 내 다트를 던졌다. 연속 4명의 선수를 매치게임으로 이겼다.
　"<세상에 이런 일이> 미션 보여주세요."
　잠시 쉬는 시간에 예정에 없던 뜻밖의 요청이 들어왔다.
　'텔레비전이 이렇게 무서운 건가? 멀리 떨어진 남의 나라에서 저런 생각을 하다니 정말 대단하네.'
　나는 깜짝 놀랐다. 그래서 미션 보여주겠다고 세팅해 달라고 했다. 실에 반지를 묶어 괘종시계처럼 좌우로 흔들 때 반지 링 안으로 다트를 던져 넣어 보라는 미션이다. 이런 미션은 실제 다트 실력 보다는 운이 많이 따라줘야 하는 것이라 은근히 사람 미치게 만들지만 거부하지 않았다.

"바로 시작해요. 반지 좌우로 흔들어 봐요."

나는 두세 번 실패하다 다시 집중해서 반지의 링 안으로 한 발을 던져 넣었다. 거기에 잇달아 한 발을 더 집어넣어 버렸다. 두 발씩 들어가자 관객들이 소리치며 박수를 쳐주었다.

미션이 끝나고 바로 다음 경기를 시작했다. 계속 연승 행진을 했다. 반전도 보여주고, 질 경기를 뒤집는 역전 경기와 무조건 경기를 빨리 끝내는 장면도 보여주었다. 아슬아슬하게 하는 경기와 반전하고 뒤집는 내용 등 여러 장면들을 보여주니 관객들의 탄성이 절로 터져 나왔다.

마지막 경기를 할 때는 이미 4시간이 지나 있었다. 나는 마지막 선수까지 이기고 이벤트 경기를 전승으로 마무리했다.

"오늘 수고하셨어요."

모두들 앞 다투어 나에게 인사를 했고, 통역은 판검사 준비한다는 여동생이 수고해 주었다. 경기가 끝난 다음 시원한 기네스 맥주를 원샷으로 마시며 갈증을 달래고, 한 병 더 달라고 하여 조금씩 마셨다. 의자에 앉아 쉬면서 사인도 해주고 사진을 같이 찍기도 했다.

"오늘 정말 멋진 경기였어요."

"몸도 아프다고 하던데 다트를 엄청 잘하네요."

칭찬 릴레이는 일일이 기억하기도 힘들지만, "먹고 싶은 거 맘대로 골라 먹어."라는 마틴의 말에 나는 '쿨'하게 주문했다. 새벽 두 시까지 이어진 이벤트 행사로 생각보다 긴 하루였다. 행사가 끝나자 나를 호텔로 데려다 주면서 내일은 다른 친구가 올 것이라고 했다.

나는 호텔의 내 숙소로 가기 위해 긴 복도를 지나갈 때 문득 서프라이즈로 장난을 칠 것 같은 생각이 들었다. 장난 좋아하는 친구들이라 알 수가 없어서 카드를 내 방 손잡이의 센서에 살짝 대고 문이 열릴 때 가재미 눈으로 재빨리 방안을 훑어보았다. '혹시라도 있는 건 아니겠지?' 하고 방으로 쏙 들어가니 아무도 없었다. 괜한 노파심이었던 모양이다. 깨끗한 침대와 가지런히 접힌 샤워 타월을 보니 안심이 되면서 살짝 아쉬운 느낌이 들기도 했다. '내일은 어떨지 모르지.' 하고 깊은 잠 속으로 빠져 들어갔다.

전날과 똑같은 시간대에 메시지가 오고 나는 로비로 내려갔다. 차를 몰고 와서 기다리는 새로운 친구에게 일정을 물어봤다.

"오늘은 화보 포스터를 촬영할 계획입니다."

마틴의 친구 중에 전문가가 있어서 카메라 장비로 자기들끼리 다트 선수의 포스터 촬영을 했던 경험이 있는 것 같았다. 나는 마틴의 샵에서 점심을 먹고 촬영 준비를 했다. 카메라도 비싼 장비였다.

사진을 찍기 위해 초빙한 남자와 여자가 있었는데, 알고 보니 말레이시아 TARGET 선수들이었다. 다 같이 찍기도 하고 개인 샷도 찍었다. 개인 샷엔 여자 한 명이 추가되었는데, 마틴의 여자 친구였다. 나와 같이 사진을 찍은 다음 컴퓨터 작업을 통해 사진을 예쁘게 보정 한 다음 광고로 올리고 나에게도 보내준다고 한다.

귀국하기 이틀 전, 말레이시아 친구들이 선물용 과자세트와 간식 등 엄마의 선물까지 챙겨 주었다. 그 마음이 너무 따뜻하고 감사했다. 사지 말라고 여러 번 얘기했는데도 괜찮다고, 본인들이 좋아서 하는 거라고, 거부하지 말라고 막무가내였다. 그렇게 받은 선물을 숙소에 놓고 나는 마틴의 가게에서 일을 해주겠다고 했는데, 마틴은 그마저 거부했다.

"고마우니까 보답해야 하는 것 당연하잖아?"

"페낭에 방문해준 것만으로도 내가 오히려 감사하지."

우리는 서로의 신뢰를 확인했다. 저녁 늦게 클럽에 간다고 하여 기분 좋다고 소리쳐 표현했다.

저녁 열 시쯤 인파가 붐비는 도심으로 갔다. 클럽의 음악이 바깥까지 흘러나와 길에서도 들린다. 음악의 리듬을 타고 심장이 뛴다.

계단을 올라가서 문을 열고 들어가니 이층짜리 클럽이었다. 2층에는 다트기계도 있었다. 1층은 디제이가 라이브를 진행하고, 테이블이 즐비했다. 우리는 다트도 할 수 있고, 아래를 내려다볼 수도 있는 클럽 2층으로 올라갔다. 가끔 스모그 효과로 안개가 스멀스멀 뿜어져 나왔다.

맥주 세트를 주문하여 목을 축이면서 음악을 듣고 아래를 내려다보면서 춤추는 사람들을 구경했다.

2층은 술 마시면서 다트를 하는 손님들이 많았다. 나도 한두 번 던져보았다. 다트를 던지던 손님들이 갑자기 멈추고 내가 던지는 걸 구경하기 시작했다. 나는 무심코 버릇처럼 던진 것이지만, 가운데 쏙쏙 들어가는 게 신통방통했을 것이다. 어쨌거나 내가 그들보다 잘하니까 구경을 하는 것이다. 마틴과 친구들이 뿌듯하게 바라보면서 자랑을 빼놓지 않았다.

"이 사람이 한국의 다트 챔피언 조광희야."

나는 공연한 신바람에 더 열심히 던졌고, 지치면 맥주를 마시면서 아래층을 내려다보는데 괜찮은 여자가 눈에 띄었다. 초강력 글래머 여성들 두 명이었다. 긴 머리에다 탑에 미니스커트 입고 하이힐까지 신었다.

"쟤네, 몸매 죽인다."

그러자 마틴이 "소개시켜줘?" 하며 웃었다.

나도 씩 웃었더니 마틴이 이렇게 말했다.

"쟤네 여기 자주 온다."

웨이터를 찾으니 여기는 서빙만 있다고 했다. 한국이랑 틀렸다.

'역시 한국이 짱이야.' 하는 생각으로 열심히 춤을 추는 여자 둘을 보며 마틴에게 물어봤다.

"좀 있는 집의 노는 딸인가 보네?"

"그게 아니라 쟤네들 남자야."

"뭐, 남자?"

이런 젠장, 나는 순간 얼어붙을 듯이 놀랐다.

"뭐야? 왜 이렇게 이뻐? 모델이야?……."

그냥 맥주만 마셨다. 그리고 장난으로 마틴을 혼냈다.

"한국 돌아가기 하루 전에 클럽에 오지 말자니까. 나한테 죽는다. 이건 매너가 아니야. 손님 이렇게 접대하는 거 아니라고."

"이런 데도 있으니까 구경해 보라고."

"이렇게 놀다가 가면 힘 빠져서 쓰러질 텐데, 네가 나 비행기 타는 거 책임질 거야? 클럽은 절대로 돌아가기 하루 이틀 전에 스케줄 잡는 게 아니라 내가 말레이시아에 왔을 때 첫날 무조건 가는 코스로 잡아야지."

내가 또 이렇게 장난을 치자 마틴이 맞장구를 친다.

"그래 약속하지. 다음엔 그렇게 하자."

마틴이 무슨 말인지 알아듣고는 엄청 웃으면서 이런 표현을 했다.

"소에게 힘들게 일 시켰으면 여물은 넉넉하게 줘야지."

우리는 클럽에서 같이 웃고 맥주를 더 시켜 마시면서 즐겁게 놀았다. 물론 귀국할 준비도 해야 하기 때문에 정신 줄은 바짝 차렸다.

페낭까지 나를 데리러 온 말레이시아 친구

그런데 재키가 페낭으로 왔다. 재키는 말레이시아 친구 중의 한 놈인데, 뜻밖에도 그를 페낭에서 봤다.

"페낭엔 웬일이야?"

"널 데리러 왔지."

여자 친구 만나서 페낭으로 데려다주고, 나를 쿠알라룸푸르까지 데려다주러 왔다는 것이다. 왕복 1,000km, 대단한 놈이다. 너무 고마워서 펑펑 감동에 젖어 버렸다. 이놈은 예전부터 나에게 유별날 정도로 친근하게 대해준 친구인데, 페낭에서도 그런 수고를 자청했다.

늦은 저녁에 그동안 친절하게 나를 안내하고 도와주었던 친구들과 작별인사를 하고 트렁크와 선물들을 챙겨 재키의 차를 타고 쿠알라룸푸르로 출발했다. 500km를 달려 쿠알라룸푸르에 도착하면 재키네 집에서 하루를 자고 한국으로 출발하기로 한다.

이렇게 말레이시아 이벤트 행사가 끝났다.

귀국하여 엄마에게 선물을 전해드렸더니 감동하셨는지 말문이 막히는 모양이었다.

"……이렇게 고마울 수가? 연락이 되면 고맙다는 인사라도 전해다오."

한국에 돌아오니 잡지와 인터넷 뉴스 등 여러 매체의 인터뷰 요청이 줄지어 기다리고 있었다. 여독이 풀리지 않아 피곤한 상태였지만, 할 수 있는 한 성실하게 인터뷰에 응했다.

세상을 혼자 살아갈 수 없듯이, 언론이 내가 여기까지 올 수 있도록 도와준 것도 단단히 한 몫을 했다는 생각 때문이었다.

그리고 차근차근 다음 대회를 준비했다.

금방 1년이 지나간다.

1월부터 12월까지 성적으로 내가 2017년 연간 챔피언이 되었다. 연간 포인트 점수와 수많은 입상 성적들이 만족할 정도로 원하는 만큼 나왔고 통상 1위라는 결실을 맺어 올해 농사는 참 잘 지었다고 생각하게 되었다.

소속사에서는 그동안 수고했다고 후원금과 올려주고, 나의 개인 다트 배럴을 디자인하여 출시해주었다. 내 이름을 붙인 용품이 상품화되어 팔린다는 것이다. 가수로 따지면 앨범이 나오는 셈이다.

PDK 나승흠 대표로 인해 흙 속의 진주인 나를 많이 알릴 수 있도록 소개가 되고 홍보가 이루어졌다.

이런 홍보를 계기로 자부심을 심어주는 소속사의 조건은 마음에 들었다. 사람을 제대로 알리는 것은 정말 힘든 일이다. 그만큼 홍보가 중요한 포인트인 동시에 아무나 할 수도 없다. 중이 제 머리 못 깎는다고 간지러운 부분을 긁어주니 나는 감사할 뿐이다. 여러 가지 부분들에 신경을 써주는 나 대표에게 고개가 숙여진다.

2018년이 시작되었다.

엄마의 암 투병 케어와 함께 새해를 준비했다. 엄마는 살이 오르기 시작했고, 빠졌던 털도 다시 자랐다. 엄마는 역시 나보다 강하신 것 같았다.

"엄마 파이팅! 내가 아직 이루지 못한 것들이 있으니까 여기서 포기하지 말자."

엄마에게 부탁을 겸한 나 자신과의 약속이었다.

"나는 광희가 성공하는 거 보고 죽을 거야."

조광희와 조광희가 맞붙는 결승전?

대만에서 열린 대회에 참가한다. 작년에 이어 다시 참가하는 대회다. 돈을 벌어 와야 했다. 여러 나라의 쟁쟁한 선수들이 모인다. 이제는 해외 선수들도 나를 알아보기 시작한다. 한국의 연간 우승에 대한 축하인사를 하면서 수고했다는 말과 함께 '파이팅!'을 보내주었다.

경기가 시작되면 집중을 하고 계속 이겼다. 방송에서 내 이름이 자주 불렸다. 번호를 호명하면 그 쪽 다트기계(머신)로 이동해서 경기를 했다. 끝나면 화장실 갈 시간도 없이 또 불러서 정신없이 경기를 계속했다.

이렇게 반복하다 운영진 쪽의 대진표를 보았다. 대진표에 영어로 표시되어 있는 'Cho kwang hee'는 8강에 올라갔다. 그런데 반대편에도 'Cho kwang hee'가 또 있었다. 반대편의 'Cho kwang hee'는 4강에 올라 있었다.

경기 운영의 실수로 몇 시간 동안 1인 2역으로 경기를 뛰고 있었던 것이다. 나는 조광희가 두 명이라는 것을 발견하고 통역을 불러 운영진에게 화를 내며 물었다.

"내가 지금까지 몇 경기나 치른 줄 아십니까? 나중에 결승에 가면 조광희 대 조광희로 붙을 수도 있는 겁니까?"

모두 웃었다. 통역도 좀 황당해했다. 이런 경우는 처음 본다는 것이다.

"도대체 이 상황을 어떻게 할 겁니까?"

내가 이렇게 묻자 운영진 관계자는 나에게 사과를 하고 부탁을 들어달라고 했다.

"부탁이 뭡니까?"

"8강 쪽이든 4강 쪽이든 한 쪽을 선택해 주시면 안 되겠어요?"

"나는 이미 결승에 오르는 것보다 훨씬 많은 경기를 치렀습니다. 이런 오류 때문에 화장실에도 못 갔어요. 우승을 했다고 해도 무리가 아닌 상황이니 공동우승으로 해주세요."

경기 수를 생각해 보라는 내 말에 관계자들도 난감해했고, 회의를 거듭한 끝에 제발 8강 4강 중 하나를 선택해 달라고 해서 나는 한 쪽을 골랐다. 같이 대만에 온 나승흠 대표에게도 이런 사실을 전하고, "이럴 경우 어

떻게 할까요?" 하니 웃으며 "좋게~ 좋게 합시다." 해서 나는 운영진이 원하던 대로 한 쪽을 골랐던 것이다. 다시 생각해봐도 조광희 대 조광희의 결승전이 될 뻔했다. 나는 속으로 웃었다.

나는 4강 쪽을 선택하고 다음 경기를 준비하기 위해 몸을 풀었다. 화장실에 갔더니 소변도 콸콸 폭포처럼 쏟아졌다.

경기 결과 내가 결승으로 올라갔다. 경기를 시작하면 당연히 모든 걸 잊고 집중해서 결승을 목표로 삼게 마련인데, 마침내 결승에 안착을 했다. 우여곡절을 겪었지만 어쨌든 기분이 좋았다.

결승은 한국 선수 두 명이 맞붙게 되었다. 상대는 국내 대회에서 항상 맞붙던 민석이였다. 보기 드문 일이고 기분 좋은 일이 아닌가. 드디어 결승 경기가 시작되었다.

결승 경기는 모두가 지켜보는 메인 무대에서 했는데 4대 2로 내가 이겼

다. 대만 오픈 대회에서 2년 연속 우승의 기록을 세운 것이다.

다른 종목 경기에서도 1등, 1등, 3등 세 개를 거머쥐었으니 단연 MVP 급이었다. 연회장에서 시상식을 하는데 내 이름이 가장 많이 불렸다.

올해까지 연속 두 번, 내년에도 참가해서 우승 입상하리라고 다짐한다. 시상식에서 이름을 세 번씩이나 부르니 사람들이 '우와!' 하고 연회장이 떠나가도록 환호하였다.

나는 시상식 트로피와 선물들을 현지인들에게 선물로 나눠주었다.

"너희 때문에 우승할 수 있었던 거야"

나에게 호의를 베풀어준 친구들에게 자랑을 겸해 감사 표시를 했던 것이다. 단상에 올라가 경기를 앞두고 대기할 때 의자를 들고 왔던 운봉이라는 대만 친구에게는 담배 한 보루를 사주었다. 그는 내 점심 식사를 챙겨주었고, 피로할까 봐 물에 섞은 스포츠 음료 한 통까지 소리 없이 나의 식사 테이블에 세팅해 준 친구였다.

국내에서 겪어도 고마운 일일 텐데, 외국에 나와서 타인을 배려하는 매너를 경험한 나는 당연히 감동을 했고, 나도 감사의 마음을 표현하게 되어 트로피를 비롯하여 내 힘이 닿는 대로 선물을 했던 것이다. 나는 다시 한번 그들에게 고개를 숙여 감사의 마음을 표현했다.

대만 현지인들에게 나를 소개하고 경기 내용을 실시간 방송으로 브리핑해준 친구들에게 선물로 트로피와 상장들을 나눠주었다. 대만 친구들이 박수를 치며 좋아했다. 사진을 같이 찍어달라는 부탁도 들어주었다. 그들에게도 좋은 추억이 될 수 있다고 생각했고, 샵을 가지고 있는 친구들이 많아 거기에 진열하라고 나눠줬던 것이다. 연회장에서 시상식을 마치고 간단한 쇼핑과 다음날 귀국 준비를 하고 호텔로 돌아왔다.

귀국하자마자 우승 상금을 환전하여 엄마에게 생활비와 병원 치료비로 드렸다. 엄마는 이제 퇴원하여 집에 계시면서 통원 치료를 받는다. 암 환자는 적어도 5년 케어를 해야 한다. 턱없이 돈이 부족하다. 더 열심히 해봤자 한계를 뛰어넘기 어렵다. 부평 가게를 내놓았다. 치료비도 보태야 하고 생활비도 필요했기 때문이다.

당구 선수의 동업 제의

다트 성적은 더욱 위로 치고 올라갔다. 올해의 챔피언도 가능했다. 가게를 접어 연습에 지장이 생기고 연습량이 줄었지만 변함은 없었다. 이제 다트 연습은 15분에서 30분 안에 끝낸다. 이미 몸속에서 알고 있다. 많은 사람들이 질문을 한다.

"어떻게 하면 다트 잘할 수 있어요? 배우고 싶어요."

이런 이야기를 들을 때마다 다트 교육에 대해 생각해본다. 우연찮게 서울 KT&G에서 대학생 다트 교육을 시작하고, 인천 서구에서도 2년 동안 초등학생과 중학생 다트 교육을 하게 되었다.

물론 학생들도 나에 대해 모르고 있다가 교육을 받으면서 조사를 해봤는지 대뜸 이렇게 이야기하곤 한다.

"선생님 유명한 분이죠?"

"어떻게 알고 있냐?"

"검색하면 선생님 얘기만 나오네요. 텔레비전에도 나오고, 다트도 일등이신데요. 우리가 이런 대단한 분에게 배우고 있다는 게 자랑스럽습니다."

이런 말을 들으면 어깨에 뽕이 들어간다. 어깨에 힘준다는 뜻이다. 그러면 맞받아서 농담을 하며 장난을 친다.

"선생님이라고 부르지 마. 오빠나 형이라고 불러. 그리고 나 아직 솔로다."

부평의 소울펍 가게를 정리할 무렵 한 당구 선수가 찾아왔다. 이미 나를 조사하고 찾아온 것 같았다. 나에게 같이 장사를 하자고 제의했다. 나는 상대방의 의도를 한 번에 알아챌 수 있었다. 나는 일단 큼지막한 공간이 필요하긴 했다. '챔피언이니까 크기는 커야지' 하는 마인드였다. 상대방이 원하는 바가 내 성적과 비즈니스라고 하더라도 피할 까닭은 없었다.

그런 생각을 가지고 부평 가게는 접고 잠시 여행을 떠나기로 했다. 그동안 수고했으니 나에게 보상을 주기로 한 것이다. 동생들이 묻는다.

"그럼 이제 어디로 갑니까?"

"더 멋진 형, 오빠로 성장할 거고, 더 유명해질 거고, 더 바빠질 거야. 그리고 언젠가는 내 자서전도 나올 테니까 나의 스토리 맛 좀 봐."

그 무렵 나의 다트가 상품으로 시판되었는데, 이름을 '복수'라는 뜻의 '리벤지'로 지었다. 샘플 다트 배럴을 받는 순간, 기분이 좋아서 나의 다트를 잡고 잠들기까지 했다. 그리고 '더 멋진 선수로 활동해야지' 각오를 다지고, 그동안 힘들게 땀 흘렸던 날들을 생각하며 '내가 왜 챔피언인지 보여주겠다.'고 결심했다.

랭킹 1위를 꺾고 제주도로

국내에서 열리는 큰 경기로 유명 해외 선수까지 참가하는 세계대회가 있었다. 더월드(The World)라는 대회로 프로 다트 선수로서는 누구나 참가하고 싶어하는 대회이다.

바로 그 대회에서 나는 작년 랭킹 1위인 보리스라는 크로아티아 선수를 이겨 큰 인상을 남겼다. 경기가 끝나고 그 자리에서 관계자들에게 추가 용품 후원도 받게 된다. 당시 아시아에서 그 선수를 잡은 선수는 두 명밖에 없었다. 그 중의 한 명이 나였다.

그 대회는 원래 내가 나가기로 했던 것이 아니었다. 한 일본 선수가 설사를 하는 바람에 대회 참가인원에 자리가 생겨 내가 참가할 수 있게 되었다. 랭킹 1위와 맞붙다보니 예선전 첫 경기부터 모든 관계자들이 내 뒤에 모여들었다. 내 생각엔 나를 보러온 것이 아니라 내가 어떻게 박살이 날까 보러온 것 같았다. 어쨌거나 찬스를 잘 잡았고, 월척도 잡았고, 관계자들에게도 강한 인상을 남기게 된다.

솔직한 심정으로 지옥에 걸어 들어가는 기분이었지만, 정작 이기고 나자 내가 바로 그날 경기장의 주인공이었다. 일본 선수들도 나를 찾아와 인사를 건넸다. 통역을 통해 얘기를 들어보니, 일본 사람들도 보리스를 이겨본 적이 없었다고 한다. 역대 급의 대반전으로 좋은 추억을 만든 대회였다.

계속 여행을 다니는 동안 소울펍에서 같이 일했던 원교라는 동생과 함께 제주도 여행도 가기로 한다. 성수기라서 공항에 차들이 줄줄이 서 있었다. 주차를 하지 못해서 비행기 티켓팅도 하지 못한 채 시간만 흘렀다.

원교에게 말했다.

"빨리 먼저 비행기 타고 제주도 가서 기다려. 나는 주차하고 다음 비행기로 갈게."

원교는 걱정하는 표정이었다. 내가 젖혀 버릴까 봐 걱정하는지 표정이 묘했다. 나는 간신히 주차를 끝내고 다음 비행기로 제주도에 도착하여 멍하니 앉아 있는 원교를 발견했다.

"커피라도 마시고 있지 뭐하냐?"

"돈이 없어서요."

"바보야 나한테 진작 말을 하지."

돈이 없어서 커피 한 잔 못 사마셨다니 좀 짠했다. 미리 알았으면 돈 좀 쥐어줬을 텐데, 따로따로 비행기를 타는 상황은 예상하지 못했던 터라 일어난 일이었다.

공항에서 원교를 만난 다음 렌트카를 빌려 제주도를 활보했다. 우리는 소문난 맛집에서 밥을 먹고 협제해수욕장으로 찾아갔다. 내가 해마다 방문하는 협제해수욕장은 좋은 곳이다. 잊을 수 없는 과거의 추억이 많이 남아있는 곳이기도 하다. 해수욕장은 사람도 적고 아담했다.

"형, 만 원만 주세요. 물안경 사올게요."

원교의 말에 내가 되물었다.

"만 원이라니, 뭐가 그리 싸구려냐?"

"한 번 쓰고 버리는 일회용이거든요."

"그래 사라."

돈을 건네자 의미심장한 웃음을 지으며 슬쩍 자랑을 늘어놓는다.

"제가 어린이 수영단 출신이었거든요,"

실제로 원교는 수영을 잘했고, 잠수는 더 잘했다. 원교가 자맥질하는 사이, 나는 몸을 튜브에 싣고 바다 위로 둥둥 떠다니고 있었다. 그런데 갑자기 원교가 물에서 튀어나오더니 소리를 질렀다.

"형, 이거 보세요. 문어 잡았어요."

원교의 오른손에는 문어가 꿈틀거리고 있었다. 나는 소리를 지르며 비닐봉지를 준비했다. 사람들은 신기한 듯 구경을 했다. 원교의 몸에서는 문어에게 물렸는지 피가 조금 나고 있었다.

하긴 한 덩치 하는 몸이라서 피를 두 컵쯤 흘려도 괜찮긴 하다. 뿔이 달린 고급 물안경을 쓰고 있는 애들보다 단돈 만 원짜리 물안경을 끼고 있는 원교가 더 대단해 보였다. 또 다시 잠수를 하더니 십여 분 후에는 문어 한 마리를 더 잡아왔다.

"원교야, 너는 미친놈이다. 이왕이면 소라와 멍게도 잡아와라."

원교는 웃었다. 문어 두 마리를 봉지에 담고 제주도 친구에게 전화를 했다. '응?'이라는 샵을 하는 친구다. 가게 이름이 '응?'이다.

"야, 문어 두 마리 잡았으니 요리할 준비해 둬."

"그래 들고 와라."

이 친구네 가게 '응?'은 메뉴판이 없고 예약을 받는 집이다. 초가집이고 리트리버를 두 마리 키운다. 센스가 있어서 아무 거나 잘한다.

제주도에서 만난 정도와의 인연

오후에는 문어 요리와 파스타를 맥주와 함께 먹었고, 즉석 짬뽕도 먹었다. 저녁에는 동생과 다트 샵에서 다트를 하자고 했다.

바로 그 다트 샵에서 정도라는 사람과 인연을 맺는다.

샵의 주인이자 다트 선수인데, 대회장에서 얼굴만 스치고 지나갔던 사람이 제주도에 사는 정도, 그 사람이었다. 스타일은 나랑 비슷한 코드 같다는 생각이 들었다. 첫 인상에 관상을 보니 그랬다. 금방 친해질 것 같다는 느낌이 왔다.

말은 붙여보지 못하고 다음 기회에 보기로 한다. 인연이 될 것 같으니 그때 다시 보면 될 터였다.

그렇게 원교와 제주도 여행을 하고 인천으로 올라갔다가 다음 달에 다시 지인들과 함께 제주도로 놀러갔다. 다시 그 다트 샵으로 찾아가서 주인인 정도와 같이 술을 마시고 서로 좋은 감정으로 친해진다. 그 전부터 괜찮은 사람 같다고 생각하던 차에 친해지니까 각별한 사이가 될 것 같았고, 우리는 기대했던 만큼 친해졌다.

내가 혼자 제주도에 갈 때도 있다.

그때는 정도가 차를 공항에 대기시켰다가 내가 타자마자 어딘가로 출발한다. 도착지는 모른다.

어딘가에 도착하게 되면 차에서 내리면서 이야기한다.

"저 샵에 들어가서 다트 좀 던져줘."

'묻지 마' 행사다. ㅋㅋㅋ. 나는 그걸 또 받아들인다. 재미있었다. 한 번은 정도의 차가 정육점에서 멈췄는데, 정도가 입을 열었다.

"들어가서 다트 좀 던져줘. 형 팬이 기다려."

"정육점에 다트가 있다고? 말이 된다고 생각해?"

"일단 들어가 봐. 있다니까."

그래서 들어가 보니, 있다. 정말 있었다. 한쪽 구석에 다트와 가게 주인이 기다리고 있었다. 정도가 고기를 몇 근 사면서 말했다.

"이따가 늦은 저녁에 방파제 쪽에서 고기 좀 구워먹읍시다."

그날 저녁, 그 동네 여동생들과 후배들을 불러 고기를 구워서 소주도 마셨다. 저녁에는 비가 보슬보슬 내렸고 운치도 좋았다. 시간이 흐르는 줄도 모르고 이야기와 고기 굽는 냄새와 소주가 파도 소리와 버무려졌다. 제주도의 이런 매력에 나는 찾아올 수밖에 없나 보다.

새로운 둥지 새로운 만남

나를 찾아온 당구 선수와 부천 쪽에 가게를 얻어 자리를 잡고 공사를 시작했다.

일단 내 미래 계획이 불투명한 상태라 나는 계속 공사를 진행했다. 대략 80평짜리 짜장면 집을 계약하여 철거공사 팀을 시켜 철거하고, 일사천리로 공사를 시작했다.

공사 중에도 해외 대회를 다녀왔고, 입상도 했다. 그런데 돌아와 보니 장사는 진행이 되지 않고 있었고 마냥 나만 기다리고 있었다. 서비스업에 대해서는 하나도 모르고 그냥 나만 기다리는 상황이다 싶었다.

결국 그 선수와는 갈라섰다. 나는 생각보다 너무 바빠 동업을 접었고, 서로 피해가 발생하는 것이 싫어 투자지분을 돌려주고 혼자 운영하면서 더 많은 대회에 참가하기 위한 준비에 신경을 썼다. 나는 국내 대회 참석은 물론 이것저것 알아보기 위해 돌아다니기도 했다. 계속 좋은 성적을 유지했고 내 시나리오대로 될 것이라는 생각에는 변함이 없었다.

부천의 새로운 가게와 더불어 좋은 성적도 올리고 좋은 인연들도 만나며 시간이 흐른 뒤에는 비즈니스를 비롯한 여러 일을 하게 될 거라고 생각했다. 모든 것을 긍정적으로 사고하며 마음을 다 잡았다. 공사 중에 기수 형을 알게 되었다. 그 선수의 지인 선배였다.

기수 형은 가게에 정말 많은 도움을 주었다. 그래서 그 선수보다 더 친해졌다. 가게 스피커와 앰프도 설치해 선물로 주었다.

가게가 완성되고 다트 실력이 더 좋아져 우승을 더 많이 하게 되었다. 성적이 더 좋아진 셈이었다. 나의 성적이 정상을 향해 고속행진을 하고, 나의 개인기록은 목표치를 넘어 연간 챔피언의 자리를 또 한 번 차지할 수 있는 수준이었다. 부천 가게는 결과적으로 내 능력을 확인할 수 있는 장소가 되고, 새로운 사람을 만날 수 있는 기회가 되었다.

옛 가게 '소울펍'을 찾아가보니

추석이 돌아온다. 나도 모르게 옛 가게를 찾아간다. 내가 시작한 곳이기 때문에 갑자기 방문하고 싶다는 생각을 했다. 내가 만든 가게를 이어받아 운영하는 사람이 궁금하기도 했다.

추석 하루 전날 방문했다. 첫 계단을 딛고 올라가는 순간, 감회가 새로웠다. 5년을 왕복하던 계단, 잊을 수가 없다. 계단에서 굴러 넘어지는 바람에 엄지발가락 골절로 깁스를 했을 때는 너무 아파서 당장 응급실로 가지도 못하고 하루가 지난 후에야 갔던 일도 있다.

내가 오기로 똘똘 뭉치게 만들었던 바로 그 계단이다. 나의 두 번째 인생의 시작 같은 느낌이었던 계단을 몇 년 만에 오르니 기분도 묘했다. 3층까지 올라가 문을 열고 들어가니 추석 하루 전이라서 한가했다.

사장은 한쪽 구석에서 졸고 있었다. 여사장이었다. 간판의 가게 이름은 변경되어 있었고, 가게는 여자 손길이 느껴지는 분위기였다. 하지만 나는 '소울펍' 스타일이 더 좋았던 것 같다. 여자 손님이 90프로를 차지했기 때문에 당연히 더 좋을 수밖에 없었던가?

직원은 카운터 쪽에 있었고, 나는 테이블에 앉아 한 번 휘 둘러보았다. 내 집에 온 느낌. 내 가게라는 느낌. 내가 시작한 이곳에 내가 챔피언이 되어서 돌아오겠다는 약속대로 내 발로 걸어와 입증을 하고 확인 도장을 찍는다.

직원이 사장을 깨운다. 그리고 귓속말로 뭐라고 한다. 내가 왔다고 말한 것 같았다. 사장은 급히 잠에서 깨어나 정신을 차리지만 나에게 말 한 마디 못 걸고 어려워한다.

갑자기 찾아오니 황당해서 그런 것 같았다.

나를 알고 있었다. 다트 쪽에서 유명하니 나를 알 수밖에 없다. 가게 안에 다트 기계도 두 대가 있었고, 모니터에는 내가 광고로 나가고 있다. 바로 그 사람이 여기 와서 테이블에 앉아 있다. 전에 내가 경영하던 가게라는 것도 알고 있다. 내 손님들은 지금도 이곳을 방문하며, 나를 찾는다고 했다. 나는 무알코올 칵테일 한 잔을 마시며 나의 옛날 가게를 회상하고 옛날의 기억을 흠뻑 느끼고 간다.

그 후로는 나의 옛 추억의 가게를 두 번 다시 찾지는 않는다. 여러 사건들도 기억하고 싶지는 않다. 좋은 추억으로만 남기고 떠나고 싶은 것이다.

일곱째마당 **월드 챔피언의 다트 드림**

선수가 선수를 키우는 스폰서

　서울에서 다트 경기를 하던 어느 날, 닭볶음탕을 안주로 술을 한 잔 마시다가 선수 후원 얘기가 나왔다. 환일이라는 동생이 나에게 말했다.
　"어디서 저에게 후원 제안이 들어왔어요."
　내용을 들어보니 내 맘에는 안 들었다.
　"야, 그까짓 거 내가 해줄게. 이게 바로 광(光)스폰서야."
　내가 던졌다.
　"정말이에요???"
　환일이가 되물었다. 깜짝 놀란 눈치다.
　"너는 내가 키운다. 두고 봐라."
　내 말에 환일이는 광(光)스폰서 1호라며 좋아라고 했다.
　나는 웃으며 말했다.
　"선수가 선수를 키워 후원해주겠다고 장담한 적이 있어서 지금 그렇게 하는 거야."
　내가 생각해도 완전 멋진 멘트였다.
　"감동이냐?"
　"예, 감동이에요."
　환일이는 그렇게 나와 계약을 한다.
　환일이와 덕우 둘은 친한 친구 사이였다. 둘이 열나게 싸우기도 하면서 화해하고 동고동락하는 불알친구, 좋은 친구 사이였다.
　술자리에서 서로 약도 올리고 괴롭히고 따돌리고 다시 화해하는 '덤 앤 더머' 사이가 보기 좋았다.

요놈들 중에 덕우라는 놈이 한 번은 나에게 술 마시고 말실수를 해서 혼낸 적도 있었다.

자꾸 나에게 말을 놓기에 나중에 환일이에게 이야기했다.

"이 쉐끼, 내 눈앞에서 치워. 요놈 녹여 버리기 전에 빨리 치우는 게 좋을 거야."

꼭 나쁜 의미로 말한 게 아니라 조금은 장난기가 섞여 있었다. 그러자 환일이는 덕우를 끌고 나가서 호되게 훈계를 했다. 멀찍이에서 환일이가 하는 말이 들린다.

"너 지금 어떤 큰 실수를 했는지 알아? 저분이 광희 형이야. 너 지금 누구한테 까부는 줄 알고 있냐고? 술에 취해도 광희 형은 건들지 마. 너 그냥 똥 됐어. 정신 차리고 빨리 형에게 사과드려."

나는 속으로 웃었다. 꼭 시트콤의 한 장면 같아서 웃음만 나온다. 나는 사과를 받아줬다. 이유는 덕우가 그럴 놈이 아니었기 때문이다.

이 두 놈이 사가정동에서 같이 장사를 했다.

둘이 열심히 장사하는 모습이 귀엽기도 해서 크게 마음에 두지는 않고 장난을 더 치면서 재미있게 좋은 시간, 좋은 술자리를 자주 가지게 된다.

그런데 오백이라는 동생까지 끼면 진짜 우리는 말잔치가 풍성하고 재미있다. 이걸 풀(full) 동영상으로 녹화해도 재미있을 거라고 했다.

요즘 유튜브 영상도 많이 유행하지만, 우리가 말잔치를 벌이는 토크박스 역시 빠지지 않는다.

오백이라는 동생은 환일이의 선배였고 한참 전부터 아는 사이였다. 오랜만에 봐도 항상 어머니 안부는 물론, 나의 건강까지 물어본다. 우리는 서로 사는 곳이 멀어서 자주는 만나지 못하지만 술자리 토크박스는 여러 인물들을 포함하여 진행되는데 여간 재미가 있는 게 아니다.

선수가 선수에게 후원자로 나서는 일이 결코 쉬운 일은 아니다. 모르긴 해도 다트계에서는 희귀한 현상이 아닐까.

내가 진실로 환일이를 도와주려고 하는 이유는 그의 어머니가 치매로 고생하시기 때문이다. 거기에다 친형은 육종암으로 고생하고 있었다. 나는 환일이의 마음을 알 수가 있었다.

주변 사람들은 환일이가 늘 웃음을 잃지 않는 철부지 동생이라고 여기 겠지만 그게 아닌 것이다.

어느 날 환일이가 술에 취해 나에게 전화를 했다.

"형, 너무 힘들어요. 어머니가 치매인데, 자꾸만 돌발행동을 해요. 어린 애처럼 행동하는 것은 약과고, 저를 못 알아보거나 이상 행동을 해서 당황한 적이 한두 번이 아니에요."

어머니를 간병하는 환일이의 모습이 눈에 선했다. 힘들다고 울면서 전화건 게 여간 안쓰럽지 않았다.

치매센터에 문의하고 도움을 요청해도 한계가 있다고 한다. 왜 아니겠는가. 사회생활이 한참 재미있을 젊은 나이에 부모님의 치매증상으로 곤혹감만 쌓이는 것 같았다.

내가 형으로서 크게 해줄 수 있는 일은 없지만, 듣는 나도 속이 상하니까 공감이라도 하려는 것이다.

더구나 친형은 젊은 나이에 암으로 고생하며 치료를 받고도 버거워한 다니, 집안의 생활경제도 힘들 텐데 그 마음이 오죽하랴 싶었다. 그런 놈이 나에게 울면서 하소연을 하는데 뾰족한 방법이 없는 나로서는 도와줘야 한다는 마음 뿐 몹시 속이 상했다. 나는 상금을 받으면 환일이에게 상품권을 보내면서 이야기했다.

"어머니께 계절 옷이라도 좀 사드리고, 백화점에서 어머니랑 같이 식사도 해. 이 형이 해줄 수 있는 것은 별로 없으니 이거라도 받아주면 좋겠어.

나는 너의 마음을 100퍼센트 이해할 수는 없지만 슬픔은 100퍼센트 이해할 수 있다."

환일이는 통화를 하면서 펑펑 울고 있다.

나는 울먹이는 목소리만 듣는다.

"힘내. 그럴수록 더 강하게 살아야지."

이렇게 말해줘도 울기만 했다.

술에 취해 우는 목소리가 얼마나 서럽게 들리던지.

"힘들어요, 형."

이 말을 전화기를 통해 들으면서 나도 목이 멘다. 웃을 때는 얼마나 귀여운 친구인가. 그런데 울 때는 저토록 서럽게 우는 것이다.

"형, 나는 왜 이렇게 태어났는지 몰라. 자꾸만 불안한 생각이 들어."

이렇게 한탄하면서 내뱉는 넋두리도 이해가 간다. 나도 예전에 저런 생각을 했던 적이 있으니, 누구보다도 그 마음을 충분히 알 수가 있었다.

나는 환일이를 나승흠 대표에게 추천했다.

처음으로 사람을 추천하는 경우였다.

"환일이라는 친군데, 내가 본 관상으로는 충분히 한 건 할 수 있어요."

나 대표는 나를 믿어주고 나의 소속사 선수로 뽑아주었다.

"챔피언이 뽑은 유망주니까 기대해 봅시다."

3년 넘게 전신마비로 누워 지내면서 얻은 관상 보기가 잘도 먹힌 셈이었다. 나 대표에게는 진심으로 이렇게 덧붙였다.

"내가 지금까지 추천해서 뽑아달라고 부탁한 적 없었는데 이놈은 꼭 필요합니다. 제가 관리할게요. 믿어보세요."

결과는 당연히 좋았다. 환일이는 다음 대회에 두 번이나 3등으로 입상했다.

"내 말이 맞지? 내가 뽑았으니 입상한다고 했잖아. 이게 다 선견지명 아니겠어?"

"그러네요, 형. 감사해요."
환일이도 놀란 표정이다.
환일이가 포기하지 않고 힘든 시기를 극복하기 바랄 뿐이다.

제자들

김소정이라는 여동생이 찾아왔다. 사는 곳이 성신여대 근처였는데, 대뜸 다트를 배우고 싶다고 했다.
목소리를 들어보니 청량했다. 성격도 착했다. 다트에 대한 열정이 있기에 조금의 도움만 주면 실력이 오를 것 같았다.
다트를 던져보라고 한 다음 관찰을 했다.
관찰한 다음 이런저런 얘기를 해주었다.
듣는 태도를 보니 귀를 열고 잘 듣기도 했다.
"내 말을 이해한다면 너는 충분히 가능성이 있어. 던지는 스타일도 감각적인 부분이 있고, 내가 조금만 도와주면 더 높은 단계로 올라갈 수 있을 것 같네."
소정이는 일주일에 한 번씩은 성신여대에서 부평으로 찾아와 나에게 레슨을 받았다. 그렇게 한 달 보름 만에 실력을 꽤나 끌어올렸다.
내가 여유가 있는 사람이라면 선수로서 더 많은 지원을 해줬을 텐데, 형편이 좋지 않아서 사용하는 용품 정도만 지원해주고 몇 번 대회 참가비 정도를 지원해주었다.
"네가 내 수제자 1호라서 지원해주는 거야."
"사부님, 감사할 따름입니다."
소정이도 생활이 넉넉하지 않다. 그래도 성실히 사는 아이다. 요즘 애들은 영문을 모를 정도로 삐뚤어지는 경우가 많은데, 소정이는 정말 바르게 컸다. 현명하고 감성 풍부하다.

나승흠 대표도 소정이가 던지는 걸 보고 나서 여성 선수로서 후원을 제안하였다, 하지만 이번에는 내가 반대했다.

소정이에게는 현재의 본업에 집중하는 것이 먼저인 것 같아, 괜히 본인에게 부담을 주는 일은 하고 싶지 않았다. 나 대표도 수긍해 주었다.

그렇게 소정이는 열심히 회사 일을 하면서 다트에도 열중한다. 회사에 결근한 적도 없고, 아파도 꼬박꼬박 출근한다. 새벽 5시에 일어나 출근 준비를 한다고 했다.

소정이와는 벌써 5년이나 제자로서 매니저로서 지내는 동안 친한 사이가 되었다. 내가 우승을 하거나 좋은 성적이 나오면 소정이가 가장 먼저 축하를 전해오고, 나에게도 응원을 아끼지 않는다.

나의 여자 수제자 2호는 수빈이다.

내가 대학생들에게 다트 교육을 하던 날이었다. 교육하는 도중에 수빈이가 들어오더니 내가 교육하는 모습을 끝까지 지켜보며 기다렸다. 그리고는 다트를 배우고 싶다고 한다.

우리는 계단을 내려가며 얘기를 나누었는데, 수빈이가 갑자기 발을 헛디뎌 앞으로 자빠졌다. 야구 타자가 1루 베이스로 헤드슬라이딩을 하듯이 보기 좋게 넘어진다.

나는 황당해서 재빨리 손을 잡아주고 일으켜 세워 주었다. 무릎에서 피가 났다. 스타킹 올이 나가면서 그 줄로 피가 흐른다.

"첫 만남이 굉장한데요? 많이 아파요?"

"괜찮아요."

아닌 것 같았다. 또 한 번 물었다.

"아프죠? 아프잖아요."

수빈이는 당황스러워하며 웃었다.

"첫 만남인데 자빠져서 난처하긴 하네요."

휴지로 피를 닦고 밥을 먹으며 이야기를 시작했다.

"궁금한 것, 알고 싶은 것들 싹 다 물어보세요."

"선생님 보고 놀랐어요. 경기 영상을 보면 포커페이스가 압도적이거든요. 다트도 잘하시지만 배울 게 많을 것 같아요."

그렇게 만나 일주일에 한두 번씩 나에게 다트를 배우고 간다.

수진이는 실력에 욕심이 많고 급하다. 표정에 모든 심리변화가 노출된다. 경기가 안 풀리면 짜증을 잘 냈다.

나한테 많이 혼이 났던 부분이다.

소정이와 수빈이는 나를 친오빠처럼 생각해주는 동생들이다. 나도 고민이 있으면 고민을 털어놓고 상담을 할 정도로 믿음이 가는 동생들로 그야말로 가족 같은 사이다.

둘의 다트 실력은 수준급이다. 하지만 다트가 두 아이들의 인생의 목표가 되기를 바라진 않는다. 제자라고 다 나와 같은 길을 걸으며 고생할 필요는 없다. 나에게 다트가 중요한 미래이듯이 이들에게도 인생의 바른 목표를 찾을 수 있길 바랄 뿐이고 그 과정에서 나의 지나온 삶의 스토리가 조금이나마 도움이 되길 바란다.

두 제자에게 다트가 힘든 일로부터의 안식처이자 자신을 찾는 의미가 될 수 있다면 그것만으로도 충분하다.

팝 다트와의 인연

우연치 않게 팝 다트라는 다트 머신 업체와 인연이 닿았다. 이런저런 이야기를 나누기 위해 팝 다트의 오정환 대표님과 최재현 대표님을 만나기 위해 찾아갔다. 주차장을 헤매다 전화를 했는데 직원분이 내려와서 나를 반겨주셨다.

"여기까지 찾아와 주시니 영광입니다."

사무실로 올라가 회사 안을 살펴보았다. 사진으로만 보다가 직접 보는 것은 처음이었다. 가족 같은 분위기로 느껴졌다. 유리로 된 회의실 같은 방에 앉아 커피를 마시고 있는데 직원분이 대표님을 불러오셨다.

"대단하신 분이 여기까지 웬일이십니까?"

미처 인사를 나누기도 전에 대표님이 반겨주셨다.

"대표님 회사의 시스템 기계 기술력을 바탕으로 많은 발전이 있기를 기원합니다. 대표님들의 노력이 멋지다고 생각하여 궁금한 것들이 많습니다. 어떤 마인드로 다트 기술을 개발하시는지요?"

"조광희 챔피언에게는 다 털어놓을 수 있지요. 이렇게 찾아와 주신 것부터 감사한 일이니 무엇이든지 협조해 드리겠습니다. 앞으로는 지나가다 들려서 식사라도 하시기 바랍니다."

알고 보니 이분들은 나와 인연도 있었다. 내가 프로 데뷔할 무렵 나를 타사 다트업계에 적극 추천했다는 것이다. 나는 그 말을 듣고 되물었다.

"무슨 얘기인지 자세히 좀 알려주실 수 있을까요?"

"몇 년 전에 다트 업계에 조광희 선수를 키우자고 추천했는데, 무시하더군요."

"왜 저를 추천하셨는지요?"

"조광희 선수에게 전망과 미래가 보였고, 스토리가 너무 좋았기 때문에 추천은 당연한 일이었죠."

"대표님께서 나를 추천해 주신 데 대해서는 감사하게 생각합니다. 지금이라도 고맙다는 말씀을 드립니다. 아마도 그때 추천이 받아들여졌다면 먼저 자리 잡고 있던 선수들이 상심했을 겁니다. 나를 달갑게 보지도 않고 밥그릇을 뺏겼다고 생각했을 테지요."

그러자 고개를 끄덕이며 수긍하셨다.

"듣고 보니 그렇기도 하겠네요."

"그때 묵살당한 게 다행인 셈이죠. 시간이 흘러 제가 좀 유명세를 타게 된 다음에 이렇게 다시 만났잖아요? 이것도 운명이구나 하고 좋게 생각하시면 될 것 같습니다."

대표님들과의 대화는 흡족하고 화기애애했다. 우리는 회의실 테이블에서 꽤 오랜 시간 대화를 나눴다.

나는 팝 다트 회의실에서 나의 포부의 일단을 설명하고 해외의 다른 어떤 선수도 하지 못한 것을 내가 해보이겠다고 각오를 밝힌 다음 회사 사람들과 작별인사를 나눴다.

"오늘 정말 유익한 시간이었습니다. 다음에 뵙겠습니다."

팝 다트는 나에게 물심양면으로 도움을 주고 있다.

나는 한 프로 다트 선수로서 다트문화의 발전을 위한 일에 참여하거나 조금이나마 후배들에게 도움을 줄 수 있다는 것을 자랑스럽게 생각한다.

준성 형님과 운용 형님

멀리서 일부러 나를 찾아온 손님이 있었다. 어른 두 분이었는데, 두 분 중 한 분은 개인 다트 장비까지 있는 다트 팬이었다.
"챔피언이 부천에 계시다는 얘기를 듣고 직접 보러 왔어요."
그 두 분이 바로 준성 형님과 운용 형님이었다. 그렇게 만난 두 분과는 계속 좋은 인연이 이어졌다.

준성 형님은 페인트회사 대표님이셨다. 다트를 좋아하실 뿐 아니라 네덜란드의 반거웬(Van Gerwin)을 좋아하셨고, 한 번 다트 연습을 하시면 6시간은 하실 정도로 다트 마니아이시다. 정신 차리고 연습해야 할 나보다 더 열심히 하신다.

운용 형님은 여러 가지 사업을 하시는데, 제주도에서 호텔 사업도 하신다. 스쿠버 아시아 잠수 레코드 기록도 가지고 계신다. 일반 스쿠버가 아니라 탑 클래스였다. 두 분 다 충실히 인생을 살아가고 계신 멋진 분들이었다.

그런 분들이 나에게 다트를 배우러 오셨고, 나는 두 분과 금방 친해졌다. 운용 형님은 나에게 금전적인 도움을 주기도 하셨다. 대뜸 종이 한 장에 각서를 쓰셨는데, 내용인즉, '조광희에게 매달 몇 십 만 원씩 후원하겠다.'는 각서였다. 황당했지만 어쩔 수 없이 나도 사인을 하였지만 나중에는 정중하게 사양을 한다. 후원을 받더라도 개인보다는 기업에서 받는 것이 바람직하다는 생각에서다.

사람이 고마움을 알면 뭔가 보답을 해야 한다고 생각한다.
나는 나를 생각해 주시는 두 분에게 너무 고마워서 선물을 하나 해드리겠다고 마음먹었다.

"저는 돈으로 갚기는 어려우니 저의 다음 다트 배럴의 상품명을 'KASAKA'로 지을 겁니다."

KASAKA는 운용 형님 닉네임이었다. 유럽의 '마술사 농부'를 의미하는데, '제압한다.'라는 뜻도 있다고 하니, 다트 배럴 이름으로는 안성맞춤이었다.

"제가 해드릴 수 있는 선물이니, 제품이 나오면 한 세트 드리겠습니다."

몇 달 후 약속대로 KASAKA 한 세트를 선물로 드렸다. 운용 형님이 무척 좋아하셨다. 나는 대회에 출전하여 KASAKA 다트로도 일등을 한다.

다음 순서로 마음에 둔 이름은 큰형님인 준성 형님의 닉네임인 'Kong Kong'이다.

운용 형님은 KASAKA배(盃) 다트 대회를 열자고 제안해 주셨다. 조광희 다트를 사용하는 사람만 참가하는 조건으로 전폭적인 지원을 해주겠다고 하셨다. 그저 감사할 뿐, 어떻게 빚을 갚을까 하는 생각만 앞섰다. 걱정하지 말고 진행하라는 운용 형님의 말씀에 주변의 선수들을 모아 친선 경기 겸 대회를 가지게 되었다.

'나에게도 이런 일이 생기는구나.'

제1회 KASAKA배 조광희 다트 대회였다. 나는 처음 열리는 대회라 참가인원이 적으면 어쩌나 하는 걱정이 앞섰지만, 접수 인원을 보니 은근히 참가자가 많았다. 사람들이 나의 다트를 많이 구입했다는 뜻이기도 했다. 고마웠다. 지방에서 참가한 사람도 있었다. 핵심이 되는 상금까지 운용 형님의 지원이 있었기에 대회가 열렸고, 나의 샵에서 대회를 마친 다음, 저녁 식사까지 운용 형님께서 대접해 주셨다.

"멀리서 참가한 손님도 있는데, 저녁이라도 대접해야지."

적은 돈도 아닌데, 형님의 그릇을 짐작할 만했다. 그렇게 두 형님은 나를 비롯한 참가 다트 플레이어들에게 좋은 추억을 남기게 해주셨다.

내 주변에 이런 좋은 분들이 계셔서 정말 감사할 뿐이다. 이 빚을 언제다 갚을 수 있을까 싶기도 하지만, 든든하고 따뜻하다. 다시 연간 챔피언이 되면 이번에는 두 형님께 트로피를 선물로 드려야겠다고 생각했다. 나로서는 최선의 선물인 셈이다.

준성 형님과 운용 형님은 다트를 좋아하셔서 내가 참가했던 중국 광저우 대회에는 3년 연속으로 방문하셨고, 형님들도 직접 참가를 하셨다. 대회에 참가하신 형님들도 열정을 가지고 도전하신다. 멋지다.

준성 형님이 이런 말을 하셨다.

"굉장히 피곤하네. 생각해 보니 조광희는 정말 대단해. 이렇게 발도 아프고 몸도 늘어지게 피곤한데, 결승까지 가서 우승하는 것을 보면 얼마나 대단하냐고?"

이렇게 칭찬해 주셨다. 비장애인도 견디기 힘든데, 경기를 해서 챔피언이 되는 것을 보면 보통 정신력이 아니라는 뜻이다. 어깨가 으쓱해진다.

준성 형님과 운용 형님은 인생을 사는 모티브에 대해서도 진중한 조언을 많이 해주셨다. 두 분의 조언은 나에게 큰 도움도 되고 더 강하게 생각할 수 있는 활력소가 되어준다.

다트 경기는 크게 두 가지 종목이 있다.

전통적인 다트는 스틸 다트(Steel-tip Darts)라 하여 식물 섬유로 만들어진 다트 보드로 치러지는 종목이고, 한국을 비롯한 아시아에서 유행중인 소프트 다트(Soft-tip Darts)는 조금 더 대중적인 전자 다트이다. 전자 다트는 다트가 보드에 맞는 순간 센서를 통해 획득 점수를 모니터에서 확인할 수 있도록 고안된 종목이다.

소프트 다트 대회에서 많은 성적을 냈지만 나는 다트의 꽃은 스틸 다트라고 생각한다. 유럽에서는 500년 전부터 시작했던 유구한 역사를 자랑한다. 전쟁터에서 부러진 화살을 나무에 던졌던 것이 기원이라고 한다.

나는 다트의 원류인 스틸 다트에 도전하여 왔다. 네덜란드에서 우승한 두 대회도 스틸다트 대회이다. 스틸 다트를 처음 연습할 당시에는 힘이 너무 없어서 다트가 보드에 박히질 않았다. 그래서 바닥에 떨어지지 않도록 연구하고 연습을 거듭했다.

나는 세 번의 도전 끝에 국내에서 열린 세계대회인 2019 WDF TARGET KOREA OPEN 챔피언을 차지한다. 결승에서는 경기 도중에 두 발을 떨어뜨리지만, 다행히 마지막 한 발 차이로 우승할 수 있었다.
1년 동안의 연간 챔피언보다는 스틸에서의 우승을 원했는데 우승을 차지하여 너무 기분이 좋았다.
스틸 다트는 연구하면 할수록 어렵지만, 어려운 맛에 도전하는 것이다. 첫 우승 이후 준성 형님, 운용 형님, 서현이, 연이와 대화를 나눴다. 서현이

준성 형님과 운용 형님

는 스틸 다트 대회의 공식 심판, 연이는 오렌지 다트 동호회장이다.
"광희 오빠, PDC 아시안 투어 갈 거야?"
서현이가 물었다.
"야, 돈이 한두 푼이냐? 아시안 투어는 힘들다."
그러자 운용 형님이 서현이와 연이 앞에서 이야기하셨다.
"광희가 참가하는 PDC 아시안 투어 경비는 모두 내가 쏠게."
정말 기분이 좋았다. PDC 대회는 전 세계 최고 스틸 다트리그로, 다트 선수에게는 종착역이라고 할 수 있다. PDC 아시안 투어 개막전은 매년 한국에서 열리지만, 나머지 5개국 대회에도 모두 참가하려면 항공 운임과 호텔비 등 참가비용이 생각보다 많이 든다.
내가 다트 프로 선수로 성공하길 응원하는 분들이 이렇게나 많은 것이다. 말로써 다 전할 수 없을 만큼 행복한 일이다.

새롭게 구상할 수 있는 기회

코로나19로 모든 대회가 무기한 연기가 되었다.
저녁 늦게 민석이의 전화가 왔다. 다트 연습하러 승수네로 간다고 한다. 승수는 나의 방송에 까메오로 가장 많이 출연하여 함께 촬영했던 동생이다. "방송 준비해."라고 하면 웃으면서 "항시 대기 중!"이라고 하면서 인력까지 동원해주는 동생이다. 실력도 겸비했다.
PDK 회사 선수로 활동하는 민석이는 나와 다른 프로리그 챔피언이다. 한 번씩 안부 전화를 한다. 우리 쪽은 대회가 줄어든다고 얘기해 주었더니 민석이도 한숨을 쉬었다. 그래서 내가 국내 대회가 아닌 세계 리그인 더 월드 투어(The World Tour)에 나가서 입상하는 것이 경력을 쌓는데 좋다고 말하니 인정한다고 했다.

나에게도 요즘 소속사에서 국제대회 쪽으로 옮겨달라고 연락이 왔다. 더 좋은 지원과 손해를 메꿔줄 수 있다고 했지만, 고민하고 생각 좀 해봐야겠다. 민석이는 항상 운전할 때 전화를 준다. 민석이나 나나 다트 챔피언이라고 해서 흥청망청 쓸 정도로 돈이 많은 형편도 아니다.

다트는 나에게 금전적인 부분 이전에 나의 인생 도전 과제다. 내가 다트로 두 번째 삶의 의미를 얻게 되었으니 후대를 위해 다트 발전에 어느 정도 기여를 하고 싶다는 생각이다. 나로서는 새로운 도전이다.

지현우 선생님과의 약속을 지키다

지현우 선생님과의 몇 년 전 약속을 지킬 수 있게 되었다.

지현우 선생님은 내가 부천에서 술집을 운영할 때 나를 찾아와 나를 프로 다트의 세계로 이끌어준 사람이다. 몇 번의 대회에서 우승을 한 후 지현우 선생님이 계시는 두원공업고등학교를 방문하여 학생들에게 다트 교육을 하게 된다.

학생들도 선생님이 조광희 선수와 친하게 지냈던 스토리와 다트 실력을 궁금하게 여기고 있었다. 감사하게도 초청을 받아 시간을 내서 다트 강사로 학교를 방문하게 된 것이다. 예전과 달리 요즘 들어와서는 초등학교와 중학교, 고등학교 등 학교에서도 다트 교육을 많이 실시하고 있으며, 중학교 체육 교과서에도 다트가 소개되어 있다.

선생님의 안내를 받고 교실로 올라가 학생들을 만난다. 학생들이 생각보다 많았다. 학생들이 '와~' 소리와 함께 나를 반겨주었다. 한 자리에 모인 학생들에게 지난 스토리를 들려주었다. 힘들어서 인생의 길을 포기하고 싶었지만, 그래도 포기할 수 없었고 도전할 수밖에 없었던 이유를 설명했다.

산을 넘고 또 산을 넘어야 하는 긴 여행이 인생이라는 주제로 내 이야기를 들려주고 선생님과 각별한 사이라는 점을 강조하는 것도 잊지 않았다. 다트 교육을 끝낸 다음, 약속을 하나 하고 돌아온다.

"다음에는 방송 촬영을 할 때 찾아오겠다."

학생들의 열정 있는 모습과 귀여운 모습을 보다 많은 사람들에게 알리

고 싶어서 내건 나와의 약속이기도 했다.

몇 달 후, 거짓말 같이 방송의뢰가 들어와 두원공업고등학교에서 다트 강의를 촬영하기 위해 학생들과 선생님을 다시 방문한다. 학생들은 모든 게 신통방통한 모양이었다. 정말 대단하다고 했고, 약속을 지켜주셨다고 좋아했다. 나는 학생들에게 말했다.

"너희들이 오늘 촬영을 하면 집에서 가족과 함께 텔레비전으로 너희들의 모습을 직접 볼 수 있다. 오늘 다트 수업 열심히 해보자."

학생들이 처음에는 수줍어하더니 점점 편안하게 다트 수업을 하며 방송에 잘 적응해주었다. 지현우 선생님은 이런 말씀을 하셨다.

"내 주변에 조광희라는 유명한 다트 선수가 있다는 것이 너무 든든합니다. 학생들에게 멋진 인생 스토리와 좋은 이야기로 멘토 역할을 해주셔서 감사드립니다."

학생들에게는 가혹한 말일지도 모르지만, 자라나며 각자 크고 작은 역경을 겪을 것이다. 그 때 나의 지난 과거의 이야기들과 극복하는 마음가짐을 기억하며 조금이나마 인생에 도움이 되길 바랄 뿐이다.

이런 마음가짐으로 잠시나마 교육자의 입장이 되어 본다는 것은 행복한 일이다. 학생들을 대할 때면 항상 기분이 좋다. 멀리서 기다리고 있는 학생들에게 좋은 말과 다트의 추억을 줄 수 있어서 나는 크게 만족했다.

지현우 선생님과의 좋은 인연이고 학생들과의 좋은 약속이 아닌가. 돌아오는 길의 먼 거리 운전도 피곤하지가 않았다.

아버지께 약속한 대로

한 번은 다트 경기 중 실망스러운 경험을 했다. 경기 도중에 상대방이 지체장애인 흉내를 냈다. 그가 몸이 아프거나 장애인이 아닌 것은 당연하다.

상대방은 노림수로 지체장애인 흉내를 내며 나를 흥분하게 만들려고 한 것이다. 하나의 심리 전략으로 삼을 수도 있겠다.

아무리 나를 감정적으로 흔들어 놓으려 해도 나는 대회 때 절대 내 감정에 휩쓸리지 않는다. 기분이 안 좋아도 감정 노출 없이 포커페이스로 일관한다. 내가 감정을 노출하는 순간, 내가 지는 꼴이 되기 때문이다.

항상 돌발행동에는 대비가 되어 있다. 종종 선수끼리 대회장에서 싸우는 경우도 많이 보는데, 나에게 도발을 시도한 것이라면 실패한 셈이다. 남의 불편을 조롱하는 것을 보고 어이가 없을 뿐이다. 파이팅하자고 손을 내밀어도 보는 둥 마는 둥 했다. 혹여나 내가 잘못 보고 있는 것인지 너무 궁금해 심판에게도 질문을 던졌다.

"내가 지금 잘못 보고 있는 겁니까?"

"상대 선수가 실수하고 있는 것 같네요."

심판도 이렇게 수긍할 정도니 내 눈이 잘못 본 것은 아닌 것 같다. 어떤 선수는 내가 다트 잘하는 이유가 장애인이라서 그렇다고 입을 열기도 했다. 신체적 괴로움을 안고 비장애인과 경기를 하는 것은 남들에게 설명할 수도 없는 어려움인데 그런 내 모습을 흉내 내며 도발하거나 장애인이라서 잘하는 것이라고 결론을 짓다니 말이 되는가 말이다.

어차피 경기 결과는 내가 압도적으로 이겼다.

나를 응원해 주는 분들도 많지만 그렇지 않은 사람들도 있다. 사람들의 눈높이는 이렇게 천차만별이다.

시기와 질투 속에서 나는 알면서도 모르는 척 마인드 컨트롤을 해야 했다. 차별과 시기가 도를 넘어 견디기 힘들어질 때는 아버지 산소를 찾아 마음을 다잡는다. 아버지와 한 약속이 있기 때문이다.

아버지가 잠드신 위치는 22층 높이였다. 계단식 묘로 조성되어 있는 산소였다. 계단은 울퉁불퉁한 자연석 계단으로 만들어져 있었다. 난간도 없기에 내가 쉽게 올라갈 수 없는 계단이다. 손과 발을 모두 사용하여 네 발로 기어서 올라간다. 남들이 볼 때는 짐승인 줄로 여기지 않았을까? 나 역시도 그렇게 느꼈을 정도니 틀림없을 것이다.

남들이 보면 안타깝게 볼지는 모르겠지만, 옛날엔 부모가 돌아가시면 시묘(侍墓)살이를 했다고 한다. 부모님의 묘 옆에 움막을 짓고, 3년을 살면서 조석(朝夕)으로 문안인사를 드리고 밥을 지어 올리고 부모님 묘를 지켰다는 것이다. 거기에 비하면 내가 네 발로 기어 올라가는 것은 대수롭지 않은 셈이다.

암벽 등반하는 것처럼 등에서 식은땀도 나고 다리가 후들거린다. 뒤를 돌아보면 일자로 되어 있는 수직 형의 계단인데 절벽 같았다. 계단을 올라가는 도중 힘에 겨워 앉아서 쉰다. 아래쪽의 계단과 계단 위에 있는 아버지 산소를 보며 많은 생각을 하게 된다.

전신마비 속에서 아무도 듣지 못하는 울음으로 밤을 새웠던 기억, 재활을 위해 11층 계단을 하루에 6번씩 오르내렸던 기억이 몸이 불편하지 않았을 때 아버지에게 제대로 효도하지 못했던 아쉬움과 함께 밀려온다.

계단을 내려올 때는 더 가관이다. 더 위험한 것은 말할 나위도 없다. 자칫하면 넘어져 앞으로 굴러 버릴 수도 있다. 그래서 내려올 때는 두 발을 먼저 내리고, 두 손은 허리 뒤에 대고 누워서 네 발로 내려왔다. 손바닥이 가장 많이 까지고, 작은 모래 알갱이가 손바닥에 박힌다. 박힌 알갱이를 떼어내면 피멍이 들어 있다.

찾아뵙는 게 힘들지 않은 것은 아니지만, 아버지를 만나면 내 다짐이 단단해진다. 이 세상의 모든 차별과 신체적 불편을 극복하게 도와주시는 수호신인 셈이다. 아버지의 산소에 소주와 과일, 그리고 다트를 놓고 절을 한다.

내가 어렸을 적에 아버지가 물으셨다.

"너의 장래 희망이 뭐냐?"

"아버지 같은 사람이요."

아버지는 공장장 출신이었고, 고생하시는 모습을 보고 나도 모르게 그렇게 말했다.

"넌 이런 일 하지 마라."

아버지는 손에 항상 기름 묻히는 아버지 당신처럼은 되지 말라고 하셨던 것이다. 아들이 당신 같은 삶의 고초를 겪지 않았으면 하는 마음이었을 것이다.

"어떤 일을 하든 쉬운 일은 없다. 그렇더라도 너를 힘들게 하는 세상에 지면 안 된다. 그 세상보다는 너와 함께 있는 사람들을 먼저 생각하고 견뎌야 한다."

당시에는 와 닿지 않는 이야기였지만 인생의 고행을 겪고 나니 그 기억나는 한 마디가 위로와 격려가 된다. 그때 아버지 말씀대로 살겠다고 약속을 하였다. 그러니 나를 괴롭히는 삶의 작은 일에 동요되어 소중한 것을 잃을 일은 없을 것이다.

"아버지, 감사해요. 죄송합니다."

해드린 것은 없고, 해주시기만 하신 아버지는 돌아가신 다음에도 내 기도를 잘 들어주시는 것 같았다. 나를 죽음에서 구해준 분이 아버지일지도 모른다는 생각도 든다. 그저 감사드릴 뿐, 내가 해드릴 수 있는 것은 다시 찾아뵙는 일뿐이다.

그렇게 아버지를 뵙고 나는 바로 엄마에게 전화를 드렸다.

"너 어디냐?"

"아빠 산소."

"계단이 높은데 잘 올라갔어?"

"나는 괜찮아, 다음에 또 와야지."

아버지에게 못다 한 효도는 어머니에게 해드려야 한다. 그래야 아버지도 좋아하실 것이다. "있을 때 잘해 드려야지."라는 말이다.

부모님은 나를 두 번이나 태어나 살게 해주신 분들이다. 낳아주셨고, 죽어 가는 나를 살려주셨다.

엄마의 암 치료가 순조롭게 진행되어 상태가 호전되기를 기도한다.

이런 나라도 여전히 할 수 있는 일이 있다

인터넷 인터뷰 중에 <전신마비 딛고 일어난 그가 챔피언에 오르기까지>라는 글에 많은 응원의 글들이 올라와 있었다. 정말 많은 분들이 댓글도 달아주셨다. 수십만 명이 보고 간 글에는 많은 댓글들이 있다.

그 중의 많은 분들은 본인이 또는 가족 중의 한 분이 전신마비, 장애, 희귀병으로 고전하고 있는 분들이었다. 너무 많은 사연이 있어 하나하나 소개할 순 없어 안타까울 뿐이다.

인터넷의 기사를 비롯하여 많은 분들은 아직도 나에게 병을 극복하는 방법과 노하우를 묻는다. 지푸라기라도 잡는 심정이라는 것을 잘 안다. 나는 속 시원한 대답을 드리지 못한다. 잘못된 의학 정보를 전달하는 것은 도움이 되지 않는다.

그런 내가 도움을 청하는 분들에게 조심스럽게 전하는 말이 있다. 내가 고난을 극복했으니 당신도 할 수 있다는 이기적이고 진부한 이야기를 하지는 않는다. 내 과거와 현재가 나에게는 중요한 스토리일지 몰라도 그 분들에게는 남의 스토리에 지나지 않을 것이다. 내가, 내 가족의 시련은 항상 남이 생각하는 것 이상으로 크게 다가온다.

"나와 내 핏줄이 고통 받고 있을 때에는, 나에게 시련을 주는 사람들 또는 하늘에 있는 신이 원망스럽고 포기하고 싶을 겁니다. 하지만 그런 상황에서도 나 자신을 위해 할 수 있는 일은 분명히 있습니다.

작고 일상적인 일에도 성실하게 임하며 자신을 단련하세요. 길거리에 떨어진 휴지를 줍는 것도 대단한 일을 하는 겁니다. 집 앞의 마당을 쓸어도 큰일을 하는 것입니다. 전신마비를 극복하기 위해 집안을 기어 다니는 것도 큰일을 해내는 것입니다. 세상의 구석에서라도 자신을 위해 뭔가를 하고 있다면 자신을 칭찬하며 그 일에 열심히 임하셔야 합니다.

나 때문에 고통 받는 가족들에게 미안하다는 생각이 들 겁니다.

그렇다면 그들을 위해 누구보다 열심히 당장 할 수 있는 일에 몰두하여야 합니다. 포기하면 그들에게 더 큰 고통을 지워주는 것이라는 걸 꼭 명심하셔야 합니다.

포기하기는 너무 억울합니다. 괴로움이 무엇인지 알았다면 그만큼 삶의 의미도 크게 다가왔다는 것입니다. 고난을 극복하기 위해, 조금이라도 더 나은 삶을 위해 포기하지 마십시오.

고난은 당장에 극복되지 않겠지만 지금의 상황에서도 '할 수 있는 게 있다'는 사실을 꼭 기억하십시오. 그와 동시에 나 같이 시련을 극복하고 있는 사람들이 진심으로 응원하고 있다는 사실도 기억했으면 좋겠습니다."

내 삶은 여전히 내 마음 같지 않지만 적어도 많은 분들의 아픔을 진심으로 공감하고 응원할 수 있게 되었다.

'이런 나라도 여전히 할 수 있는 게 있다.'

나를 비롯하여 누군가에게는 흔한 말이 되었으면 한다.